跟我学口才
实用口才训练教程
（第六版）

方位津 ◎ 编著

GENWOXUE KOUCAI
SHIYONG KOUCAI
XUNLIAN JIAOCHENG

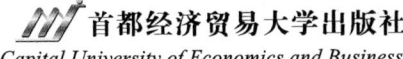

首都经济贸易大学出版社

Capital University of Economics and Business Press

·北京·

图书在版编目(CIP)数据

跟我学口才:实用口才训练教程/方位津编著.--6版.—北京:首都经济贸易大学出版社,2020.7

ISBN 978-7-5638-3085-5

Ⅰ.①跟… Ⅱ.①方… Ⅲ.①口才学—教材 Ⅳ.①H019

中国版本图书馆 CIP 数据核字(2020)第 092069 号

跟我学口才:实用口才训练教程(第六版)
方位津 编著

责任编辑	孟岩岭
封面设计	砚祥志远·激光照排 TEL:010-65976003
出版发行	首都经济贸易大学出版社
地 址	北京市朝阳区红庙(邮编 100026)
电 话	(010)65976483 65065761 65071505(传真)
网 址	http://www.sjmcb.com
E-mail	publish@cueb.edu.cn
经 销	全国新华书店
照 排	北京砚祥志远激光照排技术有限公司
印 刷	北京九州迅驰传媒文化有限公司
开 本	710 毫米×1000 毫米 1/16
字 数	334 千字
印 张	19
版 次	2004 年 1 月第 1 版 2005 年 10 月第 2 版 2009 年 1 月第 3 版 2012 年 7 月第 4 版 2015 年 8 月第 5 版 **2020 年 7 月第 6 版** 2021 年 3 月总第 12 次印刷
书 号	ISBN 978-7-5638-3085-5
定 价	39.00 元

图书印装若有质量问题,本社负责调换
版权所有　侵权必究

第六版前言

时光飞逝,这本口才教程第五版的出版距今已经三年半了。能有再版的机会当然好,说明这本教程还是有读者、有使用价值的,更证明了全社会对口才的重视,这是最让人欣喜的。

既然重新修订,自然要有删有增。本版对已经过时的部分内容做了删减。如关于主持人采访一节,删去了当时几位著名主持人的现场采访;在演讲训练一节,删去了当年汶川地震后大型报告会上的演讲词;删去了中央电视台举办的青歌赛上评委的多次精彩点评。在演讲训练的附录中,增加了2018年10月由首都师范大学为77级、78级大学生入学40周年举办的特别校友会上蒋效愚同志的演讲词。蒋效愚同志是全国政协委员,曾担任第29届北京奥运会组委会执行副主席,1977级首都师范大学政教系学生。2018年是中国改革开放40周年,这是值得大书特书的盛典之年。本人作为1977级首都师范大学文学院的学生,同时也是"文革"前1966届高中毕业生,自1977年恢复高考进入高校,就开始了人生新的起点,深感改革开放40年来,祖国的伟大变化及对个人成长的巨大推动。可以说,我们这一代人40年来取得的每一点进步、每一点成绩,都离不开改革开放的阳光照耀和雨露滋润。我们是40年改革开放的亲历者,也是40年改革开放的见证者。特别校友会上校友蒋效愚的讲话,道出了我们的心声,表达了我们对时代、对国家、对学校、对老师的敬意和深情,推荐给读者,希望也能让读者朋友们有所感动。

这些年来,全社会对口才能力的重视及口才水平的普遍提升,是显而易见的。各行业、各机构、各学校举办的演讲比赛、辩论比赛层出不穷;各电视台、各媒体播出的故事会、朗诵会、诗词大会数不胜数;各种语言类节目在多种晚会、各种庆典中占据着很大份额,很受欢迎。这些都为所有热衷口才训练、热爱口才展示的人提供了不断学习、提高的机会,也让我们欣赏到了无数成功者极具魅力的口才表演。

那么,口才到底是怎样练成的呢?借此书再版的机会,对一般的口才爱好者,笔者提出以下建议。

练就口才的第一要素是思维的丰富与活跃。

思维是语言的结晶,是语言的灵魂;而语言只是思维的外壳,是思维的翅膀。积极活跃的思维从哪里来?除了丰富的阅历之外,知识的积累,信息的储存,加上勤于思索的习惯,是思维的基本来源。一个不好读书不好思考的人,一个胸无点墨的人,是不可能成就好口才的。

练就口才的第二要素是思索后对主题要义的提炼。

主题要义就是用口语表达的基本观点。无论是正式场合发言还是随意的即兴交流，能吸引听众并给听众留下印象的一定是能清晰表达对某事物鲜明观点的人。当众人对某一较复杂的社会现象争论不休、众说纷纭的时候，有人鞭辟入里地分析了事物的由来，剖析了它的历史成因及当下出现的必然趋势，阐述此事物的危害或益处，能用准确无误的语言说出众人思维的误区或偏差，表达出众人思维的空白或有所思却模糊不清之处，这样的讲话势必给听众带来启发，促进听众对事物的重新分析判断，讲话者的口才从而也得到了提升。

练就口才的第三要素是学会打腹稿。

打腹稿就是不动笔不书写成书面演讲稿，而是在头脑中梳理出将要发言的主要内容。从一个词语一个词组一句话，到一段完整的主题语，都在心中默读成熟，将完整的演讲稿整合成有逻辑、有层次、分段落的核心词、核心句，且把它们记熟。如果计划用名人名句或格言警句引出自己的演讲，那就首先将这些精彩语句背熟，恰到好处地运用到各个段落中，能做到脱口而出为好。

练就口才的第四要素是脱稿讲话。

说起脱稿讲话，最值得敬佩的就是习近平同志了。据统计，习近平同志在近些年的重大场合、重大会议上的讲话几乎都是脱稿完成的。完成的数量百次有余。仅就口才学领域而言，这实在是了不起的能力，是我们学习的榜样。能够脱稿讲话，一定是对所要讲的话有充分的理解和了解，对内容的深度和广度有严格的把握，对当时的听众状况有清晰的判断，连对讲话所需的时间都有准确的把握和控制。在演讲之前，腹稿早已打好，讲话的所有内容都已烂熟于心。脱稿讲话，是在用思维讲话，让思维与口语同步，而不是背诵讲稿。

练就口才的第五要素是向榜样学习，勤学勤练。

随时寻找身边的口才优异者，从榜样的讲话中吸收可供借鉴的成分，将自己语言的优势劣势与榜样做全面的比较。在比较中清醒意识到自己在口语表达上存在的问题：是思考欠缺，没有提炼出鲜明的思想观点，还是说话层次条理不够，语言的逻辑关系不清？如果能循序渐进一点一滴地修正自己口语表达上的瑕疵，口才能力就能日渐提升。

好口才就是这样练成的。以上粗浅拙见，供大家参考。

方位津

2018年12月10日

前　言

　　口才能力,是指善于用口头语言表达事理的才能。我们人人在说话,天天在说话,但不能说人人都有口才。所谓口才,是指在正式场合中,在准备不足或无准备的情况下,单独说一段完整的话,并且能说得内容正确,条理清楚,词句妥帖,语言得体,让听者心服口服。

　　一个有口才的人,会在社会生活中大放异彩。他或是在社交场合口若悬河,滔滔不绝,令人赞叹;或是在与人辩论时一针见血,鞭辟入里;或是在危机之时能应答如流,妙语连珠,令情势急转直下,难题迎刃而解……总之,口才在人类生活中处处显示着价值。

　　多年来,笔者一直从事口才学方面的教学工作,对此投入了很大的热情,进行了深入的思考。每听到一篇优秀的演讲或一段流利而又充满睿智的讲话,总会仔细回味,想想讲话成功的原因;每听到一次不知所云或语无伦次的发言,就会去思考讲话失败的缘由,提议他去练一练口才;而自己在多年的教学实践中,也体验了因重视口才而获得好的教学效果,因轻视口才而事倍功半的真切感受。编一本实用口才训练的书,把与口才有关的基本规律和技巧整理出来,把教学中带领学生训练的题目和方法介绍出来,帮助没有机会进行口才训练而又渴望提高口才能力的朋友们,这是多年来我的一个心愿。

　　本书遵循由易到难、循序渐进和易使用、可操作的两大原则,对口才能力的内外部规律和一般要求进行了分类和有序排列。全书以目前社会实践中具有普遍意义的口才标准为依据,体例编排为五篇,从口才基础训练入手,到口才技巧训练、口才思维训练、口才综合训练、职业口才训练,完成一个由浅至深、由低标准到高标准的科学化的渐进过程,力求帮助训练者根据自身的实际情况进行有的放矢的自查和有针对性的练习。各章内容均由理论阐述、技巧介绍和训练题目三部分构成。理论部分尽量通俗易懂;技巧部分尽量突出最基本的、必须掌握的内容;训练题目有明确的要求和提示,有些章还进行了训练题目的答案分析,以帮助训练者对自己的口才能力进行及时的考查,并能保持饱满的自学兴趣。

　　本书除了力争实效性强、便于操作外,还希望具有知识性和趣味性,能使训练者在接受口才培训的同时活跃思维、开阔眼界,获得更多的信息。因而,本书尽力增加内容的知识含量和文化含量,在每章的开篇均引用了国内外名人的有关格言警句,作为对本章内容的提示。格言警句之后还编排了一个带有寓言性的中外文学小故事。希望这种编排能唤起训练者的求知欲和感性体验。

全书编写过程中参考了当今有关口才交际的诸多书籍与资料，未一一注明，特在此向各位同仁致以谢意。

有人预测,21世纪之初又将掀起一个关注口才、重视交际的热潮。愿这本书能为这一热潮添把柴烧把火。

作　者

2003年11月

Contents

目 录

绪论

第一篇 口才基础 训练	第1章　当众说话勇气训练 / 7 第2章　口才基本功训练 / 17 第3章　体态语言训练 / 29
第二篇 口才技巧 训练	第4章　口才话题选择训练 / 37 第5章　口才集中性训练 / 45 第6章　口才连贯性训练 / 54 第7章　口才得体性训练 / 65 第8章　口才应变性训练 / 80
第三篇 口才思维 训练	第9章　口才与思维 / 93 第10章　形象思维与口才 / 105 第11章　比较思维与口才 / 115 第12章　创意思维与口才 / 120

第四篇 口才综合训练

第13章 演讲训练 / 133
第14章 辩论训练 / 161
第15章 求职、就职、述职训练 / 193

第五篇 职业口才训练

第16章 推销口才训练 / 211
第17章 公关口才训练 / 225
第18章 教师口才训练 / 237
第19章 记者、主持人口才训练 / 249
第20章 导游口才训练 / 264
第21章 律师口才训练 / 280

绪　　论

口才在人类生活中的价值和作用

当今世界,各行各业,人才辈出。掌握各种专门知识和技能的人越来越多。可是,人人并非都具有一副可以滔滔不绝讲话的伶牙俐齿。不可否认,在恰当的场合能把话说得恰如其分,达到自己所预期的效果,并非易事。

人类社会发展到今天,人们越来越重视社会交往,而社交能力的高低,很大程度上取决于口才的优劣。世界上没有任何一个正常人不需要说话,不需要和别人交流,也没有任何一种职业不需要和人打交道。在经济发达、竞争激烈的时代,信息来源与交际能力是密不可分的,而口才则是促进交流、获得信息的最好途径之一。

当前,口才的作用已渗透到日常生活的各个领域。大到解决国际争端,一场智斗免却刀兵之祸,给世人带来和平;同外商洽谈、索赔,一段利词赢得亿万资财,令生意兴隆;施政演说,一段妙语,可使群情激奋,民心大振;做思想工作,一席恳谈,可使庸人立志,浪子回头。小到日常生活、谈情说爱、待人接物、购物砍价,以及工作中教书讲课、座谈评论、签订合同、传播信息、学术讨论……无一不需要良好的口才。

现实生活中,大凡有些成就的人,多数都具备较好的口才。口才越好,其发展余地就越大。古人刘勰曾把口才的价值提高到这样的高度:"一人之辩,重于九鼎之宝;三寸之舌,强于百万之师。"马克思、恩格斯在《德意志意识形态》中曾说:"任何人的职责、使命、任务就是全面地发展自己的一切能力。"而在全面地发展自己的一切能力中,十分重要的一个方面就是发展自己的语言能力,尤其是口才。美国学者艾略特博士在担任哈佛大学校长几十年之后宣称:"我认为在一个淑女与绅士的教育中,只有一项必修的心理技能,那就是正确而优雅地使用他(她)的本国语言。"

在现代社会中,口才已被公认为是决定一个人生活及事业成败的重要因素。一生失败于口才的人很多,成功于口才的人也很多。有才干但没有口才的人,比起有才干又有口才的人,成功的可能性要小许多。因为一个人的才干往往是通过言语谈吐得到证实和发挥的。古往今来，人与人之间更多更主要的交流形式是讲而不是写，如果一个人将某种见解用明晰的语言、缜密的逻辑当时当地说出来，再辅之以传情达意的动作，就使思想有了综合感染力，更具直观性和速效性，而这种效果是书写所难以达到的。正因如此，人们常常根据一个人的讲话水平和风度来判断其学识、修养和实力。口才已成为现代人必须具有的重要能力，更是创造型、开拓型人才的必备素质。有人说，是人才未必有口才，而有口才者必定是人才，这话有一定道理。

培养口才，能促使一个人重视提高文化素质和心理素质，能促进一个人心态积极、自信乐观、才思敏捷、发挥潜能。言语是思想的衣裳，谈吐是行动的翅膀，口才可以表现出一个人的睿智和高雅，也可以暴露出一个人的愚蠢和低俗。所以，口才主要不是口上之才，而是一个人德、才、学、识整体素质的综合展示。

口才说到底是一种综合能力。在西方国家，大家公认演讲能力是人生奋斗的必备基本能力，所以，训练口才的课程非常普及。同时，他们把口才自觉视为衡量人才的客观标准，当要提升、任命一个人时，首先要考察的就是其口才如何。在美国，受过高等教育但缺乏口才被认为是一种缺陷。19世纪初，国外学者就指出，一个人在专业上的成功，只有15%是仰仗其专业技术，而另外的85%则要靠人际关系和处世技巧，而在这85%的成功部分中，起决定作用的是口才。这一论断准确与否我们姑且不论，但足见口才在一个人成功中具有重要作用。

口头语言与书面语言的比较

口头语言作为人与人交际的重要工具，具有自身独特的特点和规律，与书面语言存在着很大的不同。

首先，口头语言比书面语言有很多便利之处。

第一，口头语言表情达意更直接。

书面语言印在纸上，是无声的、静止不动的。语句语音上的丰富变化要依靠读者自己去领会，不识字或文化程度低的人很可能完全领会不了，表情达意的功能自然就削弱了。而口头语言可以超越这些不足，用灵活多变的声音去传达内容，使字里行间的含义溢于言表，使静止在纸上的人和事活跃起来，由平面变为立体，不仅完成了表情达意的任务，还能掩盖文字内容的不足。只要说得准确通俗，无论听众的文化高低，都能听懂。俗话说"十分诗要有七分读"，讲的就是这个道理。多少年来，人们都喜欢小说连续广播特别是评书连播节目，听小说、听评书往往比直接看作品更能吸引人，就是因为演播者的口语生动精彩、引人入胜。

第二，口头语言表达时可以借助体态姿势加强效果。

除有丰富多变的声音外，说话时还可以借助手势、姿态、动作特别是面部表情作为传情达意的辅助手段，而这正是书面语言无法实现的。人们在说话时脸上总是有表情的。嘴唇的微笑、眼睛的传神以及手势的多种变化，都直接吸引着听众的注意力，使他自始至终精力集中，由被你的体态语感染到被你所说的话打动，其语言的感染力大大超过了书面语言。

第三，口头语言可以大量省略。

由于说话时的语言环境已经为交际双方提供了许多信息，如时间、地点、人物关系、特定场景及讲话条件等，所以说话时可以直接进入内容，不必每个句子都要在语法和修辞上准确到位，语句的大量省略不会影响听者的理解。说话中语句的隐含甚至脱落都是十分普遍的。而书面语言过于省略就会给读者带来困惑或误解，不能像说话那样简略。

第四，口头语言停顿自由。

说话时可以说说停停、断断续续，并不要求一口气把话说完。可以根据说话者的具体情况自由停顿，说到哪儿都可以，只要听者能明白就行。由于呼吸段落比视觉段落短，所以说话的句子可以短，一般10多个音节就需要一个停顿，短句子的结构也就使说话较之书写自由松弛许多。而书面语言以看为主，一个句子的停顿间歇可能会有二三十个字，这就需要句子长短有致，彼此间要有层次，结构要严谨，难度当然也就大了。

第五，口头语言的对象针对性强。

人际交流时，说话的对象是相当具体的，因而讲话可以做到有的放矢，可以对不同的人说不同的话，可以将话说得极有特色，哪怕是极微小的差别，你也能准确地控制把握。而书面语言的阅读对象相对广泛，一本书可以由任意的人看，写书的人是无法控制读者的，因此针对性就会相对降低，效果上往往就不如口头语言。

其次，口头语言比起书面语言来也有许多不足之处。

第一，口头语言在组织上比书面语言难度更高。

说话是现想现说，边想边说，想完了也就说完了，想与说是同步进行的。说出来的词句总是随着内容表达的需要自然而然吐露出来并同时加以调节的，几乎没有等待的时间。若"说"跟不上"想"，或"想"跟不上"说"，那现场就会出现"卡壳"现象，就会出洋相了。如果事先没有准备或准备不充分，"想"与"说"的速度不同步或不协调，就会在讲话时出现漏洞。而书面语言在时间上是从容不迫的，它可以在反复思考、琢磨之后，待构思成熟时才动笔，这样也就使语言的表达更准确。

第二，口头语言不能修改。

说话是口耳相传的过程，一旦发出声音，对方就听到了，如同泼出去的水，想收也收不回来了。如果你发觉说错了，当场立即纠正，重新又说了一句正确的话，可对方还是听到了你前面那句不妥的话并留下了印象。而书面语言则可以做到周密、准确，无论错多少次，从语法结构到字句段落，甚至全篇作品，都可以有充足的时间将所有的错处改正，直到自己认为全无问题为止，读者永远不会发现写作过程中出现的差错。

第三，口头语言易受外界影响。

说话不是单方面的活动，而是说者与听者之间双向的交流活动。说话时要察言观色，要根据听话人的反应随时调整说话的内容和方式，甚至结束讲话还是继续讲话都要由听众和客观条件决定，说话人的情绪和说话的质量也直接受到所处环境的影响。而书面语言的阅读对象不固定，读者也不介入到写作过程，不管看作品的将是什么人，看的时候态度如何，评价如何，都不会影响写作人，作者自己写自己的，可以完全不受干扰，可依照自己的心愿意图写下去，直到完成。

第四，口头语言易暴露语病。

说话的即时性与现场性往往使说话者来不及修饰，顾不上掩饰，因而会在讲话中夹杂着许多的语病和语言杂质，如口头语、粗话、脏话、反复词、啰唆语，等等。如果平时不注意克服这方面的缺陷，正式场合这类不合时宜的语言就会脱口而出，往往使说话人后悔莫及。而书面语言就不会出现下意识的语言垃圾，因为在写作时会随时发现随时删除而不让它暴露在读者面前，除非是写作内容的需要。从这一角度上说，书面语言可以藏拙，说话却是一览无余。

了解了口头语言的优势和劣势，使我们更加清楚了良好的口才在交际活动中的重要性。我们需要做的就是发扬口语的长处，避免口语的短处，在此过程中使自己的口才获得长足的进步。

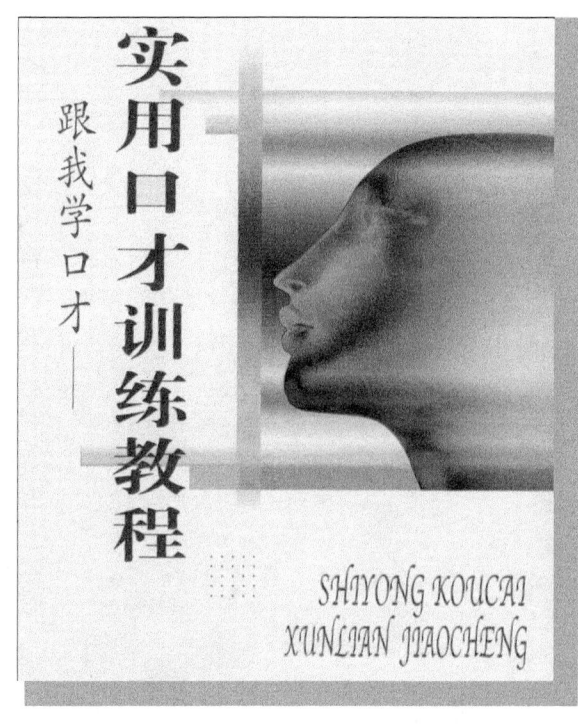

第一篇　口才基础训练

▶ 第1章　当众说话勇气训练

▶ 第2章　口才基本功训练

▶ 第3章　体态语言训练

第 1 章

当众说话勇气训练

征服了畏惧和忧虑,一个人就能表达他所要表达的意思,在这种办法之下,整个的人就能致力于自我实现的心愿。这种表达自我的新自由所带来的快乐和力量,常常可以改变一个人的生活、思想和行动方式。

——● 戴尔·卡耐基 ●——

让出丑习以为常

英国戏剧大师、批评家和社会活动家萧伯纳的口才是有口皆碑的。但是,他在年轻时却胆小、木讷,连拜访朋友都不敢敲门,常常在门口徘徊20多分钟。后来他鼓起勇气参加了一个"辩论学会",不放过任何一个机会同对手争辩,练胆量、练机智、练语言,经过千锤百炼,终于成为演讲大师。他的精彩演说和论辩,至今仍脍炙人口。有人问他是怎样练口才的,他说:"我是以自己学溜冰的办法来做的——我固执地、一味地让自己出丑,直到我习以为常。"

萧伯纳的故事告诉我们,通过训练,一个胆怯的人也可以勇敢地说话,也可以成为口才大师。

无论什么场合,什么时间,面对什么对象,要想说话,首要的是要有勇气张嘴。只有让对方听到了你的话,才能判断你讲得好与坏。从这个意义上说,如果没有勇气说话,讲究说话也就是一句空话。如此说来,口才训练必须在有勇气当众说话的前提下才有意义。

卡耐基说过,最使人感到屈辱的莫过于因缺乏勇气去摇动李树而失去了李子。

有人不禁会问,在日常生活中,我们并不缺乏说话的勇气,可以自如地谈话,如在家中与亲人说长道短;在学校里与同窗、师长说学论道;与好友聚会交流,谈天说地。可为什么一到正式的场合,特别是在陌生人面前,就常常会语塞、语顿,甚至张口结舌,语无伦次呢?这是恐惧在作怪。鼓足勇气,战胜恐惧,无疑是提高口才的首要任务。

一、缺乏勇气的原因

(一) 自卑心理

自卑是一种常见的心理状态。出于自卑的心理,许多人在正式场合说话时会产生种种顾虑和心理负担,从而直接影响思维和表达的正常发挥。自卑心理可能来自诸多方面,大致有如下几种:

1. 在学问、知识方面对自己没有信心。不少人担心自己读书有限,知识贫乏,说出话来错误多,会惹来别人的嘲笑或蔑视,从而不敢轻易张嘴说话。

2. 在口语表达能力方面对自己没有信心。不少人担心自己的口才不如别人而不敢开口讲话。这种人性格内向,不善言谈,虽然满腹经纶,但不能流畅地用语言表达出来,因而往往告诫自己尽量少发言,以免损害个人形象。

3. 在社会阅历方面对自己没有信心。有些人由于受"言多必失""祸从口出"等观念的影响,坚持"多一事不如少一事"的处世哲学,在任何场合都会经常提醒自己,能不说话就不说话,能少说话就少说话,这样久而久之就放弃了说话的机会,越来越没有勇气当众说话了。

4. 存在生理缺陷,对自己没有信心。少数有生理缺陷或生理障碍者,最怕在众人面前说话,如天生声音嘶哑者、口吃者、从小养成了一说话就眨眼的人,都格外顾虑在众人面前说话,唯恐一说话就暴露了自身的毛病,会招人笑话。

有以上疑虑的人,都是出于自卑心理,妄自菲薄,过于在乎自己的缺点和不足,使其成为自己心头的一块巨石,时时压抑着自己。每当要讲话时,就会被胆怯吓倒,从而丧失了勇气。存在这种种的顾虑,自然也就放弃了当众说话的机会。

(二) 缺乏实践锻炼

口才的好坏与实践锻炼的多少有着直接关系,"实践出真知,实践长才干",这句话用在口才方面同样是至理名言。现今,许多年轻人往往因种种原因而在这方面尤显欠缺。

1. 因生活简单而缺乏实践。今天的年轻人生活在太平盛世,大多数人的经历是一帆风顺的。家庭温暖和睦,个人阅历简单,年龄虽已不小,接触到的社会却十分有限,见的世面也很窄,有的甚至没有出过远门,没有离开过家乡。在平稳又单一的生活中,他们多数的岁月是与父母家人、师长同学一起度过的。总是与熟人打交道,很少单独与陌生人说话,更少在大庭广众面前说话,由此造成说话没有勇气和胆量。实践证明,当众讲话次数越多,胆子也就越壮,讲话自然也就越流畅。

2.因思想懒惰而回避实践。有些人思想懒惰,凡事懒得动脑筋,懒得搞明白,更懒得和别人理论,争个说法。对于不明白的事物没有探究心理,不想通过争辩弄明白,搞清楚是非曲直,对人们热衷谈论的话题总是毫无兴趣。这类人安于得过且过,以争论是浪费时间为借口,掩盖自己不勤于思考更不勤于表达的惰性。久而久之,就会思想麻木,反应迟钝,见谈话就回避,口才也日益衰退。

3.因性格内向而怯于实践。有的人性格内向,在公开场合寡言少语,不善于与他人面对面地交流和谈话。这类人也许很有学识,很有思想见解,但习惯在没有人或不受时间限制的情况下从容地用书面写作的方式表达自己的思想,而在口头表达能力上较弱,不能当众迅速无误地讲出自己的想法,久而久之,越不说就越不会说了。

4.因社会偏见而放弃实践。有些人由于受"言多必失"等观念的影响,能不说话就不说话,免得"引火烧身",这样久而久之就越来越没有勇气当众说话了。

以上仅仅是诸多没有勇气说话的原因的一部分,但它们具有普遍性,是提高口才水平的重要障碍,所以必须将它们扫除,这样才能不断提高自己的口语表达能力。

二、缺乏勇气的表现

了解了缺乏勇气的主要原因,让我们再来看看因没有勇气而不敢当众说话时的具体表现,以便有针对性地克服自身存在的毛病。

(一)怯场,张不开嘴

有的人在轮到他正式说话时,顿时语塞,由于紧张过度,张不开嘴,出不来声,早已准备好的发言内容一时忘得无影无踪,不知从何说起。此时他可怜巴巴,一脸苦相,不是面色惨白就是脸涨得通红,但就是说不出话来,越紧张就越狼狈,只盼着能有人宣布取消他的发言,逃离这尴尬的场面。

(二)举止手足无措

有些人勉强张开嘴开始说话,却同时下意识地做些小动作,比如撸头发、挠脑袋、摸鼻子、晃身子、拽衣角、梳辫梢,或是左右脚来回颠倒重心,不断地一次又一次双手拱裤腰等,以掩饰自己内心的紧张和慌乱。

(三)表情僵化或是傻笑不止

有些人讲话时,从一站在那里就开始傻笑;有些人则由于高度紧张,五官已不能自由活动,目光也呆滞木然,如临大敌,如入虎穴;有些人说错了话就脸红、吐舌头、做怪相,小动作不断。这都是内心紧张、勇气不足的表现。

(四) 内容上语无伦次,词不达意

有些人虽然能当众开口说话,却控制不住自己的思维与表达,不能使思想和语言同步进行,以实现自己讲话的目的。说出的话犹如断了线的风筝,任其满天飞舞,难以掌握。这种人表面上看来没有紧张慌乱,实际上内心已乱了阵脚,说出的话如脱了缰的野马,没有线路,没有层次,前言不搭后语,东一榔头西一棒子,说的话没有中心,不着边际,让人不知所云。

对照以上的分析,我们要根据自己的具体情况,弄清楚自己讲话时缺乏勇气的具体原因和具体表现,从而有针对性地加以克服。

三、培养当众说话的勇气

(一) 克服恐惧心理

一位伟人曾说:"世界上没有比被恐惧击败的人更多的了。"恐惧是说话勇气的最大障碍,必须超越它、战胜它。要相信自己具有优秀的语言表述能力,要有坚定的信念,别人能讲好我也一定能讲好。要在恐惧感袭上心头的一瞬间,树立起成功的决心,培养起成功的信念。无论属于哪种原因造成的缺乏勇气,都不要再强调自己自身的弱点和缺陷,降低对自己临场表现的要求,这样更有利于你的发挥。

说到恐惧,不要以为只有你害怕当众正式讲话,实际情况恰恰相反,大量事实证明,一切正常人都经历过恐惧,人人都可能会在当众讲话时产生恐惧感。

卡耐基说过:"当人们要我起来讲话时,我觉得很不自在,很害怕,使得我不能清晰地思考,不能集中心神,记不得自己要说的是什么。我想要获得自信,能泰然自若,当众起立并能随心所欲地思考。这难道不是你所希望的吗?"

事实是,大多数人在当众做某件重要事情之前都会感到焦虑。演员登台之前会紧张,运动员进行重大比赛时会担心,政治家作政治演说之前会忧虑。当众讲话同样如此。

有人做过演讲者因恐惧而怯场的调查统计,结论有这样几项:有经验的演讲人当中,76%的人走向讲台前会怯场,一般人几乎百分之百地会怯场、紧张。在大学新生中,约有80%到90%的人有当众讲话怯场的毛病。

由此可见,即使是职业演讲者,同样会紧张怯场,只不过他们学会了控制自己,能使紧张恐惧的心情在最短的时间内消失,并使这种不利情绪最小限度地影响自己。他们往往刚登讲台时略显紧张,只要讲了几句话之后,信心就完全恢复,心情也随之放松下来。

调查表明,一定程度的紧张怯场是有益处的。当你在正式场合要面对众人讲话

时,你便处在了一个具有挑战意味的环境中,你身体正在产生的反应就如同在任何一个应急状态下的反应一样,你自然而然地将调动全身的力量去面对它,做好准备去应付它,以完成自己的使命。这样就会使你顿时产生一种必须独当一面、没有退路的勇气。当你发现自己的脉搏加快,呼吸急促,血液上涌时,不必惊慌,你的身体在告诉你,你已进入了临战状态,各种器官将听从你的指挥与你协同作战,你应该为此感到庆幸,这是一种十分正常的反应。假如这种如临大敌的心理状态被控制在一定限度内,并没有太多的外部表现,不仅不会被人发觉,还会成为你讲话成功的重要保证。因为此时你的思维将更敏锐,情绪将更激昂,话语也将更自然流畅,你的讲话就更富有感染他人的力量。相反,一点怯场都没有的"冷血动物"讲出来的话不会有激情,也很难打动人。

总之,要努力克服各种心理障碍,努力摆脱恐惧心理,树立起信心和勇气。请记住:敢于在人前讲话,你就成功了一半。

(二)正式讲话前做好准备

为了克服没有勇气当众讲话的弱点,讲话前的准备是必不可少的。它包括心理上、思想上、行动上和方法上的准备。

1.集中思考要说的话。此时需要你迅速集中自己的思想,在很短的时间里决定要说些什么,要向听众表达什么样的思想或态度。要明确自己对所讲事物的倾向性,是一般性的信息介绍,还是褒贬鲜明的提倡和反对,你的立场和主张必须是准确无误的。如果你对所讲事情欠缺理解和思考,在讲话前仍理不出头绪,难以表态,那你就以设问、提问、质疑的方式讲话,讲述自己对事物思考的过程或尚不成熟的想法,这也是一种明确的态度。总之,必须清楚自己该讲些什么,讲到哪里合适。

2.外部动作上的准备。当你不断对自己说着激励的话,不断用成功来鼓励自己,但仍不能排除紧张时,你可以从外部动作上要求自己做出从容不迫的样子,模仿你心目中勇敢者的模样,比如努力做出昂首挺胸,步履矫健,神态自若的样子,要逼迫自己壮着胆子用目光盯着听众的眼睛,眼神要坚定有力,不可游移和散漫。在讲话前务必做一次深呼吸,大量的吸氧会使你兴奋和全身振作;你的身体姿态一定要尽可能地挺拔,这一切都做完后,你便可以开始讲话了,要全身心集中于要讲的内容上去。渐渐地,这种"做"出来的勇敢便真的成了你发自内心的行为了,那些模仿出来的姿态也便成了你自然的形态而与你的讲话浑然一体了。

3.不要死背文稿。当众讲话的方法有两种,依书面稿背诵和即兴发言。事实证明,依讲稿全文背诵的讲话,效果是极差的。真正的口才要求是脱口而出,伴随着思考,有自然的停顿,表现出思维与表达的同步进行。讲话时脑子里想的根本不是文稿的字词或下一段是什么内容,而是想着我要讲述一件什么事情,表示一个什么意思,如何能用声情并茂的表达吸引听众,使其被我说服,被我打动。如果思维清楚,语言就会自然而然地从嘴里流淌出来。而死背文稿,不能将文稿的内容转化为自己内心要说的话,一旦面对听众,很可能会因为一点点干扰而将逐字逐句背下来的内容忘掉,顿时陷于被动。若此时急于搜寻脑子里机械记忆的内容,而来不及重新组织思路和语言,在表达上就会出现空白,不是混乱就是重复或一时语塞,说不出话来。即使不忘,靠背诵说出的话也是呆板和僵化的。日常生活中,没有人会一板一眼地吐字说话,像小学生背课文一样,因为那不是当时出自内心的积极思维的结果。所以正式讲话前,组织观点,编排结构,调动材料的过程最好靠头脑进行(我们称为打腹稿),或配合尽量简短的文字提示,而千万不要死记硬背文稿。

说话勇气训练

1.在陌生的集体中介绍自己,公开亮相,发表3分钟以上的演讲。要求包括本人家庭、学历等基本状况,坦率地讲述自己的性格爱好、优缺点以及对新集体的看法和对今后在新集体中生活的打算等内容。

要求:讲述时要大方自然、真诚坦率、从容不迫、理直气壮、声音洪亮;表达时不允许有任何无意义的小动作。

若内心恐慌,要尽力保持镇静,模仿记忆中的英雄形象,尽量去设想面对的是无人之境,以增强自己的信心。

所有参加训练者对演讲者进行讲评,指出他在讲话过程中的形态、表情等方面的问题,评论他紧张与怯场的程度。评论要严格、挑剔,重点看其有否明显的外部毛病,有否明显的语病(如口头语、重复语等)。

2.全体训练者依照自己的生肖属相,当众学习生肖动物的叫声,要叫多遍,一遍比一遍逼真,直到接近动物的真实叫声被其他人认可为止(如果同一组人员同一生肖属相的人过多,可由主持人指定某一动物,然后学其叫声)。在这一过程中他人可以指点,但不可替代其模仿。

要求:这一设计是训练人当众出丑的心理承受能力。除了特殊爱好者和专业人士外,平日我们很难设想自己去学动物叫声,觉得那是一种很荒唐滑稽的举动,大庭广众之下学鸡狗叫感觉很失体面,因此心理上会有障碍,对完成这一训练没有信心。而为了提高口才能力,强迫自己这样去做,有目的地当众出丑,不怕被人嘲笑,将会提高自己接受失败、面对尴尬局面的适应能力,帮助你在正式场合讲话时勇气十足,发挥良好。

3.设想自己此时倒退了若干年,正是幼儿园中班的小朋友,请你在全班小朋友面前讲一段故事。

要求:这个故事必须是6岁以下儿童能听懂、喜欢听的。不要以大人给小孩讲故事的口气讲,而要用小孩给小孩讲故事的口吻讲,切记此刻你不是成年人而是幼儿园中班的小朋友。所有训练者都要以儿童心理去接受和评判这段故事。

这一训练主要考察讲故事者能否将自己视为孩童,能否当众做出幼稚可笑而又充满自信的样子,用稚嫩的声音和语气讲话而不怕被人耻笑,从而提高当众讲话的心理承受能力。

4.语言训练游戏——克服恐惧

每个人都不是天生的演讲家,甚至很大一部分人对于在公众场所大声讲话感到恐惧。这是正常现象,不必为此感到沮丧和自卑,就像有人天生跑得快而有人天生是运动白痴一样,没必要为这个而全盘否定自己。这个游戏也是为了说明这个问题,它告诉你害怕在公众场合讲话是正常的,并为解决这些恐惧提供建议。

游戏规则和程序

(1)在开始前,问参与者:"你们认为在各自的生活圈子里,大多数人最害怕的是什么?"

(2)将答案简明地写在纸上,询问大家是否同意这些意见。

(3)发给每人一张由专家列出的恐惧清单。告诉大家,大多数人的恐惧都是类似的,觉得做一场精彩的演说是一项挑战。

(4)让读者回忆或采用头脑风暴的方法,尽可能多地说出克服恐惧的方法。

(5)展开小组讨论,并记录下大家认为有效的方法。

(6)选出相对最恐惧在公众场合发言的人,让他上台大声朗读这些克服恐惧的方法给大家听。

相关讨论题目

(1)你在公众场合讲话是否感到恐惧?你是否想过这些恐惧来自何处?有什么方法可以克服?

(2)当你看到别人遇到这种恐惧时,是否希望想一些方法帮他?这些方法对你自己有用吗?

(3)通过这个游戏,你找到对你有帮助的方法没有?

以下是由专家列出的恐惧清单

- 在公众前讲话
- 金钱困扰

- 黑暗
- 登高
- 蛇和虫子
- 疾病
- 人身安全
- 死亡
- 孤独
- 狗

以下是克服演讲恐惧的一些建议

- 熟悉演讲内容
- 事先练习演讲内容
- 运用参与技巧
- 知道参加者的姓名并称呼他们的名字
- 尽早建立自己的权威
- 用目光接触听众,建立亲善和谐的气氛
- 进修公开演讲课程
- 展示你事先的准备工作
- 预测可能遇到的问题
- 事先检查演示设备和视听器材
- 事先获得尽可能多的参与者的信息
- 放松自己(深呼吸、内心对白等)
- 准备一个演讲大纲并按部就班地进行学习
- 仪容仪表
- 好好休息,使自己的身心保持警觉机敏
- 用自己的方式,不要模仿他人
- 用自己的词汇,不要照章宣读
- 站在听众的角度看问题
- 设想听众是和你站在一个立场上的
- 对演讲提供一个总的看法
- 接受自己的恐惧,把它看作是一件好事
- 事先向团队介绍自己
- 把你的恐惧分类,看看哪些是可控的,哪些是不可控的,并找出相应的对抗恐惧

的方法
- 对开场前的5分钟要特别重视
- 把自己想象成一个出色的演讲者
- 多考虑如何应对困难的处境和刁钻的问题
- 营造一种非正式的气氛

附录1

对自己进行说话毛病的自查自检

下面的20道题目,请认真思考,看看自己在哪些条目中有毛病,再反思一下有这些毛病的原因及从什么时候开始有这类毛病的。是否还记得当初与别人说话不够愉快的情景?若自己说话的毛病并不多,那当然更好,可根据题目的提示总结一下自己的口才能力,以增强信心,进一步提高。总之,通过以下自查自检,可以对自己的口才水平进行评估。若在自查自检中能做些笔记,记下体会和收获则更好。

说话毛病自查提纲

1. 我在什么场合、什么人面前能毫不拘束地谈话?
2. 我是不是见了生人就觉得无话可说?
3. 我是不是很难找到一个大家都感兴趣的话题?
4. 当我发觉我的话使别人产生反感时,我是不是能很快地收住话题?
5. 我能不能把我所要谈的问题用各种不同的方式讲出来,以适应不同的谈话对象?
6. 我是不是常常说触犯别人禁忌的话?
7. 当碰到别人不同意我的意见时,我是不是只有再三地重复已经说过的话,而不会用多种方式解释自己的话?
8. 我是不是喜欢和别人发生争执?我是否有"抬杠"的毛病?
9. 别人是不是常常说我固执,认死理儿?
10. 对于不同的谈话对象,我有没有在语言上区别对待?
11. 我能不能根据对方的态度来调整自己的说话态度,以使谈话在和谐的气氛中顺利进行?
12. 我是不是能够在交谈中很自然地运用各种知识而使谈话丰富有趣?
13. 我是不是知道应该在何处结束自己的谈话而不惹人讨厌?
14. 我有没有在公共场所旁若无人地大声喧哗的毛病?

15.我有没有在说话时挤眉弄眼、抓耳挠腮的毛病？
16.我是不是口齿含混不清，发音不够规范？
17.我的声调是否悦耳？我说话的语气能吸引人吗？
18.我说话的节奏是过快、过慢还是适中？
19.我是不是常用一些不太雅的俗语、脏话？是不是常有多余的口头语？
20.当别人谈话时，我是不是一个很有耐心的倾听者？

附录2

主动征求别人对自己口才的评价

日常生活中，可经常主动地向旁人了解他们对自己口头表达能力的看法。最好要有所选择，向不同年龄、不同身份、与自己有不同关系的人征求意见，这样得来的看法会比较客观。征求意见后，对这些意见一定要实事求是地加以分析和判断，既不可因为别人说自己口才好而忘乎所以，也不可因别人提意见过于尖锐而妄自菲薄，从而丧失信心。要本着"有则改之，无则加勉"的态度，虚心听取意见，不作申辩，但心中要有数，要对自己有尽量准确的把握，将别人的看法作为自己不断提高口才水平的动力。

征求意见提纲

1.你喜欢和我在一起聊天吗？为什么？
2.你认为我在讲述一件事情时，条理是否清楚？是否能让你很轻松地听明白？
3.你认为我说话啰唆吗？重复的句子多吗？口头语多吗？
4.你愿意和我争论某个问题吗？你认为我好"抬杠"、认死理儿吗？
5.我是不是有时话太多，太过显示自己或太想说服别人？
6.谈话中我是否不太尊重他人的讲话？常有打断别人，抢别人话头的毛病？
7.我讲话的口齿清楚吗？语音语调有特色吗？语气具有感染力吗？
8.我说话的速度是过快、过慢还是适中？你听我说话感觉是乏味、累，还是愉快？
9.你认为我在讲话中带给你的新信息、新知识多吗？我讲话内容的智慧含量你满意吗？
10.请给我的口才能力打个优、良、中、差的成绩。

第 2 章

口才基本功训练

只有在学会了 15 种至 20 种声调来说"到这里来"的时候,只有学会在脸色、姿态和声音的运用上能做出 20 种风格韵调的时候,我才能变成一个真正有技巧的人。

———— ● 马卡连柯 ● ————

老渔夫的故事

老渔夫活了一辈子,嘴也没利索起来,有一天打鱼回来,儿子告诉他:

"爸爸,我看上了邻村姑娘唐妮了。"

老渔夫听后很高兴,闲下来的时候,想瞒着儿子偷偷去瞧瞧这位未来的儿媳妇。

老渔夫跑到唐妮村里,东打听西打听,终于找到了唐妮。

老渔夫一看到唐妮就高兴起来,他想儿子真是有眼光,可惜他死去的娘没有看到,要不然她会有多高兴啊……

唐妮好奇地看着这个脏兮兮的老头,叩开了门半天不说话,就这么傻乎乎地看着她。

"您找我有什么事吗?"唐妮问。

老渔夫这才从遐想中惊醒,他正想着未来儿子娶唐妮的美景,顺口说:

"娶……娶……娶……"

老渔夫这点不好,想什么说不出来,说出来还结巴,他憋得面红耳赤。

"娶……娶……娶回家来倒不错!"

> 他终于说出他的想法,可结果怎么样呢,很简单,唐妮给了他一个大嘴巴,呼地关上了门。
> 　　老渔夫咕哝着嘴回家了,他也没想明白他说错了什么,他觉得唐妮没教养,回去后一定让儿子放弃这门亲事,她竟敢打她未来的公公?老渔夫气愤地想。
> 　　老渔夫一天没去打鱼,坐在家里等儿子,儿子刚回来,老渔夫就抓住他:
> 　　"唐妮……唐妮……唐……"
> 　　他越着急越说不出来,儿子也急了:
> 　　"唐妮怎么了?快说啊!爸爸!"
> 　　"她……她给了我一个嘴……"
> 　　"她给了你一个嘴儿?"
> 　　"是一个嘴……"
> 　　"一个嘴儿?"儿子气坏了。"我要去找她!"
> 　　"回来!"老渔夫终于说了一句利索的话,但儿子已经跑远了。
> 　　老渔夫一边跟在儿子后面跑,一边喊:
> 　　"她,她给了我一个嘴……"
> 　　老渔夫因为话说不清楚而使儿子和未来的儿媳妇误会了,他不仅坏了儿子的婚事,自己还莫名其妙地挨了打。

　　当你已经解决了当众没有勇气说话的问题后,可以轻松自如、信心十足地张嘴出声表达自己的思想时,是否还会出现使对方听不清楚的情况呢?事实证明,这种现象仍普遍存在。那就需要从口才基本功方面找原因了,比如你的发音、吐字是否标准,等等。这就是此章我们需要训练的内容。大凡口才优秀者,一定是声音洪亮、口齿清楚、四声准确者,也就是说,要想有一个好的口才,一定要具备相当水准的口才基本功。而要达到这个要求,必须经过一段较长时间的训练,下一番苦功夫。

一、口才的气息训练

　　气息是使声音洪亮悦耳的原动力。不掌握正确的呼吸方法,没有气息的支持与控制,也就无法解决发声问题。讲话是给别人听的,若对别人说话与自言自语用同一气力,同一音量,势必无法让人听见,所以当众讲话时气息的运用十分重要。当然,并不是气力越大声音效果就越好,关键在于把握适度,用力得当。俗话说要用丹田之气,即说话、唱歌都要依靠来自腹部的丹田之气,从腹腔到胸腔再到喉咙,这样发出的声音才会高亢有力,有厚度,才能传得远。会用气与不会用气,用的气息强还是弱,说出话的声音效果是大不一样的。气息过弱的人，音量必定过小，说出的话无法传送到听众耳中，说了等于没说；如果用力过猛，气息过强，每一个字都把听众的耳朵震得嗡嗡作响，同样起不到好的效果，听众依然听不清楚你讲了些什么。可见，控制气息十分重要。

无论在生活中还是在演讲、授课、朗诵、辩论等情况下，气息的控制不仅直接影响着声音的大小高低，还直接影响着语势的强弱和情感的表达。人的一切情感活动，都可因语言气息状态的不同有明显不同的表现。每个人都有这样的感受：暴怒时会气满全胸，气流堵塞而不通畅，会"气"得说不出话来；心情愉快时，气流通畅，说起话来轻松自如；惊恐害怕时，气流急速或气息颤抖，甚至会屏住呼吸；深思熟虑时，气息处于平稳状态，呼吸均匀；悲哀伤感时，吸气深，呼气长，即通常所说的长吁短叹。这些都说明，气息状态与人的感情变化有着直接的关系，气息显然是催发情感、表情达意的重要手段。因此，要想使自己的声音运用自如、响亮清晰，又能传达出应有的情感，就必须掌握一定的气息运用技巧。

（一）呼吸

常用的呼吸方法有胸式呼吸、腹式呼吸和胸腹联合式呼吸 3 种。在日常生活中，人们一般都是用胸式呼吸，睡在床上时用腹式呼吸。专用胸呼吸，呼吸浅且容气较少，因此在正式场合上讲一大段话时往往感到气不够用，会觉得气短，力不从心。采用胸腹式联合呼吸方法，可使全部呼吸器官协同运作，气的容量大，是较理想的呼吸方法。

胸腹联合式呼吸，即运用胸腔、横膈膜和腹部肌肉共同控制气息。

由于日常生活中我们是自然呼吸，对呼吸方式没有太多的自觉意识，因此要调整呼吸状态，必须依据科学方式进行。胸腹联合式呼吸法，在吸气时是这样的状态：两肋向左右张开，有上提的感觉，略收小腹，横膈膜收缩，有下压腹部感，此时开始吸气。吸气时要用鼻腔，将气流缓缓吸入肺的深部，胸腔与肺部要尽量纳气，到不能再吸为止，但不要耸肩挺胸。呼气时，仍要收住小腹，两肋和胸腔基本保持吸气时的状态，在控制下逐渐松弛、缩小，直至呼完。呼气时注意要均匀、平缓，在腹部肌肉和横膈膜的约束下，将气徐徐吐出。总之，吸气要吸得深，呼气要呼得有节制。在练习时可循序渐进，开始时练缓吸缓呼，然后再练急吸急呼。

这种呼吸方法，胸腔容积大，控制力强，支持时间长，能够对呼气气势的强弱进行调节，使呼气均匀而有节奏，因而能够自如地控制声音的高、低、强、弱的变化，以适应讲话中各种发声运动的需要。同时，还可减轻喉头发声的压力，不仅能发出柔美圆润的音色，也使嗓音不易沙哑，不易因疲劳而失声。

需要特别指出的是，在进行气息基本功训练时，一定要学会节约用气，要根据语句的需要控制吐气量。一句话说完以后，不能一下子把气放光，时刻都要留有"余气"。

若是不善于控制气流,放气太急太冲,那么,刚说上几个字,后面的话就会因"动力"不足而感到虚弱无力,不是声音过小就是吐字不清,别人听着自然会感到吃力难受,这就是我们常说的底气不足或"气竭"。

呼吸训练

　　1.深呼吸练习:清晨,空气新鲜的地方,身体直立,双手自然下垂,目视前方,头正、肩松、胸不要挺。舌尖轻抵上腭,用鼻缓缓吸气,小腹慢慢收缩,肋骨与腰部慢慢扩张,将气一直吸入肺的深部。吸气较满时,利用收缩的腹部肌肉和横膈膜开始呼气,把气从口中或鼻中自然均匀地吐出,直到吐干净,再放松小腹。待稍停,再重新练习。

　　2.吹动树叶(或纸片)练习:站在矮树或有叶的花盆前(若是室内,也可在面前挂一张稍薄的纸),距离约1米远,待深呼吸后,将气息缓缓吐出,凭借气息的力量吹动树叶(或纸片),要看到树叶(或纸片)有明显的颤动。若一时吹不动可适当调整距离,但不可离树叶(或纸片)过近。如此反复练习,直至轻轻一吹树叶(或纸片)就抖动为止。要训练到可自由控制树叶(或纸片)动荡程度的大小为止。

(二) 换气

　　人们说话时,常常不能一口气将所要说的内容全说完,总是要在说的过程中换上一口气。这时,要根据讲话的内容和表情达意的需要吐故纳新,采取不同的方式对气息进行补充,以保证气力的充足,这就是换气。

　　换气一般有只吸不呼和少呼多吸两种方式。

　　只吸不呼换气也称为偷气,俗称小气口,是用鼻或口急速吸进一小口气,或在吐完前一个字时不露痕迹地带回一点儿气进来。这种做法可以及时补充胸中的蓄气,使讲话时总保持饱满的气息而又不易被人察觉,显得自然流畅。偷气一般用在内容连贯、句子较长的讲话中。

　　少呼多吸的换气,俗称大气口,气有出有进,以出带进,并且是在公开形式下进行呼和吸。这种换气方法一般用在允许有停顿或靠停顿表示情绪变化的语句中。在瞬间停顿的条件下,先轻轻吐出一点儿气,紧接着吸进一口气,呼出的是少量的气,目的是吸进较多的气,吸气时要把气吸足。

　　换气与停顿有密切关系,演讲、讲课、辩论时都要根据需要有意识地安排时间不等的停歇,而每次停歇,都需要及时换气,以保证语气从容和情感自然,并防止出现"气竭"现象。讲话时不失时机地换气,不仅自己说着顺畅,别人听着也舒服。所以,进行口才训练时,必须重视换气,学会安排大小气口,使自己对气息的运用自如、熟练。

> **换气训练**

1.蓄气练习。将下面一段文字一口气说下来,若有断气之处则需重来,不准偷气,反复练习,直到能坚持一口气说完为止。

出东门,过大桥,大桥底下一树枣儿,拿着竿子去打枣儿,青的多,红的少。一个枣儿、两个枣儿、三个枣儿、四个枣儿、五个枣儿、六个枣儿、七个枣儿、八个枣儿、九个枣儿、十个枣儿。九个枣儿、八个枣儿、七个枣儿、六个枣儿、五个枣儿、四个枣儿、三个枣儿、两个枣儿、一个枣儿。这是一个绕口令,一口气说完才算好。

2.换气练习。将下列一段文字读下来,依句号停顿换气,要有较明显的换气动作,体会呼与吸的要领,不是句号处不准换气。反复练习,直至能自然地换气,顺畅地读下来为止。

望夜空,满天星,光闪闪,亮晶晶。好像那,小银灯,大大小小密密麻麻,闪闪烁烁数不清。仔细看,看分明,原来那群星,分了星座还起了名。按亮度,分了等,一等、二等、三等、四等、五等、六等一共分六等。谁最亮,是一等,谁最暗,是六等,一等到六等,总共不过6 900多颗是恒星。星空中,还能看见那大行星和卫星,小行星和彗星,更有那无数无名点点繁星看不清。要想看清它,请你借助现代化的天文望远镜。

二、口才的吐字归音训练

在各种形式的口头表达中,都要先解决口齿清楚,即吐字归音的问题。俗话说:"嗓音有天赋,嘴里需人功",讲的是声带的质量是天生的、遗传的,而在说话时形成各个不同的语音音素时,就必须依靠后天的努力即嘴上的功夫了。只有勤学苦练,磨出口腔肌肉的控制力和舌头的灵活性,练就唇、齿、舌、牙、颚的默契配合能力,才能真正具有好口才。

"吐字归音"是中国传统戏曲语言中的一个术语,主要是指在吐字发声时,要咬准字头(主要指声母),吐清字腹(韵头和韵腹),收住字尾(韵尾)。例如,发"方"(Fang)这个音时,字头是F,要咬住,字腹是ang,要吐全吐清吐够长度,二者合一,就能发出准确无误的"方"字。由于有些人不重视"吐字归音"的作用,说话时往往字音含混,吐词模糊,或吃字吞字,使人听起来十分费力。

吐字归音的要求是:吐咬清晰,归音到位。

(一)吐咬清晰

咬字头时应准确、干脆、有力,吐字腹时应清晰、实在、响亮,主要有以下几种技巧。

1.喷崩法:喷崩就是在咬字时,吸足气流,双唇紧闭,然后爆破除阻将字音吐送出来。声母是b,p的字,可使用喷崩法。

如:八百标兵奔北坡,炮兵并排北边跑,炮兵怕把标兵碰,标兵怕碰炮兵炮。

2.弹舌法:弹舌就是利用舌头的弹力,将字有力且富有弹性地弹吐出来,声母是 d,t 的字,可使用弹舌法。

如:调到大岛打大盗,大盗太刁投短刀,推打叮当短刀掉,踏盗得刀盗打倒。

3.震牙法:震牙就是吐字时,气流强烈震动牙齿,牙齿有明显的震动感,以求字音响亮有力。声母是 j,r 的字,可使用震牙法。

如:急剧、竞技、容忍、仁人、境界、阶级、交换、经济、柔润、忍辱、仍然、软弱。

4.开喉法:开喉就是在吐字时,尽量使口腔后部打开,蓄足气流,吐送有力。声母是 g,k 的字,可使用开喉法。

如:哥拎瓜筐过宽沟,赶快过沟看怪狗,光看怪狗瓜筐扣,瓜滚筐空哥怪狗。

以上吐字练习,是为了帮助大家说话时字音清晰响亮,富有表现力,但切记练习时不可过于死板,要用巧劲而不是用拙劲。例如喷崩法,不能过紧或过松,过紧会使话语笨拙死板,听起来生硬吃力,过松又会显得虚飘无力,没有厚度。总之,要做到自然顺畅、恰到好处。

(二)归音到位

归音也叫归韵,归音到位是指发音时要收准字尾,主要有以下几种技巧:

1.展唇:凡以 ai,ei,nai,nei 为韵母的字,归音时,应微展唇角,嘴形扁平,收"i"音。

如:祖国情啊,
　　春风一般往这儿吹;
　　同志爱啊,
　　河流一般往这儿汇。
　　党是太阳,
　　咱是向日葵。
　　(郭小川《祝酒歌》)

2.聚唇:凡以 ao,iao,ou,iou 为韵母的字,归音时,应聚敛双唇。

如:军港的夜啊静悄悄,
　　海浪把战舰轻轻地摇,
　　年轻的水兵,头枕着波涛,
　　睡梦中露出甜美的微笑。
　　(歌曲《军港之夜》)

3.抵舌:凡是收前鼻音 n 的音节,字尾收音时要做一个明显的抵舌动作,舌尖稍稍回抵上牙床的位置。

如：砍头不要紧，

　　只要主义真。

　　杀了夏明翰，

　　还有后来人！

（夏明翰《就义诗》）

4.**穿鼻**：凡是收后鼻音 ng 的音节，收音时，气息要灌满鼻腔，穿鼻而出收 ng 音，舌根与小舌要有接触感。

如：大江歌罢调头东，

　　邃密群科济世穷。

　　面壁十年图破壁，

　　难酬蹈海亦英雄。

（周恩来《大江歌罢调头东》）

吐字归音训练

1.炮兵攻打八面坡，炮兵排排炮弹齐发射，步兵逼近八面坡，灭敌八千八百八十多。

2.张伯伯、李伯伯，饽饽铺里买饽饽，张伯伯买了个饽饽大，李伯伯买了个大饽饽，拿回家里喂婆婆，婆婆又去比饽饽，也不知张伯伯买的饽饽大，还是李伯伯买的大饽饽。

3.出南门，进皮铺，买了块麂皮补皮裤，是麂皮，补皮裤，不是麂皮不必补皮裤。

4.刚往窗上糊字纸，你就隔着窗户撕字纸，一次撕下横字纸，一次撕下竖字纸。横竖两次撕了四十四张湿字纸。窗上没有纸，风吹满屋子。是字纸你就撕字纸，不是字纸你就不要胡乱地撕一地纸。

三、语音规范、语调纯正训练

中国是个多民族国家，幅员辽阔，多种方言并存，不同方言间的语言发音差异性很大。同一字词可能发出截然不同的几种音调，因此常常会产生歧义。不同方言的人凑在一起说话，不是彼此听不懂，无法沟通，就是听起来千差万别，惹出笑话。记得姜昆曾说过一段相声，讲的是北方人到广东出差，挤在公共汽车上，因为人贴着人感到很不舒服，就说了一句："我挨着你好辛苦"。谁知这话被身边一女士听见，竟将此人当作流氓大吵起来，原来她错把这句话听成了"我爱着你好幸福"。可见语音不统一，会造成很多的麻烦。

语音规范指的是讲话时每个字词的发音都要准确;语调纯正指的是四声要符合标准。我们训练口才基本功,就是以普通话为准则,以《汉语拼音方案》为依据,在字词的声母、韵母、声调上下一番工夫。

(一) 声母练习

普通话有21个声母,按发音部位可以分为7类:双唇音(b,p,m),唇齿音(f),舌尖中音(d,t,n,l),舌根音(g,k,h),舌面音(j,q,x),舌尖后音(zh,ch,sh,r),舌尖前音(z,c,s)。

(二) 韵母练习

普通话共有39个韵母,按结构可以分为单韵母、复韵母和鼻韵母。

单韵母由一个元音构成,复韵母由2个或3个元音构成,鼻韵母由元音加鼻辅音(n,ng)构成。

韵母按开头的元音和发音口形,又可分为开口呼、齐齿呼、合口呼、撮口呼4类。具体口形部位我们可以忽略,但每类韵母的训练需要通过实践来体会和掌握。

韵母词例训练

1.单韵母词例练习:

(1) 大厦　发达　拉萨　加法　打靶　妈妈
　　刹那　发傻　拉架　扎瞎　啊呀　茶花

(2) 摸索　婆娑　我国　菠萝　活捉　磨破
　　剥夺　啰唆　琢磨　过多　落魄　做错

(3) 色泽　车辙　歌德　特色　舍得　乐呵
　　苛刻　隔阂　折合　各个　割舍　客车

(4) 力气　集体　遗弃　机器　毅力　吉利
　　袭击　利益　地契　洗礼　积极　意义

(5) 树木　孤独　服务　束缚　诉苦　污辱
　　虎符　嘱咐　雾都　辜负　住处　不足

(6) 雨具　女婿　吕剧　区域　须臾　玉宇
　　逾越　预约　云月　渊源　去取　冤屈

2.特殊韵母词例练习:

(1) 舌尖前韵母
　　自私　此次　刺字　孜孜　似死　撕字　刺死　紫缌

(2)舌尖后韵母

知识 指示 失职 制止 吃食 咫尺

逝世 支持 指使 实质 值日 志士

(3)卷舌韵母

新名词儿 钢笔尖儿 小红旗儿 山茶花儿 一把泥儿

一股烟儿 自行车儿 檀香味儿 窟窿眼儿

3.合成韵母词例练习：

ai 白菜 海带 开采 灾害 买卖

ei 北美 背煤 配备 肥美 蓓蕾

ao 高潮 早操 跑道 号召 茅草

ou 抖擞 守候 走兽 瘦肉 收受

(三)声调练习

声调是通过控制声带的松紧来达到的,普通话的声调有区别词义的作用,是口才基本功训练中不可或缺的环节。例如,不同声调的词表达不同的含义:

通知 同志 统治

珠子 竹子 柱子

声调练习主要是准确掌握普通话的调值和调类。调值指的是声调的实际读法,调类指的是声调的种类。就普通话而言,有几种调值就有几个调类,也就是普通话中的阴阳上去四个声调。我们的练习就是要严格把握四个声调,注意它们的高低升降变化,先放声慢读,读准单独的四个声调,再结合词组词语练习变调,随着声调的起承转合变化,讲出悦耳动听的话来。

普通话中的阴平、阳平、上声、去声,又称为一、二、三、四声,一般从长短上说,三声(上声)最长,二声(阳平)次之,一声(阴平)又次之,四声(去声)最短。

声调词例练习

1.阴平字例练习：

冬颠端灯 翻飞分风 喝酣哈哼 拉捞溜撩 珠渣遮周

槽邹灾增 吃嗔昌撑 沾真专中 擦粗参仓 沙师端开

巴邦掰崩 撒搜森僧

2.阳平字例练习：

臣席长虫 人仍然容 流离牢笼 您能拿农 咱昨族泽

全前芹穷 结决吉局 谁熟神绳 谈投途同 瞒描眉蒙

平贫旁盘　银遥元迎

3.上声字例练习：

永有影远　挤紧举检　古葛梗敢　索损叟伞　扯甩水闪
法诽否反　勉猛美满　谎虎毁缓　几本丙扁　打赌斗胆
只准掌盏　想选醒险

4.去声字例练习：

去劝庆欠　至正住占　热弱让认　顺树上善　路列浪烂
勿忘未万　素色碎算　促错次灿　会话互换　放奉费泛
病变被办　特透拓探

5.同调连读练习：

春天开花　江山多娇　人民团结　昂扬豪情　党委领导
理想美好　继续奋斗　创造世界

6.顺序四声练习：

中华伟大　山河美丽　英雄好汉　千锤百炼
非常好记　高扬转降　坚持努力　深谋远虑

7.逆序四声练习：

暴雨狂风　万里长征　字里行间　异口同声　袖手旁观
信以为真

8.混合四声练习：

忠言逆耳　语重心长　身体力行　卓有成效　百炼成钢
万马奔腾　光明磊落　英雄好汉　宣传马列　精神爽快
心红胆壮　工农子弟　生活朴素　山河锦绣　声停曲尽

（四）正音练习

　　正音练习指的是改方言方音为普通话话音的练习。正音时要注意：方言方音中有的音而普通话中没有的要避免再使用；方言方音中没有的音而普通话中有的一定要学会使用；方言方音中混杂的音而普通话中分明的音一定要分清使用。

　　正音练习包括声母正音、韵母正音和声调正音三种。首先要找出本地方言方音与普通话发音在以上三方面的差异与对应规律，例如有的地方韵母 i 与 u 不分,有的地方 o,e 和 c 混乱,有的地方 zh,ch,sh 和 z,c,s 不清,有的地方声母韵母与普通话差别不大，但声调差异较大,如天津、唐山等地。先找到不同，然后再按普通话规律纠正，就可收到好的效果。

正音训练

1.以下字词要求读准,不要用方言,只能用普通话,训练者彼此评议、纠正。

租子　会猜　最粗　大寺　斯文
珠子　会拆　最初　大事　诗文
发言　开门　金银　亲近　木盆
发扬　开蒙　经营　清静　木棚

2.读下面的绕口令和诗句,既要读准声母或韵母,又要读准声调,训练者相互评议、纠正。

(1)四是四,十是十,十四是十四,四十是四十。谁说四十是十四,就罚谁四十,谁说十四是四十,就罚谁十四。

(2)林玲和凌琳,长得一般高,又是同年龄。林玲两眼水灵灵,凌琳长得挺机灵。林玲帮军属把水拎,凌琳替队里采鲜菱。

(3)鹅、鹅、鹅,曲项向天歌。白毛浮绿水,红掌拨清波。

口才基本功综合训练

通过以上各项训练,在音量气息方面、吐字归音方面、语音语调的纯正方面,相信你一定有了明显的进步。在这个基础上,请用以下的绕口令进行综合性训练,来考查自己口才基本功的状况。

1.新脑筋,老脑筋,老脑筋可以学成新脑筋,新脑筋不学就成老脑筋。

2.大门外有四辆四轮大马车,你爱拉哪两辆来你拉哪两辆。

3.有个面铺门冲南,门上挂着蓝布棉门帘,摘了蓝布棉门帘,面铺门冲南;挂上蓝布棉门帘,面铺还是门冲南。

4.知道就说知道,不知道就说不知道,不要知道说不知道,也不要不知道装知道,一定要做到不折不扣的真知道。

5.山羊上山,山碰山羊角,水牛下水,水没水牛腰,羊入杨林羊吃杨树芽,草驴驮草,草压草驴腰。

6.同姓不能念成通信,通信也不能念成同姓,同姓可以互相通信,通信可不一定同姓。

7.会炖我的炖冻豆腐,来炖我的炖冻豆腐,不会炖我的炖冻豆腐,别混充会炖,炖坏了我的炖冻豆腐。

8.长扁担短扁担,长扁担比短扁担长半扁担,短扁担比长扁担短半扁担。长扁担捆在短板凳上,短扁担捆在长板凳上。长板凳不能捆比长扁担短半扁担的短扁担,短板凳也不能捆比短扁担长半扁担的长扁担。

9.天上七颗星,树上七只鹰,墙上七个钉,钉上七盏灯,地下七块冰。遮满天上星,赶走树上鹰,拔下墙上钉,吹灭钉上灯,踏碎地下冰。

10.妈妈骑马,马慢,妈妈骂马。妞妞哄牛,牛拧,妞妞拧牛。

11.坡上立着一只鹅,坡下就是一条河,宽宽的河,肥肥的鹅,鹅要过河,河要渡鹅,不知是鹅过河,还是河渡鹅。

12.镇江路,镇江醋,镇江名醋出此处,买错出处是错醋,错买名醋味儿不足。

13.有个老头本姓顾,人们叫他顾老五,顾老五上街买布带打醋,回来碰见鹰叼兔,兔子绊倒了顾老五,碰掉了他的布,打翻了他的醋,这事活活气坏了顾老五。

14.一个老头儿上山头儿砍木头,砍了这头儿砍那头儿,对面来了个小丫头儿,给老头儿送来一盘儿小馒头儿,没留神撞上一块儿小石头儿,栽了一个小跟头儿,撒了一地小馒头儿。

15.粉红墙上画凤凰,凤凰画上粉红墙,红凤凰,黄凤凰,粉红凤凰,花凤凰,凤凰飞上粉红墙,粉红墙上飞凤凰。

16.山前有四十四棵小涩柿子树,山后有四十四只小死石狮子,小死石狮子咬着小死涩柿子,让小死涩柿子把小死石狮子给涩死啦!

第 3 章

体态语言训练

良好的演说姿势只有向你自己内心去找,因为好的姿势,完全从你对自己的兴趣和令人对你表示同感的欲望中发生出来。一种出于你内心自发的姿势,实在比一千条死的法则更有价值得多。

————● 戴尔·卡耐基 ●————

瘦小的燕尾服

戈里教授穿上借来的燕尾服,他首先笨拙地做了一个鞠躬的动作,在弯腰的时候,他看见两片后摆张开又倏地合上,就马上转过身去,像一只猫觉得尾巴挂上了什么东西那样,而在转身时,"咔嚓"一声,燕尾服一边的胳肢窝下什么地方撕破了。

他暴跳如雷,但也无可奈何,只能穿上大衣遮住羞,出门去参加他学生的婚礼了。

戈理教授在婚礼大厅上愤怒地走来走去,对前来打招呼的人一概置之不理,大厅里的壁炉燃烧得实在太热,害得他直喘气。他终于忍耐不住了,把一只手伸进大衣的袖筒里,抓住燕尾服的袖子,使劲一拽,把它撕下来,并向空中抛去。面对这只意想不到的新式火箭,大家忍不住笑起来,戈里教授却如释重负地长吁一口气,把大衣脱了下来。

他已经热得大汗淋漓了。

皮兰德娄的这则小故事,嘲笑了因贫困寒酸而不得不借衣服去参加学生婚礼的穷教授,但也同时说出了体态、服饰与一个人的身份气质的关系:借来的燕尾服又瘦又小,裹不住教授的富态身躯,只好用大衣遮掩。因为袖子破了不能脱大衣,又令他烦躁不安。而当教授索性将一切伪装撕去后,就又恢复了他往日的风采。

在人们的彼此交流中,有声语言固然重要,但无声的体态、动作,比如打手势、双目注视、面部表情、四肢动作等,也是必不可少的。不要小看这些行为语言,虽然它们是无声的,但也有着与有声语言类似的特征,有着独特的内涵和可遵循的规律,对于交往的成败和效果起着十分重要的作用。一个口才良好、能吸引听众的讲话者,其体态语言必定也是适宜得体、与其有声语言配合默契的。

一、什么是体态语言

体态语言又叫身体语言、态势语言和动作语言。研究体态语言的学科称体态学(又称身动学),是一门年轻的学科,由一位名叫伯德惠斯特尔的人类学家创造。尽管年轻,但这门学科已经为我们提供了丰富多样的观察范例和有说服力的研究成果。在各个民族产生和形成各自的语言文字之前,人类一直在使用非语言的形式传递和交流信息。有了语言文字之后,人类也一直未停止使用各种非语言形式,只是长期以来没有引起人们足够的重视而已。1970年,美国学者朱利斯·法斯特写了《人体语言》一书,这才使人们开始意识到以体态语言为主的非语言形式的重要意义。但至今为止,尽管我们每天每时都在使用这种体态语言,大多数人对它的基本规律和交际功能仍缺乏了解。作为口才的重要组成部分,体态语言应成为一个人提高口才不可忽视的环节。

研究人员发现,在交际信息传递的过程中,45%通过有声语言传递,而55%则是由体态语言传递的。有时我们看某些中文配译的外国影片时会感到单调乏味,其原因之一就是体态语言和有声语言配合得不协调;同样,被人们公认的配音能手们之所以成功,在于他们对影片中外国人的体态语充分理解。可见,有声语言与体态语言是相辅相成,彼此依赖的。一个操两种语言的人一定会使用两种体态语,据说著名的纽约市长费欧莱罗·拉加迪亚在从政活动中使用英语、意大利语和印第安语,观看他的演说录像时,即使关闭伴音,人们也不难从他的体态行为中判断出他正使用哪一种语言在演说。

一个很会说话的人,在讲话时,所用的不仅仅是他的口。有些人一开口,别人就静下来听;而有一些人讲话时,听众仍各行其是,甚至打断他的话。这种情况之所以出现,当然有许多复杂的原因,但其中有一个重要的原因,那就是有的人懂得使用表情、使用眼、胸、肩等身体各个部位来配合他的语言来吸引听众,而有的人却对此一窍不通。试想:如果一个人在说话时只是嘴在动,而身体的其他部位是静止的,他会对听众有吸引力吗?其实,从你出现到你开口说话的这段时间里,你都在"说话",只是没有用口,而是用身体的其他部位。你的眼、手、脚等一举一动都能体现出一种表情,而这种表情可吸引听众的注意,使之产生倾听的愿望。因此,一个会说话的人在开口之前,必须调动身体的各个部位,向听众传递他开口说话前的信号和信息。这是成功的讲话所必备的前奏。

二、体态语运用技巧

几乎每一种体态、每种动作都是一种特殊的语言,都在反映着一个人的内心世界。我们不仅要学会看懂这些体态语言,还要学会运用它们。

体态包括身体的全部,即从头到脚的各个部位,体态语言也就自然从身体的各个部分体现出来,大体可分为头面部、手势、身体姿态与动作等几大部分。

(一) 头部动作

头部端正:表现的是自信、严肃、正派、自豪、有勇气、有魄力的精神面貌。

头部向前:表示倾听、期望,有时也表示同情或关心。

头部向后:表示惊奇、恐惧,有时也表示退让或迟疑。

频频点头:表示答应、同意、理解和赞许。

不住摇头:表示否定、反对和不满意。

(二) 面部表情

面部所表现出的各种各样的神态和情感,最能吸引对方的注意,在你未开口时听众就从你的面部表情上得到了一定的信息,对你的气质、情绪、性格、态度等有所了解。这是因为人的面部可以表现出成千上万而又十分微妙的表情,而且表情的变化又十分迅速、敏捷和细致,能够真实、准确地反映情感和传递信息。

脸上泛红晕:一般表示羞涩或激动。

脸上发青发白:表示生气、愤怒或受了惊吓、异常紧张。

皱眉头:表示不同意、反感、烦恼甚至是强忍盛怒。

扬眉毛:表示兴奋、喜悦、欢快、庄重等多种情绪。

嘴唇闭拢:表示和谐宁静、端庄自然。

嘴唇半开:表示疑问、奇怪、惊讶。

嘴唇向上:表示善意、礼貌、喜悦。

嘴唇向下:表示痛苦悲伤、无可奈何。

嘴唇撅着:表示生气、不满意。

嘴唇紧绷:表示愤怒、对抗或决心已定。

(三)眼睛动作

体态语言中表达情感最丰富的当属人的眼睛了。从眼睛通往脑部的神经,要比从耳朵通往脑部的神经多好几倍。人的眼睛最能袒露人的内心活动,因而在人际交往中,眼神的作用至关重要,有时甚至直接决定着交际的成功或失败。

一般情况下,不同的眼神可以表达出不同的情感。

眼睛正视:表示严肃、庄重、平和。

眼睛仰视:表示思索、盘算。

眼睛斜视:表示轻蔑、鄙视。

眼睛俯视:表示羞涩、含蓄。

眼神不适宜,必然会影响人际交流,因为眼睛是心灵的窗户,它常常先于有声语言就将你的心理活动传递给了对方,所以我们一定要重视对眼睛的训练,让眼睛在你的交往中成为你形象的最好代表。

(四)手的动作

人们常说手是人的第二张面孔,手势也和人的面部表情一样,种类繁多,变化微妙,在体态语言中起着举足轻重的作用。

在不同的场合,不同手势有各自特定的含义。比方说,你在路上用手势与一个朋友打招呼,有的手势使人很远就感觉到你的热情和欢欣;有的手势却使人感到你漫不经心;有的手势则使人觉得你洋洋自得;有的手势又能告诉别人你有要紧的事同他谈,请他等一下……此外,在交谈中,双方相互握手、互递物件和拍拍肩膀等,都能表达特定的含义。这些手势,有的成为谈话的一部分,是加强语言力量、丰富语言特色的重要因素;有的则代替了语言,独立承担起交流的作用。

人不但在说话的时候用手的动作来加强语气,辅助表达思想,而且在危急或特定之时还会用手势代替讲话。手势还是一种国际性的语言,据说许多原始部族之间交涉什么事情,大都利用复杂的手势进行,以此来克服语言不通的障碍。现实生活中,许多游客到了国外,也大都用手势来问路或致意。

日常交往中,手势大体有四类:形象手势、象征手势、情意手势和指示手势,完全依照表情达意的需要而发生变化。

手势尽管多种多样,但仍有一个可循的规律,一般而言:

手掌向上:表示诚实、肯定、希望、谦虚等积极意向,没有任何强制性和威胁性。

手掌向下:一般表示否定、批判、轻蔑等消极意向;也有强制和命令的意味,会使对方产生抵触情绪。

当手掌紧握,伸出食指,直指某人某物时,似乎要将其毁灭,带有明显的强制性和威胁性,给人极不舒服的感觉。

此外,手势还包括通过握手、招手、摇手和手指动作等表达友好、祝贺、欢迎、惜别、过来、去吧、不同意、拥护、反对、为难等多种语义。比如:双手紧绞在一起,表示精神紧张;摊开双手,表示坦率真诚;用手托摸下巴,表示老练、机智;双手指尖相合,形成塔尖形,表示充满自信;用手指敲打桌面,表示不耐烦,无兴趣。

同时,手势也像说话和面部表情一样,不能滥用、乱用,要适可而止,恰到好处。使用手势时有三忌:一忌杂乱。凡是不能表情达意的手势,如用手刮鼻子,随便搓手,把手指关节弄响,摸桌边等动作都是多余而又杂乱的,一定要剔除。二忌泛滥。空泛的、重复的、缺少信息价值的手势,如两只手总是不停地乱动乱比画,在对方眼前甩来甩去等,都是极不好的习惯。三忌卑俗。卑俗的手势,如挖鼻孔、剔指甲或更不雅观的动作,视觉效应极糟,直接损害自我形象,影响了正常交往。

(五) 身体姿态

身体姿态在人际交往中起着重要作用,它既能表达出讲话者的情感思想,又是一个人修养的表现。良好的身体姿态能给人以美好的印象,增强交谈双方言语沟通的效果。

社交场合中身体一定要直立,双脚重心平衡,不要偏倚一侧站立或斜靠门、墙站立,那样会给人一种漫不经心甚至轻浮的印象。

讲话时要挺胸收腹,不可收胸挺肚,那样是最没教养的表现。

站要站正,不可摇来晃去,斜肩弓背;坐要坐稳,别挪来动去,给人以不安定感。坐椅子时可稍往前坐一点,身体稍稍前倾,使背部不至全靠住椅背,这样显得比较斯文谦虚。坐时鞋跟要靠拢,手要端正地放在腿上。如果面对面谈话,身体稍倾斜而坐,双膝间的距离约为一个拳头较合适。

体态语言是通过身体的各部位实现的,它们是一个整体,是协同作战而不是独立分割的。无论是面部、眼神、手势、身躯和四肢,都是相互协调、相互配合,形成一个整体的,体态语言的效应正是在身体的整体姿态中展示出来的。

体态语言训练

1.一位电视台的女主持人,形象很好,气质也不错,她主持的影视综艺节目收视率很高,但这位主持人有一个不好的习惯,就是不时地摆弄两只手,整个节目时间都只见她在不停地让两只手做出各种并无意义的动作,在观众的眼前晃来晃去,十分干扰观众对节目的欣赏。请分析这种手势的弊病和恶果。

2.请注意观察你身边的人,找出两位言谈举止高雅、大方有教养的人士,对他(她)们的体态语言进行有意识的模仿;再找出两位不拘小节、谈吐放肆、举止粗俗的人士,分析他(她)们体态语言的不当之处,并检查自己是否有类似的毛病。

3.与一位和自己关系一般的人交流谈话,故意坚持直视对方眼睛超过1分钟,体会不舒服不自在的感觉,从而把握最佳的直视时间并从此不再出现这样的过失。

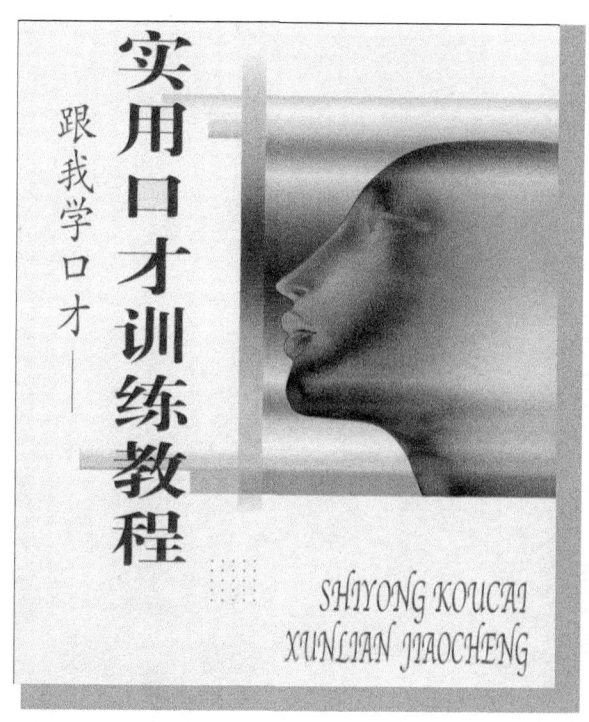

第二篇　口才技巧训练

- 第4章　口才话题选择训练
- 第5章　口才集中性训练
- 第6章　口才连贯性训练
- 第7章　口才得体性训练
- 第8章　口才应变性训练

第 4 章

口才话题选择训练

听众感兴趣,是因为你的谈话内容与他们有关。与他们的兴趣有关,与他们的问题有关。这种与听众最感兴趣之事的联系,也就是与听众本身的联系,将可稳获听众的注意,并能保证沟通线路畅通无阻。

——● 戴尔·卡耐基 ●——

一个伟大诗人的诞生

有一个古老的村庄,在每年收获葡萄的季节里,都要举行盛大的狂欢活动。狂欢节的高潮是由诗人们朗诵诗篇,从中选出优胜者,为他戴上缀满葡萄叶的桂冠,用葡萄酒染他的嘴唇,称呼他为诗神,并抬着他巡游。

在一次盛会上,一个诗人走上了众人瞩目的讲台,他开口说:

"太阳啊!你这个好逸恶劳的神,

独自溜走,把黑暗留给我们……"

这位诗人刚说完,迎接他的是暴风雨般的斥骂声。

"让他下来!"人们喊,还有人把石块投向他。

那位诗人抱头逃窜,他在村外躲了一会儿,听到巡游开始的呐喊声,便忍不住要去听听那位优胜者的诗作,于是竖起领子,低下头,又挤进人群里。

"哎,亲爱的兄弟,您能告诉我,刚才那诗神朗诵了些什么?"诗人问道。

"你没有听到?太可惜了,我给你朗诵一下吧。"那位村民说:

"太阳啊!你这个勤劳的神,

与黑夜搏斗了太久,把温暖和光明带给我们……"

同样是描述太阳的两句话，而且都是实话，但由于描述角度不同、态度不同，获得了两种完全不同的效果。人们喜欢听到对太阳的赞美，因为太阳象征着温暖与光明，体现着对美好生活的向往；人们讨厌对太阳的诅咒，因为这会使人想到寒冷和黑暗，那是对悲惨生活的提醒。这个故事告诉我们：要想到你的听众，必须要明白他们喜欢听什么，不喜欢听什么，投其所好地选择你讲话的内容，这样才能像第二位诗人那样博得桂冠，赢得好评。

一、话题选择的基本原则

有效的交谈对一个人的事业成功是极其重要的。你说话的能力强，就会使别人不仅感兴趣于你的话题，而且被你影响，这是每个人都希望拥有的最可贵的财富。

正式场合的讲话，选择话题有两种情况。一种是事先早已确定了内容和有明确的选题，如专题会议、学术会议、交流研讨会，等等。与会者早在出席会议之前就已对自己发言的选题进行了思考与设计，在讲话中不可能脱离会议的大主题，只能就这一领域中的某一相关小专题阐述个人见解。这类选题不易游离，因而较易确定和把握。

另一种情况是自由发言，即兴表述个人意见或被邀请做一段讲话。出席者来自四面八方，各行各业，并无一个十分确定的论题，如各种社交活动、纪念活动、联谊庆典活动、节假日亲朋家人团聚、同学师长聚会、即兴演讲比赛，等等。这种场合中的彼此交谈，可以随心所欲地选择话题，自由度很大，内容宽泛丰富，因此在选题上有一定的难度。

但无论你要发表什么内容的讲话，原则只有一个，那就是要让听众爱听。卡耐基说过，许多人无法成为一名谈话好手，主要原因是他们只会谈些自己感到有兴趣的事，而这些事情却令其他人感到无聊透顶。必须使听众觉得，你要说的话对他们很重要，你的讲话会给他们带来快乐、益处或启迪；要让听众感到你对自己将要说的话题十分热情，还非常执着地要将这份热情传达给他们。你迫切希望听众分享你的快乐、分担你的忧愁。倘若听众被你打动，你的选题就获得了最佳效果。

在选择话题时，你必须明确要以听众为中心而不是以自我为中心，你讲话的成败也并不全由你决定，而是由听众决定。在寻找话题的过程中，要想办法在听众和自己之间建立起一个共同的立场，并抓住机会，使自己的想法能够为听众所知。

二、话题的选择技巧

在选择话题上都有哪些技巧呢？

（一）找出与听众有共同性的话题

相同的话题可以拉近人与人之间的距离，使陌生的人成为熟识的朋友，使熟识的朋友更加亲密。记得一次国际图书博览会上,笔者听到了一位以色列作家的讲话,被深深吸引,由原本只打算站一站就走,转而听完了他的讲话。许多来参观书展的人也和我一样,饶有兴味地听完了他的演讲。他是这样开始的:

"不是国土面积的大小,也不是人口数量的多寡维系着我们两个民族,维系着我们两个国家。毕竟你们是一个拥有辽阔国土的国家,每年中国人仅新出生的人口就是以色列人口的两倍。以色列太小了,以至于在世界地图上以色列的名字要标到大海上。然而,把我们维系在一起的是忍耐,是容忍,是新旧传统的结合,是我们的创造力,是我们对生命中精神部分的认识,是我们都视其为神圣的生命。把我们维系在一起的是我们两个民族拥有世界上最古老而且依然生机勃勃的文明。我们生存了下来。所有伟大而古老的民族演变得面目全非,比如今天的埃及人所使用的语言已不同于3 000年前,他们所拥有的遗产、传统和宗教已与自己的祖先大相径庭。但是我们这两个民族却始终保持了自己的语言、自己的传统、自己的历史,我们这两个民族都适应了现代世界。我们这两个民族比其他民族都活得长久。我们这两个民族都是嗜书的民族。我们这两个民族用我们掌握和眷恋的文字铸造出了文字的金字塔。你们发明了造纸、冰激凌和陶瓷,培育出水稻和茶叶,创造出伟大的诗篇,培育出对待生活的勤奋精神,在广阔空荡的宇宙间努力恪守人生自身的价值,并且使其适应不断现代化的世界。我们同样如此,尽管我们很小,可我们是三个宗教的发源地,我们献给人类一部2 000年来被千百万人诵读的著作。我们献给人类的还有赎罪的渴望。你们和我们为古老的文明和现代的文明贡献了很多很多,是那么的不同,又是这样的相似。"

这位作家从中国和以色列在历史、传统等方面的相似性出发,用真挚的话语拉近了与听众之间的距离,达到了宣传以色列文学的目的。心理学研究表明,人与人之间只要发现了共同的特性,在心理上就会产生亲切感,哪怕只是在饮食上有相同的嗜好,也会使原本有隔膜的人成为友好交谈的对象。所以,初次与不相识的人见面,为了彼此能很融洽地相处,自在地交流,可以询问对方的出身、曾就读的学校、游历过的城市、生活中的爱好等,努力寻找对方与自己的共同之处。相信这类话题定会使你们交谈得十分愉快,能很快消除彼此间的障碍。

(二) 要选择现实生活中人们普遍关注并急需解答的问题

一段生动的当众讲话,究竟能在多大程度上帮助听众弄清楚社会现实生活中的复杂事物,并在多大程度上有助于迫在眉睫的社会问题的解决,正是这段讲话的价值所在。如果选定了大家都关心的话题,并以你独到的见解和依据翔实的材料给听众以极具说服力的分析或极具感染力的煽动,那你的讲话就一定是成功的。

战乱频繁、社会动荡的旧中国,多少爱国志士、青年学生走向街头、市井,宣传着救国救民的理想,感召了多少民众,不就是因为他们说出了百姓敢怒而不敢言的心声吗?改革开放后的中国,日新月异,气象万千,同时也出现了诸多的"社会问题",例如人们对政府反腐倡廉的期望,对精神文明建设的建议,对国有企业下岗职工的同情和忧虑,对独生子女教育问题的困惑等,若能在其中找到一个与听众沟通的角度,了解听众真正关心的是什么问题,哪些问题最能涉及听众们的切身利益,不同听众的关注焦点在哪里,你的讲话贯穿对这些问题的思考,那你就一定能打动听众。只有那些思路开阔,思维敏捷,一贯关注社会动向,善于把握时代脉搏的人,才会在纷繁复杂的大千世界中发现深藏在人们心中的话题。

(三)要选择自己最熟悉、最有发言权的问题或确有真知灼见的话题

　　讲话的选题不仅要是听众普遍关心的话题,更要是自己有实际感受或经验,以及有过深思熟虑的话题。人们常会产生一种误解,认为只有极不平常的话题才值得一谈。于是有些人便搜肠刮肚去寻找重大的题材,诸如惊世的事件、骇俗的趣闻、伟人的成就、怪诞的巧合以及非凡的场面等,以为这些话题一定会赢得不同凡响的效果。殊不知,人们虽也乐于分享惊心动魄、令人难忘的重大消息,但日常生活的琐事见闻,周边的家长里短,往往才是人们交谈最多的话题。因为人人都会对自己生活其中的环境和亲身经历的事情有兴趣,所以,未必重大、深奥、高雅的话题才能吸引人。但不少人并未意识到这一点,他们往往精心挑选一个大题目,或赶时髦地选一个极为新潮而自己却并不熟悉的题目,如国际形势、文化发展走向、传统道德继承等,然后猛翻一堆名人名句,生吞活剥地背下来,再套上自己记得模模糊糊的某些理论或概念,之后就大谈特谈起来。这种讲话由于与自己的切身感受相去甚远,大半是"知其然,而不知其所以然",说起来必然是似是而非、隔靴搔痒,既不会具体生动,也不能深刻透彻,让人听来毫无兴趣。讲完之后,听者除了记住他占用了多少时间外,对其所讲的内容几乎毫无印象,留下的只会是反感和漠然。

　　戴尔·卡耐基说过,要将自己的热忱与体验融入谈话之中,这是感动别人的捷径和必要条件,打动听众的有效办法。如果你对自己的话题都不感兴趣,又怎么能期待他人感动呢?

　　你可以参考以下建议去寻找话题。

　　1.要告诉人们生活教给你的东西。在众人面前讲述生活对自己的教育,会赢得听众的心。不要以为个人的经验太过狭窄,太过琐碎,不值得一提。事实上,人们更渴望听到具有个性特色的个人消息而不是具有普遍意义的社论报告。交谈是一种具有双重乐趣的艺术活动——求同之和睦,存异之新奇。所以,不必因表露了相同观点而担心拾人牙慧,也不必因表露了异论而担心树敌成仇。不要担心在讲话中谈论自己会招

来讥笑,恰恰相反,谈起曾经打动过自己的事情,谈自己产生过激情的话题,会唤起听众的新鲜感和亲切感,自然会拉近你与听众之间的距离,因为你是真诚地将生活对你的教育和你亲身的感受讲给听众的。比如,谈在你的经历中某一次失败的教训,某一次成功的喜悦,某一段感情的沉浮,某一种复杂的人际交往等,这样的话题不仅对你来说是脱口而出,轻松自如,而且听众也会很感兴趣,你的谈话便能顺利地进行下去。

2.要从自己的生活背景、生活阅历中选择话题。选题要取自己最熟悉、最亲近的场景,印象最深刻又最有趣味的记忆。以下几类话题可供考虑:

(1)谈谈童年时期的经历。儿时的回忆、童年的生活一般总是令人兴趣盎然。因为大多数人听你的讲话时都会联想起自己的孩提时代。很多人也乐于知道别人小时候是如何的幼稚、顽皮、天真可爱,因为这可以帮助他了解对方,选择朋友。为此你不妨讲讲历经多年仍然记忆犹新、生动有趣的童事。如小时候的愚蠢无知,小时候的贪吃贪玩,小时候惹下的祸事、闹出的笑话,等等。这种话题讲起来轻松活泼,易于交流,特别是面对一群对你有好感、渴望了解你的人时。

(2)谈谈你早年的奋斗经历。人们在进行交际活动时,很愿意知道别人最初是怎样开始踏上人生旅途的。你可以谈自己初涉社会时的举步维艰,比如求职的挫折,糊口的艰难,择业时一次偶然机会的获得和阴差阳错的失去,自己在走投无路时的心态以及自我调整的过程;还可以坦诚地介绍自己对志向的执着追求和已经取得的成绩,以及对自己未来发展的设计。请记住:只要语气谦虚,态度诚恳,任何个人的生活素描都是引人入胜的话题。

(3)谈谈你的业余爱好。这是个在社交场合极讨好的话题。你对自己的某一业余爱好所具有的那种发自内心的热情,能够吸引任何听众。与你爱好相同的人,会感到遇到了知音,立即与你一见如故,开始切磋技艺;与你爱好不同的人,会被你的热情和投入所感动,从你的谈话中还获得了新鲜的知识,了解了生活中其他领域的乐趣,对你对生活都会有新的认识。说不定你的一番津津乐道的介绍会使听众中也产生了新的爱好者,立即加入你的队伍中,从而与你成为无话不谈的好友。像钓鱼爱好者、集邮爱好者、音乐发烧友、足球迷、美食家等等,他们很容易找到朋友,他们的讲话也很容易被人接受,受人喜欢。

(4)谈谈你某一方面特别的成就。如果你曾经在某一专业领域有多年的耕耘和深造,目前已是专家,至少与周围人相比是这一领域的行家里手,那么当谈起你专业的相关知识或你的特别成果时,人们会油然而生敬意,洗耳恭听你的讲话。除了对你专业的好奇心外,更重要的是钦佩你多年不懈的刻苦努力。比如你近年来获得了某种国家专利的发明;你的绘画作品正在美术馆展出;你编导或出演的电影、电视剧近期将公演或播出等。

(5) 谈谈你特殊的经历。也许在你的一生中经历过战争、灾难、死亡、危机等重大事件,亲身体验了那危急的时刻,目睹了亲人去世的场面;也许你在偶然的机会遇到了伟人、名人并与他们有过直接的交流,饱览了他们的举止风采,这些都是极能吸引人的话题。因为这对一般人的生活来说,要显得新奇、刺激。比如经历了1976年唐山大地震的人,他们在那场灾难中的经历往往是十分吸引人的话题;再比如前些年的出国热潮中,凡从国外回来的人,国人常常将其围起来,问这问那,表示出极大的好奇与热情。

(6) 谈谈你对人生观、价值观的思考。也许你天性就是一位勤于思考的人,面对风云变幻的社会,特别是经济大潮冲击之下的价值和道德取向,你有清醒的认知和深刻的思索,不妨讲出来与众人一起探讨。若讲得有的放矢,鞭辟入里,自然能说服听众,至少会令在场的人承认你见解的合理成分,钦佩你的见识。但要记住,这类话题不要太大,因为人们并不想在社交场合中接受教化。只有这类话题具有针对性,在谈论时充实具体,以诸多实例的解剖来说明自己的见解,而不是满嘴的说教或牢骚,才会具有一定的吸引力。如果你认识平平并无多少高明的看法,那最好免开尊口。

总之,以上种种与个人有密切关系的话题,在公共场合讲起来,既不需要事前准备,又会随时调动自己的真情,讲来能令人感动,给人启迪,自然也就能吸引听众的注意力了。

(四) 要选择能给听众"新信息"的话题

我们都有这样的体会,社交场合中最受欢迎的人往往是那些走南闯北、见多识广的人。为什么我们会对这类人感兴趣呢?就是因为他们总是能带来新的信息,新的见闻,总能满足听众求知的愿望。因此,要想使自己的谈话吸引人,你的选题就一定要超越听众已知的东西,要为听众提供他们不熟悉的内容。这就需要你在开口前了解你的听众,知道他们中的大多数属于哪类文化水准、哪类社会层次,他们可能早已熟悉的事情有哪些,可能无从知晓的消息又会有哪些。如果你总是提到人人皆知的新闻,甚至总是津津乐道地搬出那些陈芝麻烂谷子的故事说个没完,总是拿那些世人皆知的笑话发挥个没完,你的讲话一定是最倒人胃口的。

(五) 巧妙地借题发挥,吸引听众

在社交场合中一时找不到适合自己的话题时,你可以借题发挥,从关心询问身旁的某人某事入手,例如,问人家就职的单位、生活状况或单位的效益,然后引出自己对市场经济、商品质量认识等的话题。再如,你可询问一位老同志的身体情况,由谈他的慢性病入手,谈你对养生之道、老年保健、医疗卫生等社会问题的看法,这也会给对方带来兴趣,给自己找到恰当的话题。这种即兴引发的技巧,是口才训练中必不可少的。

话题选择训练

1.阅读下面这个故事,你认为造成普鲁士国王外交访问失败的原因是什么?

1867年夏天,普鲁士国王威廉和王储、随从一行到巴黎参加万国博览会,拿破仑三世在广场欢迎他们,当时还有其他国家的许多来宾在场。一见面,威廉国王就情不自禁地说:"自从我上一次到这里来以后,你们创造了怎样的奇迹啊!""上一次"是指哪一次呢?原来,1814年反法联军打败了拿破仑一世,威廉国王当时作为占领军年轻的军官,随着浩浩荡荡的部队进入巴黎。他无意中用"上一次"勾起了这段让法国人难堪的往事,他的这次访问由此而彻底失败。

2.你的一位朋友患了绝症,将不久于人世,你得知后立即赶去看望。你本不想提及朋友的病,但他却主动提起,此时你应选择什么话题来回避朋友的话题并给他以安慰?

3.当你身处异地他乡,与一群并不十分熟悉的人相处而不知如何开口谈话时,是以"在我的故乡人们都是……"或"我的国家里习惯是这样的……"为开头语介绍自己故土的故事好呢,还是与周围的人随声附和,说些寒暄语好呢?哪类话题能使你与大家更快地相知、相熟,为什么?

4.语言训练游戏——抛开烦恼

每个人都有自己的问题和烦恼,这些阻碍需要自己勇敢地面对和克服。但是,对于每个人来说,时刻都能有效地克服这些烦恼是有一定难度的。这个游戏可以帮助你找到几种对付各自问题和烦恼的办法。

游戏规则和程序

• 请每人想出一个与讨论的议题相关的问题或烦恼。如果实在想不出也可以随便说一个。

• 请他们把各自的问题写在一张纸上,写完后把纸揉成一团,放到一个容器里,然后把这个容器放到房间的一个角落处。

• 请一人到容器里抽出一个纸团,扔给另一个人,接到纸团的人打开纸团,大声朗读上面写的问题。

• 由接到纸团的人和其左右两人组成一个3人小组,用1分钟的时间来讨论可能的解决办法。其他人也同样展开自由讨论,商讨并写下2到3个答案或应对办法。

• 先请3人小组说出他们的答案,再请其他提供帮助的人说出答案。

• 如果问题很多,而且时间允许,可以重复几次。

相关讨论

• 为什么有些烦恼无法解除?

- 在你们所听到的烦恼里,有哪些属于"自寻烦恼"的?
- 此游戏后,你们了解了多少解除烦恼的方法?

总结

- 必须承认的是,每个人的烦恼各不相同,解决的方法更是多种多样。因此,在玩这个游戏的时候,谁也不要羞于表达自己的想法,不要把自己封闭起来。你要记住有的时候你也需要别人的帮助,你也要准备着去帮助别人。
- 通过这个游戏,你会听到各式各样的烦恼,有些是确实难以解决的困难,有些也不排除是自寻烦恼。无论怎样,都可以在语言交流中起到彼此互相了解和互相体谅的作用。另外,在大家为某个烦恼"支着儿"的时候,人人都有机会学习这些方法,以便日后自己遇到这些烦恼时使用。因此,在做这个游戏时,你要当个有心人。

第 5 章

口才集中性训练

即使一些经验丰富的演说者,也会犯同样的错误。也许他们拥有多方面的才华,以致看不到精力分散的危险。你不可像他们一样,你应该紧守自己说话的主题。

———— ●戴尔·卡耐基●————

父亲的嘱咐

波洛涅斯:"好,我为你祝福!还有几句教训,希望你铭刻在记忆之中:不要想到什么就说什么,凡事必须三思而行。对人要和气,可是不要过分狎昵。相知有素的朋友,应该用钢圈箍在你的灵魂上,可是不要对每一个泛泛的新知滥施你的交情。留心避免和人家争吵,可是万一争端已起,就应该让对方知道你不是可以轻侮的。倾听每一个人的意见,可是只对极少数人发表你的意见;接受每一个人的批评,可是保留你自己的判断。尽你的财力购置贵重的衣服,可是不要标新立异,必须富丽而不浮艳,因为服装往往可以表现人格;法国的名流要人,就是在这点上显得最高尚,与众不同。不要向人告贷,也不要借钱给人,因为债款放了出去,往往不但丢了本钱,而且还失去了朋友;向人告贷的结果,容易养成因循懒惰的习惯。尤其要紧的,你必须对你自己忠实。正像有了白昼才有黑夜一样,对自己忠实,才不会对别人欺诈。再会,愿我的祝福使这一番话在你的行事中奏效。"

——莎士比亚《哈姆雷特》

这是丹麦大臣波洛涅斯在儿子雷欧提斯即将去法国之前的临别祝词。老于世故的波洛涅斯面面俱到，对儿子的嘱咐从人际关系到衣物修饰，从不借钱给人到防别人欺负，都想到说到，似乎要把他一辈子的人生经验都教给儿子，免得他受骗上当。这段话从口才学意义上讲，是十分具有集中性和针对性的。作为父亲，波洛涅斯有着鲜明的人生态度，那就是明哲保身。全篇讲话中对每一件事的看法都倾向明确，绝无似是而非或模棱两可。观点的错对我们姑且不论，但思维指向的确定，用词的恰当贴切，可称为一段绝好的演说词。

一、口才集中性的要求

所谓口才的集中性，就是无论讲什么内容的话，都要突出而明确地提出问题，表明自己的主张和态度，即提倡什么、反对什么、歌颂什么、鞭笞什么，讲话的主题是什么，这些都要明确集中。讲话没有中心，所用的材料就是一盘散沙，结果自然不能引起听众的共鸣。有些讲话者，由于说话前没有确定的中心，胸无全局，讲起话来漫无边际，兴之所至，任意联想，以至离题万里。虽然他滔滔不绝，口干舌燥，但听众却昏昏然不知其所云。这样的讲话除了浪费别人的时间外，一无所用。

要提高自己的说话能力，掌握说话的技巧，就要使自己的讲话集中、明确。

我们在生活中会遇到很多"语言失效"的情况，当你想表达自己的想法时，脑子里虽然东西很多，却一句话也说不出来，之所以出现这种情况，就是因为语言的集中性不够。集中性包括选择例证的能力，思维分辨的能力，语言逻辑的组织能力，等等。

要做到话题集中、明确，需注意以下几点：

第一，讲话前要对讲话的总体目的、议论范围、交谈方式有所考虑，经过深思熟虑后，对问题有了较深刻的认识，再提出个人的见解。

第二，要根据自己所持观点的需要，组织有关事例、材料，这些事例和材料必须与观点保持一致。

第三，在比较正式的场合说话前，要尽可能写出提纲，现场按要点说，不要游离主题。

由于说话的随意性很大，有时难免会插进一些题外话，以至会出现语言混乱现象。高明的讲话者之所以高明就在于其能够随时把握中心，纠正偏离中心的现象，使话题始终围绕自己的意图进行下去。

二、口才集中性的方法技巧

下面着重论述的就是如何在一段话之内集中表达自己观点的方法。

（一）用词要准确明白

在你的谈话中，如没有特殊原因，不要使用含含糊糊、毫无定准、其应用范围可任意伸缩的言辞，像"差不多""大概""大约""应该没问题"之类的弹性字眼，这在正式场合中不宜使用。例如，"危害了祖国和人民的利益"这种提法，必须加以诠释，即哪些行为危害了什么人的"利益"？必须用细致的条文加以阐述，用严格的法律条例作为参照物，这种提法才可以落到实处。如果说某人"差不多应该是危害了祖国和人民的利益"，这种话显然表述不清，会被人认为是居心叵测。试想，如果用大量的弹性字眼来制订法律条文，人们一定会被搞得无所适从。

当然，这并不是要求每个人说话都像法律条文那样严谨，举出这个例子是希望讲话人在叙述自己的观点时，使用的词汇要尽量规范。生活中我们会处处碰到用词不规范的现象，这无疑会产生多种语义效果，影响表达的集中性。

不知你注意过这样的现象没有：父母让18岁的孩子干活时会说："你已经是个大人了，该帮父母干点儿家务活了。"父母听说孩子谈恋爱了，会对他说："你还是小孩子呢，谈恋爱的事，过几年再说。"再如父母碰到了他们的长辈，他们会说："您老还年轻着呢。"话说到这里就很有意思了，"年轻"是个什么概念？以什么标准来限定？以年龄还是以阅历？一个词如失去了外延的界限，就如同河水冲破堤坝一样，容易造成混乱，所以必须加以限定。

下面这个例子说明了用词准确的重要。

美国将军麦克阿瑟在最后一次给西点军校的学员们演讲时说："你们在生理年龄上都很年轻，而我的心比你们更年轻，永远向往着战火纷飞的沙场……"

"生理年龄""心理年龄"，两个限定词让意思表述得明白无误，语言异常清晰有力，我们读到这段话时，自然会被麦克阿瑟的那种壮志豪情所打动。麦克阿瑟一度被奉为美国的"战神"，除了他的赫赫战功之外，也要归功于他精妙的语言，决不含糊，永远那么有力，那么气势磅礴。

另外，词汇的选择也要考虑听众，如果仅仅是用词准确，而听众理解不了，这也是失败的。如一位大学教授用平时讲课的词汇去给小学生讲课，结果肯定是失败的。因此，换了一批听众，用词也要加以调整，要以具体、准确为原则，因人而异，相机行事。

（二）提出的命题要正确

倘若天气预报员说："明天可能下雨也可能不下雨。如果下雨的话，请大家自备雨具，如果不下雨的话，就不用准备了……"倘若研究犯罪问题的专家说："经过长期的研究，所有罪犯的母亲都是女性，所有罪犯的父亲都是男性，而所有罪犯不是男性就是女性……"

这样的话必将引起听众的强烈反感,为什么呢?因为在这段话中,最简单的常识被当成论述结果提出,一段话之间没有递进,全是重叠,这就属于"空废命题",说了半天等于没说,听起来十分荒谬可笑。

选择命题时还需注意,不要使用牵强的、未经科学验证的观点来支撑命题。比如,在报上看到有人说:"中国母亲把亲情放到第一位,把爱情放到第二位,外国母亲把爱情放到第一位,把亲情放到第二位"。这个论调硬要把中外母亲纳入他所设定的范围里去,一旦被人反驳,发此高论者只好说:"把爱情放在第一位的中国母亲都是外国人,把亲情放在第一位的外国母亲都是中国人"。这种说法成立吗?恐怕他自己都怀疑。论说了半天,基本观点是建立在一个沙丘上的。看起来把"母亲"分成中外两类,又设立了范围,集中性是很强的,实际根本不符合现实情况,强行集中反而会制造笑话。如果你想论证你的观点,就先要看提出的命题是否站得住脚,使用似是而非的命题不仅无益于集中话题,而且还会令人反感。

(三)表达要简明扼要

有人问路:"请问到红房子街怎么走?"

回答者说:"你看见这条街了吗?这是绿房子街,不是红房子街,虽然只差一个字。绿房子街尽头有一个咖啡馆,是'绿色咖啡馆',也兼营台球和电子游戏,你从咖啡馆那个路口向西拐,就是黄房子街,在黄房子街……"

回答者实在是过分热心了,提供了那么多对于问路者来说不需要的信息,造成他理解上的困难。所以在你表达观点时,要尽量简明扼要。除了必要的修饰之外,不要离题太远,卖弄辞藻,在毫不相干的事情上兜圈子,这样会造成理解上的歧义,使听众一头雾水,不知所云,从而丧失了谈话的集中性。

如果我们把上面这段话改写一下:

"请问到红房子街怎么走?"

"从这儿走到咖啡馆路口,向西拐,走到黄房子街的尽头,再向北拐就是了。"

由于交际双方把话说得极其简明扼要,集中性增强了,谁都能听得懂。下面这个故事也说明了这一点:

有一次,马克·吐温去听一位牧师传教,并准备捐献一美元。牧师讲了一小时,马克·吐温决定只捐献一半的钱;讲到一个半小时,他决定一分钱不捐;等到牧师结束了两个半小时的演说,马克·吐温反而从捐施盘里拿走了一美元,以作为时间损失的赔偿。

可见,喜欢高谈阔论,信口开河的人往往会失去听众,人们的注意力决不会无限期地保持下去,学会"惜言如金",简明扼要地表达观点,才能使你的讲话达到好的效果。

（四）话语组织要有条理

要做到说出的话意思集中、富有条理,在讲话前就先要为自己的话排列出一个顺序,把你的思想化为能让人理解的形式,如年表式的、因果关系式的、一般和个别的、依次排列的,等等。谈话时要注意前后联系,过渡转折要顺理成章,不要牵强。这里举两个外国文学的例子来说明讲话有条理的重要性。

"我既然是个医生,就一定什么病都会治,可是我什么也不会,我从前懂得的,现在全忘光了,一点也不记得了。上星期,在俱乐部,大家谈话时谈到莎士比亚、伏尔泰,他们的著作我什么也没读过,可是我却做出了读过的神气,于是我就想起星期三治死的那个女人来,于是我就跑出去,就喝起酒……"

这是俄国作家契诃夫创作的话剧《三姊妹》中一位叫契布蒂金的医生说的话,他是想诉说自己过着多么无聊的生活,处境多么糟糕,可是由于契布蒂金是一个百无聊赖、精神颓废的人,什么事都对他无所谓,结果他说了一大堆杂七杂八的事,让人听起来漫无边际,听众也毫无反应,整段话说下来让人不知道他想说什么,这就是条理不清。

在黎巴嫩作家纪伯伦的作品《梦幻·泪与笑》中有这样一段:

第一个影子说:"生活没有爱情,就像一株没有花果的树,爱情没有美,好似没有芳香的花、没有种子的果……生活、爱情和美,是绝对独立的,又是无法分离的三位一体。"

第二个影子说:"生活没有反叛,好似四季缺了春天,反叛而无真理,则像春天降临在干旱的沙漠里……生活、反叛和真理,这就是不可分离的三位一体。"

第三个影子说:"生活没有自由,就像躯体没有灵魂,自由没有思想,则似飘零的游魂……生活、自由和思想是不可分离的三位一体。"

三个影子一起说:"爱情及其结晶,反叛及其成果,自由及其产物,这是主显示的现象,而主则是理智世界的良知。"

纪伯伦在这一段话里想要论证"三位一体"的神圣性,他通过三次三位一体的论证来推出主的神圣,条理清晰,因果关系紧凑。三个影子的话处于一种平行结构,三个影子共同的声音又将他们的观点串起来,进入升华的阶段。这篇文章不失为一篇精彩的、富有集中性的口才范例。

上面谈到了建立口才集中性的几个技巧,实际上远远不止这些。语言的魅力,语言的特性都是需要在大量的实践过程中把握的,这包括知识的积累、思维能力的提高,不是一蹴而就的,如能平时抽出一些时间多读些哲学、逻辑学方面的书籍,对于提高你表达的集中性会大有益处。

> **集中性训练**

1.分析下面两段对话存在的问题。

(1)罗伯特:今晚8点,你到旧煤气站等我。

多尔格:你能告诉我它在哪儿吗?

罗伯特:你没去过吗?在公园的后面。

多尔格:哪个公园?有垒球场的公园还是有棒球场的公园?

罗伯特:有棒球场的那个公园后面,到了那儿,向右拐有个旧房子,像一座破仓库。然后你一直走,到了泥土路以后再向右拐,然后再一直走就是了。

多尔格:一直走是走多远?

罗伯特:走到伯尔尼河边,过了桥就是。

多尔格:我想我知道一点了。

(2)查理斯:请把那篇论文给我。

弗热德:哪一篇?

查理斯:你手里拿的那一篇。

弗热德:我手里有三篇呢,你要哪一篇?

查理斯:有关物理学的那一篇。

弗热德:是关于理论指导的那一篇,还是记述实验过程的那一篇?

查理斯:关于理论指导的那一篇。

答案分析:这两段话,最大的问题在于缺乏集中性。

在第一段话中,罗伯特轻率地认为多尔格知道旧煤气站的地点,根本没考虑对方的实际情况,也就是说他的命题一开始就站不住脚。在罗伯特向多尔格提到"公园"时,没有加限定,因此显得模棱两可,仍需继续阐述,否则多尔格就不会明白。罗伯特经过描述确定了他说的公园,但他对"旧房子"的限定仍不准确,"一直往前走"的用语也不准确,连续几次的不准确,使多尔格最后也拿不准旧煤气站到底在哪儿?由此可见,集中性的要素在于限定准确。

第二段话同样如此,如果限定准确的话,根本不用兜这样一个大圈子,只要查理斯说一句:"把你手里那份关于物理学的理论指导的论文给我拿来",就很是清楚明白了。虽然看起来加限定语很啰唆,其实倒省事很多。

2.下面是一段讲话提纲,请你按照自己的想法把提纲重新排列一下。

(1)正确的思维方法,就像荒夜里的一盏风灯。

(2)学会表达,是一门处世的艺术。

(3)表达能使你的意愿与思想得以存在。

(4)提着自己的风灯,照亮未知的旅途,这就叫作独立思维。

(5)只有表达才能与人群交流,才能体现自己。

(6)独立思维使你的表达充满魅力。

(7)多去人群中,大声谈论你的想法。

(8)谁也不能代替你,你自己是独一无二的。

(9)独立思维具有重要性。

(10)独立思维能力与独立表达能力是一体的。

正确排列顺序是:1,4,9,6,10,7,8,3,5,2。

答案分析:上面这一段话是哲学家李天命先生论述独立思维与独立表达关系的演讲提纲,谈话从思维到表达再到学会表达,是一个非常严谨的结构,起承转合都极有章法。如果在谈话前能在你的头脑中建立这样一个逻辑提纲,在谈话中就不会出现丧失集中性的现象了。

3.下面是鲁迅先生的一段话,请指出它的论证目的,并列出逻辑提纲。

同学同泳,皮肉偶尔相碰,有碍男女大防。不过禁止以后,男女还是一同生活在天地中间,一同呼吸着天地中间的空气。空气从这个男人的鼻孔里呼出来,被那个女人的鼻孔吸进去,又从那个女人的鼻孔呼出来,被另一个男人的鼻孔吸进去,淆乱乾坤,实比皮肉相碰还要坏。要彻底划清界限,不如再下一道命令,规定男女老幼,诸色人等,一律戴上防毒面具,既禁空气流通,又防抛头露面。

(1)论证目的:

A.希望都能戴上防毒面具。

B.认为男女一起呼吸比男女同泳更坏。

C.反对男女有任何接触。

D.嘲笑持"男女不能接触"观点的人。

(2)逻辑提纲:

A.由男女不能同泳推论到男女不能同呼吸,最后确立论点,戴防毒面具是万全之策。

B.由男女不能同泳推论到男女不能同呼吸,论点是宁肯戴防毒面具也要杜绝男女接触。

C.主要目的在于说明男女不能接触,从不能同泳说到男女不能同呼吸,并提出戴防毒面具的建议。

D.主要目的在于驳斥"男女不能同泳"观点的荒谬,推论到极致,竟要戴防毒面具才能实施。

两组的答案都为 D。

答案分析：从这个问题我们可以看出确立论点的必要性，因为听众的目的性需要谈话者来引导，如果着重点不准确的话，很容易引发歧义。集中性的诀窍在于把论点作为一个坚定的靶心，所有论据都要像箭一样直射靶心，任何偏离都可能对集中性产生不利影响。

4.语言训练游戏——诗意地宣读

这个游戏可以使训练充满活力，帮助你更多了解精炼语言的魅力，让参与者对简练的、令人信服的语言交流方式留下深刻的印象。

游戏规则和程序

(1)把下面的练习分发给大家。

谚语简化练习

说明：在每个句子下面，写出意思一样，但更常用、语言更简单的谚语。

- 为了交流的公开和真诚，我们还是毫无顾忌地什么都说了吧。
- 当虎不在的时候，某些灵长类动物就会胡作非为。
- 当庙里的和尚过多的时候，反而会没有人挑水了。
- 过于急切想完成一件事情反而容易造成各种意想不到的破坏。
- 只要还在寺庙里工作一天，就不得不去敲钟。
- 给我自由的权利，否则我会觉得不值得活下去。
- 很晚才做一件事情会比永远不做这件事情要好一些。
- 表面看起来很漂亮，其实里面可能很糟糕。
- 才一天没见面，就想念得像是过了几年似的。
- 要是不辛苦、不劳动就能得到巨大的成功，那该多好啊。

(2)提醒训练者注意，一个谚语的定义应当是"简短、精练的说法，被广泛而经常使用，表达一个众所周知的事实和真相"。

(3)让他们把隐藏在句子中的谚语找出来(可以独立完成，也可以分组完成)，给大家足够的时间去完成这些问题。其间任意叫几个人朗读一下他们找出来的谚语(这可以带来轻松的气氛)。

(4)进行总结讨论。在这一阶段，公布下列答案，并提出一些问题进行讨论。如果几分钟后看到训练者还写不出来，明智的做法就是举一个例子。这能够解释他们将要完成什么。

- 打开天窗说亮话。
- 山中无老虎，猴子称霸王。

- 三个和尚没水喝。
- 欲速则不达。
- 做一天和尚,撞一天钟。
- 不自由,毋宁死。
- 亡羊补牢,为时未晚。
- 绣花枕头外面光。
- 一日不见,如隔三秋。
- 天上掉馅饼。

相关讨论

(1)参加游戏的人中谁说的或写的如这些答案？请谈谈原因。

(2)那些常用的谚语对有效的交流能产生什么样的影响？

第 6 章

口才连贯性训练

如果一位演说者从一个问题跳到另一个问题,然后又回过头来再谈一遍,就像一只蝙蝠在夜色中那般飞翔不定,还有什么演说比这种演说更令人感到困惑及糊涂的呢?

——● 戴尔·卡耐基 ●——

神奇的蒙太奇

库里肖夫是苏联蒙太奇学派的创始人,他做了一个很有趣的实验来研究镜头与镜头之间的剪接技巧。

第一组:

第一个镜头:一张恐惧的脸。

第二个镜头:一把手枪。

第三个镜头:一张微笑的脸。

第二组:

第一个镜头:一张微笑的脸。

第二个镜头:一把手枪。

第三个镜头:一张恐惧的脸。

观众在看完第一组镜头后得出结论:这是个英勇的人。

观众在看完第二组镜头后也得出结论:这是个懦弱的人。

同样三个镜头,为什么拼接方式不一样观众的结论会不一样呢?因为镜头拼接过程也是带动观众思维的过程。观众看第一组镜头时,看到一张恐惧的脸,又看到一把手枪,就明白这人被手枪忽然惊呆了,再看到一张微笑的脸,观众就会明白,这人镇定下来后,就不在乎了,因此观众说他勇敢。同样,观众依据同样的理解,认为第二组镜头中展示的是一个懦弱的人。由此可以看出,简简单单三个镜头,在拼接时稍作调整,就会产生迥异的效果。从连贯性上来说,次序的先后是由主观调控的。同样几段材料,如果不注意理顺的话,就会产生反作用。

我们自己也可以做个实验,如果试着剪掉一个镜头,效果会如何呢?

镜头一:一张恐惧的脸。

镜头二:一张微笑的脸。

毫无疑问,结果肯定是谁也看不懂,因为漏掉了"手枪"这个重要环节,观众看人物突然变了表情,又没交代原因,连贯性彻底被打破了。

一、什么是口才的连贯性

口才的连贯性是指围绕着说话的中心内容,考虑话怎样开头,怎样讲述完整,怎样转折过渡,怎样承上启下,怎样收尾结束,要使整篇讲话衔接紧密,一气呵成,不给听众留下断裂、脱节或东拉西扯的印象。缺乏口才连贯性的人,讲起话来思维是无序的、跳跃的,在边想边说的过程中思维出现了脱节的现象,语言显得混乱和漫无边际,听众当然就会云里雾里地不知所措了。

一段话说出来,哪些地方需要叙述交代,哪些地方需要前后呼应;哪些地方详说细描,哪些地方一带而过;哪些地方用哪些材料,前后如何衔接,这都是连贯性问题。连贯性也就是说话思路的语向线索转移问题。日常生活中或非正式场合的讲话,多是依情感线索进行的,也就是围绕着大家感兴趣的话题即兴发挥,你一言我一语,可以东拉西扯,只要能共同维持一种气氛就可以了,这种讲话随意性较大,对口才连贯性的要求也较低。而在比较正式或严肃的场合中,特别是议论性或说明性的讲话,要求说话要严谨、缜密,对连贯性的要求较高。

一般地说,一段讲话,要有提出问题、分析问题、解决问题这几个环节,开头常常是问题的提出,结尾是问题的解决,而中间则是对问题的分析。说话是随想随说,说出话来又不能修改,所以要使思路连贯清晰,说话之前脑子里一定要先酝酿出一个轮廓,即说话要点。只有理清思路,胸有全局,说话才不会走题,才能一气呵成。

二、口才连贯性的基本要求

(一)语言次序的先后至关重要

人们头脑中的一个具体内容,在没有找到恰当话语表达时,往往是交织在一起的、模糊的,分不出条理,没有次序,划不清界限。而说出的话却是有次序链条的,每句话的组成部分都是按既定的方向由句法规则组织起来的,因此,要想使自己的口头表达具有连贯性,必须将所调动的语言依先后次序变成可以使人理解的链型语词,且语词与语词之间要建立起最流畅的语意关系。语言次序的不同将会产生不同的语意效果。

(二) 严密的推理过程

口才的连贯性还有极重要的一个特点,就是合乎思维发展规律的推理过程。保持连贯性的推理方法有多种,请看下面一段论证。

①这座楼建于1935年。
②当时的建筑质量并不好。
③后来又受到炮火轰击。
④经过漫长岁月走到今天。
⑤它已经成为危房。
⑥所以一定要拆掉它。

上面论证中的连贯性是以时间为线索的,随着时间的推移,使结论无可辩驳,如果我们调整一下次序,并且删掉几句:

①经过漫长岁月走到今天。
②这座楼建于1935年。
③所以一定要拆掉它。

你还能看懂它是什么意思吗?先不从逻辑上说它的错误,单是连贯起来看懂就很难,因为它已经打乱了全部的时间顺序,并且前提条件也不充分。这样的论证,属于"断节式"论证,也就是只言片语,随想随说。

连贯性是有规律的,在论及任何一个问题时,有以时间顺序推理,有以由近及远的地域顺序推理,或者由内及外的多角度顺序推理等。无论运用哪一种顺序推理,都要符合思维的发展规律,需要你用按顺序排列的、富有连贯性的材料去证明它。

(三) 神必贯而形可不贯

我们可能会注意到这样一个现象,口才的连贯性并不是完全一条线索到底,它可以跳跃,可以转折,这说明了连贯性的一个重要原则:"神必贯而形可不贯"。如果你抓牢你的主要论点,在寻找理由时达到收放自如,那才是真正到了口才连贯性的高级阶段。

下面我们来看一段论述。

①医生是否有道义的责任为无力支付医疗费者提供免费医疗服务?
②当然,他们有这个责任。

③首先,社会将绝大部分医疗工作限于医生进行。

④因为这一限制造成的医疗垄断具有明显的经济效益。

⑤所以,该职业向无力支付医疗费者提供服务亦是合情合理。

⑥其次,医生特定的作用也可以证明他们有道义上的责任提供免费服务。

⑦医生的职业,不能与管道修理工、汽车修理工或者其他修复无生命物体的工人相提并论。

⑧与修理汽车不同,人们的健康问题生死攸关,来不得迟缓延误,也容不得讨价还价。

⑨因此,医生应该恪尽职责,而医疗服务则绝非全是营利性商业活动的一种形式,这便是医生必须帮助无力支付医疗费者的实质理由所在。

这段文字明显是一段多角度论述,其论述过程如下:

①从社会方面对医生的要求来说。

②从经济利益对医生的要求来说。

③从医生职业特定的性质来说。

④从医生职业与其他职业比较来说。

总结理由:医疗服务绝非全是营利性活动。

论述结果:医生必须帮助无力支付医疗费者。

上文论述过程虽是分为四个角度,但让人听来并无连贯中断之感,反而更觉严密有力,这就是"神必贯而形可不贯"的特点。

三、口才的连贯性技巧

口才的连贯性技巧内容很多,这里我们只挑选几种与其有直接关系的技巧重点加以介绍。

(一)讲话要符合同一律要求

为了达到口才的连贯性,符合同一律是首要的要求。所谓同一律,是指在一段完整的谈话中,只能有一个论题,这个论题是说话的主导、核心,无论其多么复杂,都必须围绕它进行,必须首尾一致,紧扣主题,不可游移,更不可中途更换论题。讲话论题自身的这种不可变更性,就是同一律。

论题的更换只能在一个论证过程说完之后再进行,而不能在同一过程中进行。说话时,有意或无意地隐蔽或公开地将论题更换,都是有悖于同一律的。缺乏同一律的讲话让人听起来是混乱的,表达的信息是无效的。

讲话时,违背同一律的情况不尽相同。

1.自述中转移了论题。讲话者在陈述自己的论证过程时,自觉或不自觉地将论题更换、转移,这就是自述转移。

"文化大革命"时期,"四人帮"的骨干江青在一次讲话中,曾这样说:"你们知道吗?历史上的法家都是爱国者,对人民是爱护的。儒家是卖国的,对人民、对奴隶、对我们工人阶级是残酷无情的,为什么这么说呢?我看了一个材料,和专家比起来看得太少了。前几天《参考消息》有两篇文章,是一个英国学者李约瑟写的,他是研究中国问题的。他认为欧洲科学是得到中国古典科学很大的启发,或者在我们的基础上得到发展的。还有足球……宋朝就踢足球,不知欧洲的足球是什么时候有的,不知在座有没有足球运动员?我是说,不要对自己的历史采取虚无主义的态度。北京天文馆那么多画,只有一幅是中国宋朝的,这是不对的,你们这里成立天文馆要注意这个问题。关于《星星之火,可以燎原》的问题,这是主席的一篇文章,是一封信,是批判林彪的悲观主义、失败主义的,那是批判得很厉害的。"

听了这样的讲话,相信在座的人一定会觉得雾水一头,不知所措了。

2.引用中转移了论题。讲话时,引用其他人的语言为己所用是很平常的事,但材料必须引用得恰当、准确。引用后必须使它与自己的论题融为一体。生拉硬扯、牵强附会,将他人的语言不适当地用在自己的论述中,往往会造成与论题的不一致。

在一篇题为《做合格的大学生》的演讲中,有这样一段:"理想——多么美妙动人的字眼!古往今来,有多少人讴歌她,有多少人赞颂她,又有多少人追求她!张闻天说过:'生活的理想,就是为了理想的生活。'中国的保尔吴运铎说:'革命理想,不是可有可无的点缀品,而是一个人生命的动力。有了理想就等于有了灵魂。'然而,我只是在不久前初步理解了理想的真正含义——个人理想服从社会需要。"

这段演讲的论题是"理想是美好的",但张闻天的话讲的是"什么是生活的理想",吴运铎的话讲的是理想的重要,显然讲的不是同一问题。引用名人的话本是为自己的论述增光添彩,但不加分析地盲目引用却只能适得其反。

3.讨论中转移了论题。有时两人以上的说话就是一种讨论,这时讲话者不是单方面孤立地发表自己的言论,而是有针对性地对他人的言论进行反应,双方之间总会有争论的论题。在讨论时,若不保持论题的同一律,就会出现论题的转移。

请看下面一段"什么是光彩"的对话:

A.什么光彩不光彩,有钱就光彩,你去买东西,缺一分钱他都不卖你!

B.你说得不对,现在缺一分钱没事,要碰上个体户,缺一块钱都没事。

C.那得看你买什么了?买小东西,缺一块钱就不行。

A.反正就是"有钱能使鬼推磨"。

B.根本就没鬼。

C.谁说没鬼,我就相信有鬼。

如果我们不知道谈话的主题是什么的话,真是摸不着边儿了,三个人根本不在说一件事儿,从"买东西能不能缺一分钱"争论到"有没有鬼",跟"什么是光彩"的论题一点关系都没有。这段讲话之所以让人不明白,就是违背了逻辑学上同一律的要求。同一律可以与连贯性互补着来看,上面三个人的对话一句咬一句,表面上逻辑性很强,但思维是断裂的,论题早已转移了,这样就破坏了同一律,所以让人不知所云。

(二)讲话要符合矛盾律要求

保持口才连贯性的第二个技巧是讲话要符合矛盾律要求,即说话时,在同一个过程中,不能对同一对象做出不同的断定,如果做出了不同的断定,其中必有一个是虚假的。矛盾律是在论辩中揭露论敌自相矛盾的逻辑基础。如果论敌对同一事物前后做出不同的断定,我们可以用矛盾律发起攻击,这就是揭露矛盾术。

美国大律师赫梅尔在一件赔偿案件中代表某保险公司出庭辩护时就是如此。

原告声称:"我的肩膀被摔下来的升降机轴打伤,至今右臂仍抬不起来。"

赫梅尔问:"请你给陪审员们看看你的手臂,现在能抬多高?"

原告慢慢地将手臂举到齐耳的高度,并表现出非常吃力的样子,以示不能再举高了。

"那么,在你受伤以前能举多高呢?"

赫梅尔的话音刚落,原告不由自主地一下将手臂举过了头顶,引得全庭哄堂大笑。

赫梅尔取胜的妙处就在于让对方自己承认了自己没受伤,表演式地把"正在受伤"和"受伤之前"放在同一时间里进行,本身就是自相矛盾,等于自己打自己嘴巴。

著名的古代寓言家伊索,年轻的时候给贵族当奴隶。有一次,他的主人设宴请客,客人都是当时的希腊哲学家。主人命令伊索筹办酒席,要做最好的菜招待客人。于是伊索专门收集各种动物的舌头,准备了一席"舌头宴",开席时,主人大吃一惊,问道:"这是怎么回事?"伊索回答说:"您吩咐我为这些尊贵的客人办最好的菜,舌头是引领各种学问的关键,对于这些哲学家来说,'舌头宴'难道不是最好的菜吗?"

客人们都被伊索说得频频点头,哈哈大笑起来。主人又吩咐伊索说:"那我要明天再办一次宴席,菜要最坏的。"

到了第二天开席上菜时,依然全是舌头。主人一见此状,便大发雷霆。伊索却镇静地回答道:"难道一切流言蜚语,诬陷他人,不都是鼓唇弄舌的结果吗?舌头是最坏的东西啊。"

主人听了无言以对。

这是一个矛盾律的使用范例,在前文我们讲过,在一次讲话过程中不能对同一对象做出不同断定,但这是有一定条件的,它是指在同一时间,从同一方面来说。通过学习逻辑规律来锻炼口才,决不能落入"机械逻辑"的套子里去,口才要求灵活多变,冲破障碍。伊索就是一个口才高手,他聪明的认识到一件事物可以有自相矛盾的属性,只要提供的理由充分,"最好的"方面和"最坏的"方面都可以成立,他利用两次不同的机会分别用不同的理由来得出推论,是极为高明的。

从这个例子来看,对于规则的灵活运用是十分重要的,在你施展口才的过程中,一定不要生搬硬套理论,而要看透本质,打破枷锁,对其巧妙灵活地加以运用。

(三)讲话要符合充足理由律

口才连贯性的第三个技巧是讲话要符合充足理由律。要正确表达某个思想,让人听来语意连贯,顺理成章,就必须有充足的理由为依据。充足理由律体现在口才上就是论证性和有根据性。

充足理由律要求论据和论点要有必然联系,由论据能必然推出已经设定的观点,而不是支持其他的观点。

有一次,有个银行家揶揄地问大仲马:"听说你有四分之一黑人血统,是吗?"

"我想是这样。"大仲马说。

"那令尊呢?"

"一半黑人血统。"

"令祖呢?"

"全黑。"

"令尊祖呢?"

"人猿。"大仲马一本正经,淡淡地说。

"阁下可是开玩笑?这怎么可能?我就不是这样的。"

"当然,你肯定不是,"大仲马说:"只有人才是从人猿过渡来的。"

这位银行家正在得意忘形时形势突转,他一下落到了"不是人"的困境中。大仲马不温不火地向前推进,银行家因为嘲笑他,就必须标榜自己和他不一样,没想到大仲马一句句递进的话里都有充足的理由,自然而然地就把和他持不同意见的人归入到"不是人"的行列中去了。

(四)讲话要符合因果律

为了体现口才的连贯性,讲话内容的原因与结果必须是有秩序发生,相辅相成的。例如,一个人摔一跤的原因或许是他失足,或许是被人撞了,被车撞了,总之要有直接导致他摔跤的原因。如果他说是因为天气不好,这个原因就不符合因果律了,这样讲话就让人觉得语意不连贯,思维跳跃性强,让人难以理解。

我们常说"因为……所以……"这样的句式,但我们很少去想,原因是否与结果对位?原因是否直接引起结果?如果我们在论证过程中,出现了违反因果律的错误,所论证的观点就无法让人信服。

有一天,一位白人牧师问黑人领袖马丁·路德·金:"先生既有志于黑人解放,何不去非洲?非洲黑人多。"

马丁·路德·金回答说:"阁下既有志于解放灵魂,何不下地狱?地狱灵魂多。"

我们试作分析:

因为有志于黑人解放,所以应该去非洲。

因为有志于解放灵魂,所以应该下地狱。

以上可以明确地看出,两个人讲话的因果关系全是错的,原因和结果之间不存在着必然性。有志于黑人解放的人难道都要去非洲吗?有志于解放灵魂的人难道都要下地狱吗?显然不是。马丁·路德·金识破了白人牧师错误的因果论证,也用一句错误因果的反问来答复他。

因果律的使用原则,看起来是一个比较简单的问题,实际上并不容易掌握,它要求你对原因与结果之间有一个严丝合缝的逻辑推理过程。再来看一个例子。

有一次,萧伯纳的脊椎骨出了毛病,需要从脚上取一块骨头来补脊椎的缺损,手术做完后,医生想多捞一点手术费,便说:

"萧伯纳先生,这可是我们从未做过的新手术啊!"

萧伯纳笑道:"这好极了,请问你打算给我多少试验费呢?"

这是对于"因果律"的一种高级运用方式,即"因果引申术",对于同一个原因,可以运用逻辑推理,更换成不同结果。

医生的逻辑是:因为我做了从未做过的手术(我很辛苦),所以你要多付我手术费。

萧伯纳的逻辑是:因为你在我身上做了从未做过的手术(我冒了很大风险),所以你要付我实验费。

两个人,两条思路,理由是一样的,结论却完全不一样。这就是逻辑的妙处,处在不同环境下,根据现成的理由,推出自己的结论。

医生的失误在于他对理由的限定太模糊,如果说"这是我费了很大心血为你做的新手术",强调个人辛苦,而不是只强调"新手术",自然就不会让萧伯纳抓住话柄了。

一条鳄鱼从母亲身边把孩子抢去了,可怜的母亲哭着恳求说:"我就这么一个孩子,请不要吃他,发发慈悲吧!"

并不怎么饥饿的鳄鱼一时冲动说:"好吧,你只要说出我想干什么,我就把孩子还给你,否则一口吃掉!"

母亲说:"你要吃我的孩子。"

鳄鱼刚把孩子抓住,张嘴要吃,忽然想起自己的诺言,觉得不对,要是吃了孩子,就意味着母亲猜中。根据诺言,应该把孩子还给她,可鳄鱼一想,这样又不对了,如果现在要把孩子还回去的话,就意味着母亲没猜中。这一下鳄鱼不知道怎么办好了,吃不得又还不得,只好一张一合干吧嗒嘴。这时,孩子的父亲赶来,救下了孩子。

这是一个使用逻辑上称之为"悖论"的典范,也称为"二律悖反"、反因为果的使用方式。从鳄鱼的角度来说,它陷入了一个两难境地,吃不得,还不得,因为母亲先把结果猜出来了,就绝了要吃孩子的路,又因为鳄鱼不肯把孩子还给母亲,所以不知如何是好。悖论的实质在于混淆语言层次,是一种逻辑思维的高级运用,同时也充分体现了口才的连贯性对因果律的运用。

连贯性训练

1.请看下面三句话,你认为它们能连贯起来吗?请选出让你满意的中转句。

(1)从斯塔尔教授那里,你能学到很多东西。

(2)他的学生都对他的课如醉如痴。

(3)所以斯塔尔是个好教授。

中转句:

A.学生的评价,是授课质量的指示器。

B.因为斯塔尔是个好教授。

C.学到很多超出书本以外的、鲜活的知识。

D.因为斯塔尔教授是个很严谨的老师。

答案:A,C。

答案分析:这是一道连贯性技巧训练题目。从(1)(2)(3)句的推理来看,并不连贯,不符合因果律。(1)(2)的理由远远不够,不可能支持(3)的结论,如果学生们狂热地推崇他的讲课,并非因为学生们试图增进知识,而仅仅是因为他们追求娱乐呢?这样能说斯塔尔是个好教授吗?因此我们选出C项加以强调补充。这样就成为:

(1)从斯塔尔教授那里,你能学到很多东西。

C.学到很多超出书本以外的、鲜活的知识。

(2)他的学生们都对他的课如醉如痴。

(3)所以斯塔尔是个好教授。

(1)和C加起来,就会使(3)合理起来,使人不会产生歧义理解。但是我们再分析一下,(1)、C和(2)是否能产生出结论(3)来呢?显然不能。"好"的标准是什么?是人好还是有学问?你必须有一个标准来框定,这个标准要根据理由来定。不管怎么说,B是错误的,它不符合因果律,单靠自身的理由无法支持结论。D的理由设定又与(1)、C和(3)的推理过程不相干,违反了同一律。我们最后来考察A,A的理由具有承上启下的作用,而且标准限定的也很清楚,因势利导,就可以推出结论(3)。

现在我们再把这段话组织起来看。

(1)从斯塔尔教授那里,你能学到很多东西。

C.学到很多书本以外的、鲜活的知识。

(2)他的学生们都对他的课如醉如痴。

A.学生的评价,是授课质量的指示器。

(3)所以斯塔尔是个好教授。

这样的推理是连贯的,也是符合逻辑的,从理由到结论能很顺利地推导出来,中间不会发生阻塞和疑问。

结论和理由之间有一条潜在的鸿沟,它需要你用严密的组织能力和逻辑能力来渡过,要说一个问题,或是听别人说一个问题时,应在脑子里先想一下:我(他)的理由能顺利地推出结论来吗?在何种基础之上,结论才能由这些理由推出来?长此以往,你的口才连贯性自然而然就会建立起来。

2.下面是一段多角度论述,我们看它是否符合连贯性,如果有错误的话,请修改。

(1)报纸和电视台拒绝说出秘密消息来源的做法是合乎情理的。

(2)从记者的职业性上来说,他有义务保证提供消息的人的名誉和安全。

(3)因为如果公开的话,就会有人冒风险。

(4)从提供消息的人来讲不想公开自己呢?

(5)如同牧师对于忏悔者。

(6)如同医生对于病人。

(7)如同律师对于委托人。

(8)这些职业都是要用法律来限制他们保守秘密。

答案:删掉(5)(6)(7)(8)并将(3)(4)倒置。

答案分析:我们看到(5)(6)(7)列举出三种职业,试图从不同角度来类比记者采访,但这种类比是有损于表达的连贯性的。我们知道,连贯性的多角度论证首先要求材料与材料之间保持同一性。如果我们稍加思索,便会看出"牧师与忏悔者""医生与病人""律师与委托人"三种职业关系中尊重隐私的理由与记者尊重采访者的主题毫无相同之处,所以这三个类比不但不能成立,反而游离于主题之外,损害了连贯性,而且(8)把四种职业归为一类总结,更是不准确的,删掉之后,效果就会好得多。

再来看(3)和(4),表面上好像说得通,但因果关系却是倒置的。为什么当事人不愿公开?因为会惹来麻烦,这是设问句式。而且第(2)条是从记者角度,第(3)条就应该从被采访人的角度来谈。如果按目前的顺序,突然冒出一个(3)来,再补一个(4),会影响论证效果。现调整如下:

(1)报纸和电视台拒绝说出秘密消息来源的做法是合乎情理的。

(2)从记者的职业性上来说,他有义务保证提供消息的人的名誉和安全。

(3)从提供消息的人来讲,他们为什么不想公开自己呢?

(4)因为如果公开的话,就会有人冒风险。

3.请看下面一段对话,分析并驳斥它的谬误,指出其中违反连贯性技巧之处。

在林肯与大法官道格拉斯关于奴隶制的争论中,道格拉斯攻击林肯等人关于给黑人以人的平等权利的思想,他说这种思想就意味着要和黑人一起投票,一起吃,一起睡,也就是要和黑人结婚,否则就是不可理解的。

对此,林肯反驳说:

"我反对这种骗人的逻辑,为什么说我不想要一个黑人女人做奴隶,就一定要娶她做妻子?两者我都不要。我可以凭她自便。在某些方面她当然和我不同,但是就她以自己双手挣来面包而不必征求任何人同意这个天赋的权利来说,她却是和我相同的,也是和其他所有人相同的。"

答案分析:道格拉斯玩弄滥用因果律的诡辩术,要林肯在"要一个黑人女人做奴隶"和"要一个黑人女人做妻子"之间加以选择,但林肯一眼识破了他玩弄的鬼把戏,因为其原因根本推不出其结果,于是林肯提出了事物的中间状态:两者都不要,听凭她自便,道格拉斯这种极端化的谬论便破产了。

第 7 章

口才得体性训练

最有辩才、最善创新的人,深知在何种场合,为何种目的,需怎样说话方才得体;他不仅力求把话说清,还能竭力将其说好,既选材精当,又用语不凡;倘一时缺乏妙语佳言,他便会中途停下来,闭口缄言,直待镇定下来,思虑成熟,才接着往下说。

——●普鲁塔克●——

三个儿子

老父亲要归天了,神父刚刚来过,三个儿子站在门外等待最后的告别。

大儿子是一个木匠,二儿子是一个泥瓦匠,老三不过是一个刚学着写诗的毛头小伙子。

大儿子先闯进来,对病榻上的老父亲说:

"爸,你不要伤心了,我用刨子把你的棺材刨得晶晶亮了,牧师的葬礼都不会比您的更神气。"

"滚出去!"老父亲说。

二儿子走进来,对老父亲说:

"爸,我已经尽我的力为您做好了墓室,使用了最好的青条石,教皇的墓穴都不会比您的更牢固。"

"滚出去!"老父亲说。

三儿子悄悄走进来,对老父亲说:

> "爸,我不能像大哥二哥那样替你做什么,我会在教堂里,用心为您唱一支歌的。"
>
> 老父亲笑了,他把遗产留给了老三。

显然,故事中大儿子、二儿子都犯了说话不得体的毛病。他们以为为将死的父亲做些具体事情会讨他高兴,谁知更惹老人生气,哪一个临终的老人愿意听到儿子在为自己准备后事呢?只有三儿子,用一支优美的歌表示了对父亲的祝福,既回避了父亲的将死,又表示了孝心。可见,说话得体在人与人的交流中多么重要。

一、什么是口才的得体性

戴尔·卡耐基曾说过,如果你是会计师,你的开场白可以这样说:我现在来教你们如何省下 50~100 美元的退税;如果你是律师,你可以告诉听众如何写遗嘱,那么你一定会赢得一群兴致勃勃的听众。

所谓口才的得体性,就是根据社会上不同的人具有的不同言语反应,考虑听话人不同的心理因素,做到对不同的人说不同的话,即说话要适时、适情、适势、适机,一切以适度、恰当、让人爱听为原则。人人都有这样的共识,生活中我们每日面对的事物并非绝对地存在是与非、错与对、好与坏之分,大量的事物存在于这二者之间,最重要的不是选中哪一个,而是准确地把握其分寸尺度,使其更符合我们的心愿。

有这样一个笑话,说的是某人想讨好另一个人,真心诚意地恭维他口才好,能言善辩,会把稻草说成金条。但这人不想用"三寸不烂之舌"来形容人家,唯恐用词太陈旧人家不领情,就大胆夸奖人家说:"您真是四寸不烂之舌啊!"谁知这一说反倒惹怒了人家,对方认为这是在嘲笑他,谩骂他,因为"四寸不烂之舌"就是大舌头,根本说不清楚话了。

社会上的人存在着民族、地域、性别、年龄、经历、职业、职务、文化程度等各种差异,交际双方还存在着老幼尊卑、亲疏远近等分别。人与人之间的关系主要有直系亲属关系(父母、夫妻、子女)、旁系亲属关系(叔伯、姑舅等)、姻属关系(岳父、岳母、内弟、连襟等)、业缘关系(同事、同行等)、学缘关系(师生、同学、师兄弟等)、地缘关系(同乡、邻居等)、机缘关系(因偶然的因素同素昧平生的人发生交往活动)七种。对于交谈对象的关系判断,主要是指要判断自己和交谈的对象是否存在上面所涉及的那些关系,还要注意判断面对的几个交谈对象之间是什么关系以及要判断交谈对象和交谈中所涉及人物的关系。只有准确地判断清楚这些关系,才能做到讲话得体,使交谈进行得顺畅。

除了人际关系的复杂外,还有时间、地点、场合、气氛等各种情况。因此,说话想要在各种状况下取得良好效果,必须牢牢掌握"得体"二字,对各种谈话条件有所了解,根据具体要求的不同说出不同的话来。

二、口才得体性内容

话是说给对方听的,不是说给自己听的,因此说话者不能仅图自己痛快,而必须要顾及对方。要对听话人的情况有全面了解,才能决定采取什么样的说话方式。

(一)看对象说话

说话要看对象,不同的谈话对象对同一句话会产生不同的反应,甚至会导致截然不同的反应。

1.对不同性别的人应说不同的话。有篇小说写了这么一件事情。有个教师写了一句话在黑板上,让学生标点。这句话是:女人如果没有了男人就恐慌了。结果,男同学全部这样标点:女人如果没有了男人,就恐慌了。而女同学的标点全部都是这样的:女人如果没有了,男人就恐慌了。在这一句话里标点所放位置不同,意思就不同,表明不同性别的人会自觉地站在维护自己性别利益的立场上:男性认为女人离不开男人,而女性认为男人离不开女人。这句话的对错并不重要,重要的是我们必须承认,对男人说话与对女人说话时要有所区别。有些可以对男性说的话,对男性开的玩笑,对女性说就不适合、不得体。例如对长得过胖的妇女,最好说她丰满,保养得好,不要用肥胖等词。对有生理缺陷的女性说话更要格外小心,不能给她起外号并取笑她。女性内心情感的细腻和对外界反应的在乎程度都超过男性,这就是性别差异在语言上的反应。

2.对不同年龄的人应说不同的话。年幼不懂事的小孩,由于思维简单,对语言的理解也较简单。他们往往相信语言同事物本身是同一回事,其情感完全受语言所支配,好像只要知道了事物的名称,就掌握了事物的实质。因此对小孩子说话要多表扬、多鼓励,让语言与内涵尽量一致,让小孩子多接受正面事物的熏陶和教育。说话时应启发、引导他,而尽量少厉声指责和批评,特别是少用过重的语句去刺激、打击他,因为你说他是"坏孩子""流氓""小偷",他就会真以为自己是"坏孩子""流氓""小偷",这样会使他们大伤自尊甚至从此一蹶不振。在这里需特别指出的是,用语言刺伤儿童幼稚的心灵,是最不得体的。

成年人当中又分青年人、中年人和老年人,这三个年龄层次的人经历不同,志趣各异,与他们说话时就要从他们的心理状态出发。比如,对健康的中青年,今天在他面前说张三死了,明天向他报告说李四死了,听了也就听了,不会产生什么反感,因为他们觉得死亡是件很遥远的事。如果对老年人也这样说,他听了就会反感,心里自然会想:"你为什么老在我面前说这些不吉利的话呀!我还要多活几年呢!"由于老年人容易产生怕死的心理,当然会怕听到他所认识的人死去的消息,如果这样对他们说话,就是不得体的。

语言是品质的衣裳,谈吐是行为的羽翼。它可以表现出一个人的文雅,也可以表现出一个人的粗俗,得体地运用礼貌语、称呼语,注意禁忌语,这些是十分重要的。

3.对不同文化程度的人应说不同的话。文化程度低的人几乎和小孩一样,同样相信语言同事物是一回事,他们的情感多半也是由言语所支配。左邻右舍没文化的大娘大婶经常因芝麻绿豆的小事吵嘴,多数是因为对方言辞不当,自己又不肯忍让而引起的。这种事情在有文化的人当中就较少发生。一般地说,有文化的人比较文雅,他们意识到语言只是一种符号,如果骂他是贼,骂他作风不正,只要他自信未曾偷过别人的东西,没有偷鸡摸狗的事,往往是一笑置之。

文化程度低的人听不懂太专业的字眼,跟他们说话应该尽量用家常口语体,说大白话,如果用接近书面语的典雅口语体与他们交谈,那就不符合得体性的要求了。如一个人口普查员询问一位没文化的老太太:"您有配偶吗?"老太太愣了半天也回答不上来。旁边有人解释说:"他是问您有老伴没有。"老太太这才恍然大悟。当然,对有文化的人说"配偶",就一点儿障碍也没有。

但文化程度高的人比较敏感,爱挑字眼儿,文化程度低的人却不这样。所以,对文化低的人讲话可以随便些,即使有几个词用得不得体或不是地方,他们也不会去深究。而对知识分子讲话就得注意尊重对方,避免常识性错误,特别是要注意用词的准确性。偶有大词小用,小词大用的情况,一旦被他们抓住就会成为笑柄。

文化程度高的人爱听委婉的话,不爱听类似质问的不客气的话。如你想问一位知识分子的婚姻情况,直率地用反问句:"你怎么还不结婚?"就不如用祈使句:"你的个人问题该解决了!"这样会显得更恰当些。

4.对不同民族的人应说不同的话。语言和文化互相依存。每个民族的文化必然在她的语言中有所体现,因而可以从语言上了解不同民族在文化上的差异。

对于同一句话,文化背景差异很大的两个民族可能会有截然不同的理解和反应。

寒暄用语、礼貌用语是一种最直接的感情交流。各民族都有自己的寒暄用语和礼貌用语,中国老百姓见面时爱说一声:"您吃了没有?"而外国人对这样的问候语就很不理解,甚至引起许多不可思议的反应。一位在中国任教的英籍教师就曾说过,人们见面常问她:"你吃了吗?"她起初感到奇怪,后来感到厌烦,心想:"你们是不是说我钱不多,吃不上饭啊!"时间长了,她才了解这是中国人的问候习惯,是表达人与人之间相互关心的一种方式。

再如,中国人见面爱问"你上哪儿去""多大年纪""工资多少""在哪儿工作""成家了没有"等问题,而西方人对此则极不习惯,上述所谓个人私事一向被视为"禁区",是不能随便询问的。如果你问一个西方人"你上哪儿去"或"你工资多少"等问题,他会很反感:"我上哪儿去跟你有什么关系"?"干吗你要知道我的工资呢?"这种不考虑对象的提问显然是很不礼貌、很不得体的。

此外,应了解民族传统文化间的差异,在与不同民族的人交谈时,应竭力避免两种文化冲突所引起的言语误会。例如,汉族人对狗的印象很坏,很多贬义词都跟狗有关。如:"狗仗人势""狼心狗肺""狗咬狗""狗汉奸""白狗子""狗改不了吃屎",等等。骂人为狗,对方是十分恼怒的。可是,狗在西方却是惹人喜爱的动物。如有外国人当面说你"You are a lucky dog",你可别误会他在骂你,他是在夸"你是一个幸运儿。"

5.对心境不同的人应说不同的话。清代朱柏庐在《治家格言》里说:"莫对失意人,而谈得意事。"有些人专爱提别人不愿听到的事情,北京话叫"哪壶不开提哪壶",这样说话是很不得体的。这等于戳人家的伤疤,会引起对方的内心痛苦。要想不触及别人的痛处,对有些对方不爱听的话,可能会引起对方痛苦联想的话,能回避则要回避。例如,同住在一个房间的大学生,一个同学刚刚失去了母亲,此时就要注意不要在宿舍里大谈你的妈妈;如果某人的父母离婚了,家庭解体,心情忧郁,就不要在他面前夸耀你的家庭如何美满。这对对方情感上是刺激,会引起人家痛苦的回忆,是很不得体的。

同一个人,心境不同对言语反应也不相同。情绪好的时候,别人即使对他说些不中听、不得体的话,他听了也许无所谓,表现出超脱和随和;情绪不好、心烦时,自己不愿意多说话,更不爱听别人唠唠叨叨,听到一句不顺心的话就会起急,甚至莫名其妙地冲人发火。说话时,要学会察言观色,揣摩对方的心境,决定自己说话的方式和内容,这才会说得得体,收到好的效果。

6.对不同身份的人说不同的话。不同社会地位的人,在社会中扮演的角色自然不同,因此,和身份不同的人说话不能千篇一律,以不变应万变,要区别对待,相机行事,做到大方得体,让人爱听。

那么,身份指的是什么呢?

第一,身份是指一个人的社会地位。在中国传统中,各安其位,各守其职,才符合社会行为的准则。每个人能讲什么,不能讲什么,对什么样的话产生什么样的反应,都是受社会行为准则和人事关系制约的。只有说话时既看对方"其位""其职",又看自己的"位"和"职",才是得体的。这一传统一直延续到现在,这里不谈这种传统的利弊,只要承认这种多年形成的社会习惯依然在发挥作用,我们在说话时就必须要加以适应。例如,有些领导由于身份关系,说话比较模糊、含蓄,难以直露;有时还尽量少说话或少说原则性的话;而一般群众则往往直抒胸臆,对什么问题都毫无顾虑地进行评说、议论。正因如此,我们在公共场所,常常可以根据一些人的谈吐而判断出他们的身份来。

第二,身份是指一个人的辈分。它表现出长幼之间、上下之间的关系。中国是礼仪之邦,历来都很重视辈分,辈分可以体现"仁爱"和"礼让"的社会行为准则,直到现在还在起作用。对长辈说话要多些尊敬的语气,对平辈或晚辈说话要真诚亲切。

比如,长辈和晚辈分手,长辈把晚辈送出大门后还要送,这时晚辈就应该说:"请留步吧!"如果说:"别送了,别送了,快回家吧!"就显得不够得体,因为这是对晚辈说话的口气。

又如问岁数,当对方是10岁以下的小孩时,可以问"你几岁了?"当问一个少年时,就应说"你多大年纪?"如果问一个老者"您今年几岁了",就十分不得体了。对老人,应该问"您高寿""您高龄",这样问话才显得有礼貌,有教养,对方听了也才会舒服。

下面这则民间故事很能说明"看身份说话"的重要。

朱元璋做了皇帝,他从前相交的一帮穷朋友,有些还是照旧过着苦日子。一天,他的一个穷朋友从乡下赶来,一直跑到南京皇官大门外面,几经哀求,才被传唤进去。他见了朱元璋就磕头,小心地说:"我主万岁!当年微臣随驾扫荡芦州府,打破辉州城,汤元帅在逃,拿住豆将军,红孩儿当关,多亏菜将军。"

朱元璋听他说得好听,心里很高兴。回想起来,也隐约记得小时候的趣事,就立刻封他做了御林军总管。这位嘴乖心巧的穷朋友从此做起大官来。

这个消息让另外一个穷朋友听到了,他心想,同是一块儿长大的,他去了能当官,我去了也不会倒霉,于是他也就去了。

和朱元璋一见面,他就直接说:

"我主万岁!还记得吗?从前,你我都替人家看牛,有一天,我们在芦花荡里,把偷来的豆子放在瓦罐里煮。还没等煮熟,大家就抢着吃,把罐子都打破了,撒了一地豆子,你只顾从地下抓豆子吃,不小心连红草叶子也送进嘴里。叶子哽在喉咙里,疼得你哭笑不得,还是我出的主意,叫你用青菜叶子放在手上一拍吞下去,这才把红草叶子带下肚子里去了……"

朱元璋嫌他太不顾全体面,等不得听完就连声大叫:"推出去斩了,推出去斩了!"

第一个穷朋友懂得眼下的朱元璋和他不再是过去哥儿们的关系,只有用君臣关系的身份说话,才能投其所好。尽管隐隐约约提到儿时不光彩的事,然而丝毫不伤害朱元璋的尊严,相反,还能讨得皇上的欢心,做了大官。另一个穷朋友不懂"看身份说话"的道理,仍然用过去哥儿们的身份放肆的讲话。两人所说的内容完全相同,但第二个穷朋友因说了朱元璋小时候的狼狈相,伤害了他的尊严,落得被斩首的下场。由此可见"看身份说话"的重要。

(二) 看场合说话

说话要看场合。同样的话在不同的场合下对同一个人说,所产生的效果会大不一样。因此,要想说话得体,研究并懂得区分场合是十分必要的。

1.场合有正式与非正式之分,庄重和随便之分。所谓正式场合,指经过精心准备的、有明确目的和功能的场合,这种场合在规格形式上要符合社会公认的标准,要符合一定的手续或程序,参加者都是与此场合有直接或间接关系的相关人士,在着装礼仪方面也有较严格的要求和标准。例如,国际上外交或贸易的正式会谈、上级与下级正式的谈话、学术界正式的学术交流会,等等。在这种场合下说话,需要深思熟虑,言简意赅,始终保持庄重严肃的讲话风格。那种谈笑风生,插科打诨的讲话是很不得体的。而非正式场合则是很随意的,即兴的,并不有十分明确的目的性或功能性,它可能是大家不期而遇地碰到了一起,也可能是随便有人招呼了一下就来到了一起,比如同学校友聚会、节日联欢会、茶话会、野餐会等。这种场合不需要完成什么使命,只要大家都高兴,达到联谊交友、相互沟通的目的就行。这种场合中的每个在场的人都没有什么压力或责任,都很轻松自在,说话时随便开玩笑,讲故事,聊闲话,谈天说地都是得体的。

比如:与人交往中,"特地"与"顺便"两个词就区分了场合的正式与非正式、庄重与随便的差别。

"我受公司工会的委托,特地看你来了",表示专程,显得正式与庄重。

"我去买东西路过这里,顺便看你来了",表示恰巧,显得非正式与随便。

严肃正式的会议,轻松愉快的聚会,说话的方式和内容都是不一样的。如果不能区别庄重与随便的场合,就会说出不得体的话。

2.场合有自己人和外边人之分。俗话说,家丑不可外扬,我国文化传统一向是注重内外有别的。对自己人可以无话不谈,"关起门来说话",甚至可以说些放肆的话,大胆的话。而对外人,总怀有戒心,留心提防,常常是公事公办,说常理中、原则上的话。这种久远的文化意识传统,使我们只得遵循内外有别的界限说话,违反这一界限会被认为是乱说话,不得体。

3.场合有喜庆欢快和悲痛之分。要想说话得体,就得与所处的场合的气氛协调。在喜庆欢快的场合,如生日聚会、结婚宴会等场合,说话要喜兴,可以开些健康的玩笑,说话可以滑稽幽默,这样有助于使欢快的气氛更加浓厚。切忌说丧气话,不吉利的话,以免破坏了场合的气氛和人们的心情。而在人家办丧事时,切忌随便说笑,找话题开玩笑,更不要哗众取宠地显示自己的幽默感。

4.场合有适宜多说和适宜少说之分。对方很忙,时间很紧,或看上去疲倦了,劳累了,跟他说话就要简明扼要,长话短说。如果一个话题接着一个话题,又是比喻又是形容,谈笑风生,没完没了,那就不得体了。所以说话时要学会察言观色,要揣度对方的心理,以此作为自己说话长短的依据。

总之,要想做到说话得体,说出的话效果好,就必须准确地了解自己说话时的对象和说话的场合,并根据对这些情况的判断来决定自己说话的内容、口气、辞令、语态和长短。

三、口才得体性技巧

审时度势讲策略,量体裁衣有分寸,这就是口才得体性的基本原则。但面对大千世界的纷繁复杂,讲话的具体情况却是千差万别、不断变化的。要想实现初衷,获得好的效果,还需掌握必要的技巧,从实际情况出发,以多变应万变,时时处处都要做到得体圆满,稳操胜券。

(一)明朗与模糊的技巧

在一般情况下,说话时当然要语义准确、语气明朗、主旨鲜明、措辞恰当,立场倾向和所要描述的事物让人一听就明白。这种态度在较为严肃的场合,特别是在讨论一些重大问题时,是尤为必要的。是非曲直要有原则,优劣奖惩要泾渭分明,来不得半点含糊。在这种情况下,只有明朗的口才才是得体的。

但在另外一些情况下,为了适应某些特定的人际交流的需要,使用模糊和灵活的表达是十分必要的,也是得体的。

模糊语言的运用并不是表述上的含糊不清,而是语义所展示的概念的外延较大,没有明确的界限。它和恰当准确的表达并不矛盾。那么,什么情况下需要运用模糊语言呢?

第一,在某些社交场合,对一些生活上的好恶原则,可以把话说得模糊些。比如,有人请你吃饭,问你是否爱吃糖醋鱼时,你一般回答总是"蛮好、蛮好",这就是一个模糊的回答,并没有明确说你是爱吃还是不爱吃,只是表示不反对罢了。诸如这类并无大是大非的生活琐事,当以友善、和谐为交际目的,可将话说得模糊些,以迎合对方,不伤和气为最得体。对于非原则性的问题,当自己的意见与他人不同并且没有必要争论时,你也可以含糊其词,一带而过。

第二,当说话需留有余地,为不可知的情况留出空隙以免被动,或给对方提供一些方便,使其更易于接受时,需借助模糊语言。比如,约人见面,为了表示尊重对方,显得真诚友好,就要把时间说得模糊些,如"明天上午我在家,您随时可以来"。若说"请你明天上午8:30分准时到我家来",就显得太生硬了。如果是请上级、长辈或老友,这样说话就显得更为不妥。

对他人进行表扬时,要直言明说,用最明朗的语句,例如说他"工作勤勉,学习刻苦,对任务一丝不苟"等,这样的表扬给人以真实、可信的感觉,会给受表扬者和听者以鲜明的印象;而对他人进行批评时,特别是提出一些善意的提醒、忠告时,最好不要把话说得过绝、过满,不要使用极端化的过于鲜明的语言,例如:"你这个人品质恶劣,无可救药"等。要婉转些,留有余地,留有情面,用模糊些的话,把指责和批评的口气转化为希望和建议的口吻,这样才更利于对方接受。

戴尔·卡耐基说过:"先称赞一个人做得好的地方,然后再慢慢地帮助他消除他的缺点。这种方法可见效于办公室、工厂、家庭,可以对妻子有效,对孩子、父母和世界上几乎任何人都有效。"

第三,不便和盘托出事物全貌或自己一时做不了主时,要把话说得模糊些。如在商务交往中,常常因为双方代表两个利益集团而超出了个人友谊的范围,不得不在交谈中更加谨慎小心。如果当时不能解决的问题很多,而复杂的原因又不便解释,那就只能用模糊的语言,用冠冕堂皇的外交辞令应付一下,既表示了诚意和礼貌,也没有丧失立场,损害破坏本团体的利益,也为日后的进一步商谈留下余地。

(二)直言与婉言的技巧

说话直爽痛快,是一个人性格坦荡的表现,生活中人们也喜欢与"快人快语"的人打交道,因为这种人好接触,想说什么就说什么,直来直去,不绕圈子,不费猜想,比较简单。但生活的复杂决定了人际关系的复杂,人与人之间许多微妙的关系是不能仅凭直来直去的谈话来处理的。学会使用委婉、含蓄的语言,就成了得体口才的必要技巧。该直言的场合直言不讳,该婉言的时候委婉含蓄有分寸,说话温和留有余地,这是一个人稳重老练,有修养有见识的体现。

直言与婉言往往会产生两种不同的暗示作用,不适当的直言如同反面说话一样,是一种消极和否定的语言暗示,不是使人抵触、反感,就是使人顾虑重重,增加心理压力。而恰当得体的委婉说话意味着防止消极的语言暗示,给对方以积极的语言暗示,尤其是在提醒、忠告、批评对方时,更要以委婉的言辞来达到目的。

在使用婉言技巧时要注意以下几点：

第一，委婉来自真诚而不是虚伪。真诚是最重要的交际原则，它首先要求交流的双方要设身处地为对方着想，从对方的立场、情感出发来决定讲话的口气和方式，即以尊重对方为谈话的基础，委婉的说话正是体现了这种尊重。婉言表达自己的思想常常需要控制自己的主观感情，选择斟酌字词，有意回避直言时所常用的字词，更不能图一时嘴上之快毫无遮掩地乱说一通。这种谨慎都是为了让自己所说的话更容易被对方接受，达到有效交流、沟通思想的目的。这样做表示尊重对方的感觉，适应、体贴对方的心情，当然是真诚的而不是虚伪的。所以，交往中运用婉言时，要首先排除掉对委婉的误解，也不要顾虑被他人指责为圆滑，"看人下菜碟"，持这种偏见的人自己是会碰壁的。

第二，婉言还应注意简练含蓄，恰到好处，避免饶舌或画蛇添足。委婉说话是一种策略，也是一种艺术，它要求你不直陈本意，却又能把本意十分到位地烘托和暗示出来，这就需要技巧了。诸如：

回避焦点法：当你不便对事物的好与坏、对与错直接表态时，你可以避开正面回答，而从侧面婉转地说出你的意见。

褒贬倒置法：把批评性的话以表扬的方式说出来，使对方意识到自己的短处。

求同存异法：在与对方交流的过程中，多寻求共同点，以尽可能产生共鸣；必要时适当保留自己的不同看法，但不可过分强调差异处，使相互关系显得亲切又有发展余地。

转换角度法：在双方的观点、情绪明显相反时，设身处地地理解、体谅对方，变事实负效应为婉言正效应，以给对方留下友好的印象。

自我批评法：当交流气氛有些紧张时，需要高姿态的自我批评，由反省自己、表示歉意达到双方相互谅解和沟通的目的，为日后的进一步交往创造机会。

（三）特殊情况下的口才得体技巧

口才的得体性在某些特殊的场合尤其显得有意义。得体词句及语气的运用要随不同的谈话对象及场合而发生变化，在较为特殊的情况下，更要灵活机动。有时要肯定些，有时要顺从些，有时要尖刻些，有时要礼让些，有时我们要迁就，有时却要据理力争。总之，具体采取何种方式，要取决于当时的特定情境。

每一个人都是一个角色集，也就是说每个人都扮演着与他有关的各种角色。在角色扮演的过程中，人们要根据角色的转移或变化，及时地调整自己的行为规范，使自己的言行和转移了的角色的要求保持一致。同时，也应善于灵活自主地根据实际情况转换角色，以适应特殊需要。

1.安慰的技巧。安慰人不是一件容易的事,往往容易流于无病呻吟或废话连篇。对遭遇不幸的人来说,这样做不但没有帮助,反而会使他更加悲痛。而怎样讲话才能真正安慰不幸者呢?

(1)可交换立场使自己成为被安慰者。当别人遇到困难挫折或不幸时,我们如果以幸运者的姿态去安慰别人,这就很容易给遭遇不幸者造成居高临下、不平等或无关痛痒的感觉。若我们试着换个角度,使自己成为被安慰的对象,说一些自己比对方还倒霉、还不幸、还需要帮助的事,或说明对方的不幸对自己的打击之大几乎不亚于他本人,这样就可使其悲哀有几分转移,使其在几乎被不幸压倒的情况下发现别人也有着各种不幸,自己应该重新树立生活的信心,以早日从悲痛中解脱出来。

(2)可以"机遇"为借口,鼓励失败的朋友。当一个人事业上遇到挫折而一蹶不振、需要安慰时,你可以撇开他的能力、才干不谈,只以那可遇而不可求的"机遇"为理由,说明"成事在天"的道理,以宽解对方失败的沮丧,告诉他"运气、耐心和才干三者缺一不可",他现在的失败仅仅是因为运气不好而已。这样可提高对方士气,使他重新振作起来。

(3)可以"善意的谎言"来安慰身处不幸的人,燃起他们心中的希望之火。

第二次世界大战期间,波兰的一个犹太人居住区被德国法西斯军队占领,几千名犹太人被禁闭在高高的围墙内。他们与外界隔绝,得不到一点关于世界大战的消息,生活在穷困、绝望的人间地狱中。一天,一位普通的犹太面包师在街头捡到了一张被风刮来的过期报纸,他发现了上面写的关于德国军队正在后退的一则小消息,就悄悄地告诉了他的邻居。邻居们相互转告,奇迹发生了,所有的犹太人脸上都有了喜色,他们在带来的消息中找到了生存的希望,生活有了勇气。于是那里的犹太人每天聚集在这位面包师的房前,等待他发布最新的战况。无论他怎样解释自己并不知道更多的消息,也没有人相信他。为了继续给同胞们带来信心,这位面包师决定铤而走险:他假装修理了一架收音机,每天定时广播,让其他人听到有利的消息。其实那不过是他躲在一个木盒子后面用装出来的声音自己编出来的新闻而已。但就是这些假新闻,使得禁闭区里的犹太人有了活下去的勇气,终于坚持到了反法西斯战争胜利的那一天。

"谎言"使用最普遍的场所,要属医院了。如有一个患者,不幸得了癌症或其他不治之症,这时医生出于人道立场,绝不可对病人说:"唉!你的病已无法救治,最多只有三个月可以活了。"大部分医生都会说:"没什么关系,一点儿小毛病。"虽然这是个谎言,但对于消除患者的绝望和恐惧心理是十分有帮助的。

2.拒绝的技巧。答应别人的要求十分容易,拒绝别人则是一门学问。当你拒绝别人时,要考虑对方的心态、情绪以及可能的反应,要运用智慧和巧妙的言语加以拒绝,这样才不会伤害对方。以下是一些具体的拒绝技巧。

（1）首先要在说话时表现得温文尔雅、气度不凡。俗话说：有理不在声高。讲话时注意涵养既是一种教养，又是自信的表现，这样我们就可以在气势上先不输于对方。

（2）可利用名言、谚语拒绝对方。你可以用伟大人物或知名人士所说的格言、警句来代替自己的意思，使说出来的话更具权威性和不可动摇性。这样做既可以使自己拒绝的话不必直接说出而伤害对方，又显得自己文雅、有学识。

（3）可先接受他人意见，再以补充的方式表示拒绝。当我们的意见与他人相左时，首先，在态度上应先给予对方发表意见的机会，并且也要表明我们已接受了他的观点，然后再婉转地述说自己的见解，作为对他的意见的补充，说出自己不能苟同的部分。这样不仅和谐地交换了彼此的意见，同时也坚持了自己的立场，修正了对方的看法。

（4）双方话不投机时，不妨转换一下话题，或者稍事休息，改变一下谈话的气氛。比如，大家可以在休息室或走廊里谈一些轻松的、无关紧要的话题，如天气、运动之类的闲聊。当气氛有所缓和后，你再婉转地表达出自己的不同意见。

（5）在双方意见发生根本分歧时，也不必作直接的反驳。他谈他的，你谈你的，"真理越辩越明"，不必正面告诉别人：我对，你错了。我们完全可以采用委婉的询问："我刚才所谈的意见，您以为如何？"或者说："我们的看法，希望你能考虑。"

3.回答问题的技巧。当问到你不便回答或答案没有把握的问题时，你可转"问题"为答案，即以质问回答质问。在谈话的技巧上，发现并提出问题，比解决并回答问题容易。当你碰到无法回答的问题时，你可问对方"你的看法如何？"若是他的回答合情合理，你就可趁机说："对，我也有同样的看法"。若对方说："我就是不知道才问你的呀！"此时千万别紧张，只要谦虚地说："既然连你都不知道，像我这样笨拙的人，又怎么会知道呢？"以此扭转尴尬的局面。

在涉及某些敏感话题时，有人经常被弄得不知所措。其实，无论是谁被推入这种不想说、又不得不说的尴尬境地，心中都不会高兴的。但只要我们沉着冷静，使用一些避实就虚、答非所问的"模糊语言"，相信一定能巧妙地周旋过去。

例如：在社交场合，有人总爱问对方的婚姻情况或职业情况："老婆孩子好吗？""还在那个公司发财吗？"这当然是关心的表示，但当今社会，家庭婚姻和求职择业观都发生了很大变化，许多人的个人生活几年中可能会有极大变化，而其中的过程有乐有苦，并不一定想在此场合向人倾诉，而不回答对方的提问又显得不够礼貌，于是最好的回答就是似是而非，如"还好，还好""当然，当然""马马虎虎，说得过去吧"等。这样回答既不会得罪人，也算应付了过去。

4.受人轻视、嘲笑后的应对技巧。有些人缺乏教养,不留口德,一有机会就要嘲讽别人,以此取乐。遇到这样的人,先是要尽量忍住怒气,然后可利用"以子之矛,攻子之盾"的方法来反驳他的诋毁。

大仲马的《基度山恩仇记》中有这样一个情节:亚历山大的父亲是一位带有黑人血统的法国军人,因此,亚历山大的长相及肤色都与黑人非常相似。有一次,一个不怀好意的家伙称他是"黑炭",亚历山大十分气愤,但他外表却非常平静,很巧妙地说:"不错,我的父亲是与黑人的混血种,并且我的祖先是一只猿猴,也就是说,我的血统是在你的血统结束之后才开始的。"其意思是,你不过是一只猴子的后代,还远不如我进化呢。

在反击对方时,也要注意语言的得体性,要以智退敌而不是攻击谩骂。在言辞表达上,必须十分谨慎,绝不可随意地轻视、愚弄别人。交流中的大忌就是出语不逊。彬彬有礼,温文尔雅,谈吐注意分寸是十分必要的。即使在反驳对方的挑衅中,我们也应做到语言尖锐而不粗野、措辞激烈而不鄙俗,这才是一个人有修养、有学识的体现。

5.赞美他人的技巧。赞美,是现代交际中不可缺少的。几句适度的赞美,可使对方产生亲和心理,为交际沟通提供良好的基础。喜欢听赞美,是人的天性。人们都是既想客观地了解自己,又想得到好评。如果一个人的长处得到了别人的肯定,他就会感到自我价值得到了实现,产生"自己人效应"。心理学家的研究证实:心理上的亲和,既是别人接受你意见的开始,同时也是转变对你态度的开始。

世人都喜欢赞美,但是赞美应根据每个人的特点,用不同的方式进行,要讲不同的赞美话。比如,在商务活动中,男客户就不宜过多地赞美女同志的相貌;对青年客户要赞美他的创造才能和开拓精神;对老年客户则要多赞美他的身体健康、富有经验。对于商人,如果你说他道德高尚,学问出众,清廉自持,他一定会无动于衷,不屑一顾。如果你说他才能出众,头脑聪明,手腕灵活,生财有道,他听了一定会高兴。

当然,赞美还应掌握尺度,不要弄巧成拙。不合实际的赞美其实是一种讽刺。违心地迎合、奉承也有损于自己的人格。适度得体的赞美应建立在理解他人、鼓励他人、满足他人的正常需要以及为人际交往创造一种和谐友好气氛的基础上,那种带着不可告人目的的曲意迎合是为人们所不齿的。

6.避免禁忌的技巧。当今世界,由于各国、各地的风俗习惯不尽相同,因此,当你在国际事务中与外国人交流时,首先要了解一下该国、该民族的文化背景,尤其是当地的禁忌,以免在交谈中使用不恰当的语言,触犯他们的忌讳,从而引起不必要的误会,妨碍你的工作进展,影响彼此的合作。

比如,英国人通常比较保守,与他们谈生意一定要注意两点:一是不要以皇室的家事作为谈笑的话题;二是不要直称"英国人",他们非常乐意被称为"大不列颠人"。

美国人生性活跃、敏感、热情、善交际,生活节奏快,实践观念强,办事效率高。因此,与美国人谈生意时最好边吃边谈。另外,美国人往往不拘小节,和他们谈生意,不必过多地客套,可以直截了当地进行。

在我国,礼仪多,忌讳也多。比如,有些词语,由于种种原因,是不能或不便于说出来的,这就需要用一个同义或近义的词语去代替这些词语。于是人们把"上厕所"说成"去洗手间",其实并非去洗手;妇女怀孕,不好意思说出口,就想出了一个别致的词语,叫"有喜了"等。这样就避免了语言的粗鄙俗陋,显得彬彬有礼,不失教养。

在使用语言进行人际交往时,有些情况下的语言避讳不可不注意。比如,朋友中间有一个"秃顶",就不能对着人家说什么"秃头"或"光头";去参加某个朋友父亲的追悼会,就不要把"死"字说出口,而应该用"去世""逝世"等委婉词。一些生活中的"忌讳"词,如果不加以注意,即使不是故意说出口,也容易使人伤心,影响到朋友之间的友情,同时也显得自己缺乏修养。

又如,到内地来投资的香港商家很多,他们说话时都爱讨个吉利。所以,我们在与港商进行洽谈时,当地认为不吉利的话就不要说。像"四"与"死"谐音,在他们面前说"四"就会犯忌讳。他们对六、八、九这三个数字颇有好感,因为听起来很像大吉大利的"禄发久"。掌握了这一点,在与其进行洽谈时,不妨向他们说些吉利的话,以赢得对方的好感。

总之,文化背景、风俗习惯决定着人们的价值取向和思维方式,并进而影响到人们的言谈举止、价值观念。每个人都会无意识地把许多根深蒂固的观念带到交流中来。因此,了解和掌握各国、各地人们在交往中的基本价值观念及其禁忌习俗,是成功交流不可或缺的前提。

得体性训练

1.在一个较正式的自助餐宴会上,你除了认识主人外,与其他人都很生疏,当主人将你介绍给几位正在聊天的客人时,你怎样加入他们的话题中去?

2.你有急事需用电话,但公用电话被一位年轻人长时间占用,请你用一句或几句话,使其心悦诚服地结束谈话,让等待的人们可以使用电话。

3.汽车上,你要把座位让给一位老人,可你刚站起来,一位打扮时尚的女士抢先坐了下来,你要提醒她站起来将座位让出,但又不能让她难堪,而是心甘情愿地让出,你该怎样说?

4.当你与许多客人聊天时,有一位客人很不礼貌地揭你的短处,竭力挖苦你,你将怎样反击他？

5.一次聚会上,你说了一个本以为很有趣的笑话,可是没人发笑,大多数人都表示已经听过了,你感到十分尴尬,这时你该说些什么呢？

6.你参加了一次同学聚会,在场的同学中许多人的境况不如你,他们对你既羡慕又有隔阂,请说一段话,使你能和谐地成为他们中的一员,就像过去一样。

7.你和朋友甲去参加朋友乙举行的聚会,会上朋友乙讲了一个故事并引用了一个典故,可他把典故的出处说错了,你纠正了他的错误,不料引起他的反唇相讥。这时,朋友甲暗示你不要坚持己见,此时你应如何去做,应说些什么？

8.在公共汽车上,你不小心踩了某位女士的脚,你连声道歉,而她却喋喋不休,此时你该如何应付？

9.假如你有一个美满幸福的家庭,而你的朋友却是一个从小丧失母爱、丧失家庭幸福的人。一天,你的朋友来了,看到你家的欢乐情景,不禁陷入自己家庭不幸的痛苦之中,此时,你该对她说些什么,以给她安慰和帮助。

第 8 章

口才应变性训练

社交场合中,经常会出现一些出其不意的事情,如果你没有这方面的应急技巧,你可能会陷入一种很尴尬的地步。我在社交场合,往往能够对答如流,妙语连珠,将事情解决得如行云流水,滴水不漏,那是得益于我的秘诀。

————●戴尔·卡耐基●————

耶稣巧应变

古罗马时代,有人曾向耶稣提出这样一个问题:

"我们应当向恺撒大帝纳税吗?"

耶稣一听,马上明白了提问者的诡诈。因为如果说"没有纳税的必要",这个人就可以叛国罪告发耶稣,后果将不堪设想;如果说"应该纳税",就会使他的弟子们失望,表明他是个屈从于强权的人,而当时的民众都正在强权下挣扎呻吟着。

这时,耶稣向旁边的人借了一枚罗马金币,然后问发问者:

"金币上面的画像是谁?"

"是恺撒大帝"。

"那么属于恺撒的东西就应该给恺撒,属于神的东西就还给神吧。"

耶稣在面对这样狡诈的提问时,任何一种回答都可能为自己带来灾祸,但他很智慧地避开了正面答复,借用一枚罗马金币,作了一个借代,既闪避开实质性的回答,又隐含着自己不卑不亢的立场,是一个绝妙的应变范例。

在生活中,在很多场合下,我们都会碰到很多让人尴尬的提问,这时候,就要动用我们的应变能力,圆满而妥善地解决它。

一、应变的思维类型

"应变",也可以说是"应急",是指意料不到的事情忽然发生,迫使你立刻回答或表态。由于是"应急",就需要讲求效率,就要在限定的时间内想出和说出对策或计划;超出了限定的时间,就有可能遭受某种损失;有的时候,某种绝妙的应急办法,只有在一定的时间内施行才能取得良好的效果,超出了时间范围,好对策也有可能变得毫无价值。所以,应变的口才是以思维的迅速反应为前提的。

思维大师也是口才大师的德波诺在他的专著《新思维》里把应变的口才技巧分为两种,一种是"垂直思维型",一种是"横向思维型"。

(一)垂直思维型

"垂直思维"就是纵向型线性思维,即正面直视事物的客观现状和发生的变化,从事物的"发生处"出发,不回避焦点,不避开矛盾,沿着事物的"爆发点"进行直线型的由上至下的思考,让思维沿着一条思路前进,不中途转换路线,一直思考判断和推测下去,直到找到最佳答案或对策。在运用"垂直思维"的过程中,必须紧紧抓住事物的中心或核心,这个中心或核心在数量上是少数,但在质量和能量上则是举足轻重的。

鲍罗奇是美国的一位食品生产商,以制造罐装的食品而闻名。有一次,在专家食品鉴定会上,他打开一罐自己公司生产的青菜罐头请专家们品尝鉴定。他刚刚掀开罐口,就瞟见青菜叶里卷着一只小蚂蚱,这肯定是拣菜工人的粗心造成的。这只微不足道的小蚂蚱肯定会让他的产品声名狼藉。

怎么办?鲍罗奇在专家们还没注意到小蚂蚱的一瞬间,头脑中迅速闪过一系列的应急方法:

1.给专家们解释掺杂小蚂蚱的原因:

小蚂蚱是一种特殊调味品;

小蚂蚱是一种营养添加物;

是考验专家们的眼力的;

是故意开玩笑逗乐的。

2.不让专家们看到小蚂蚱:

把小蚂蚱搅到罐底;

把这一罐故意失手打翻；

想办法再换一罐。

鲍罗奇最终采取的应急方法是：迅速抄起勺子，舀起那片卷着蚂蚱的菜叶，闪电般地送进自己嘴里，一边大声说："这么香的菜，我都忍不住要先尝一口！"

在这个例子里，鲍罗奇的应变方式就是"垂直型"的，即沿着一条思路进行下去，一直到找到解决问题的办法为止。

垂直思维的长处在于能迅速、直接地解决问题，但这种思维方式的弊端也是显而易见的。如果问题不能从正面解决，或者说无法从问题本质上来解决时，运用这种方式你可能会越陷越深。这时你就要使用"横向型"思维方式，从其他角度去解决问题。

(二) 横向思维型

横向思维要求我们避开问题的正面，从其他多种角度入手，不断从一条思路跳到另一条思路，增大思维的范围和数量，对事物的不同侧面进行分析，最终找到解决问题的办法。

看下面这个例子。

有一天上朝，国王阿克巴问比尔巴："我的手掌上为什么不长毛？"

比尔巴为了嘲笑国王，故意答道："您经常用这双手向穷人和婆罗门学者行施舍，因为摩擦所以手掌上不长毛。"

听到这一回答是对自己的赞扬，阿克巴心中暗喜。但他马上悟出，这是对自己的嘲笑，不过他没吱声，他要寻找机会羞辱一下比尔巴。他想好了一套办法后，于是就又问比尔巴说："你的手掌为什么不长毛？"

比尔巴说："我总是不断地接受施舍，这样摩擦也不长毛。"

国王又问："我官中其他人的手掌上为什么也没有毛？"

比尔巴说："答案很简单，当您给我或其他人施舍时，官中那些可怜虫羡慕得直搓手，结果这一摩擦，他们的手掌上就没有毛了。"

国王开怀大笑，也不去责备比尔巴了。

比尔巴的应变方式就是属于"横向思维型"的，他没有纠缠于问题实质，而是不断扯开话题，转换角度，不仅嘲讽了国王，又保全了自己。

在实际运用过程中，垂直思维与横向思维二者是交替使用的，单纯使用任何一种方法，都很难取得好的效果。"横向型"反应太宽泛，"垂直型"反应又过于狭隘，这是在应变时必须要考虑周全的。思维速度敏捷的人经常能表现出良好的"临场应急"口才，这种本领在各种场合都有用处，可以帮助我们摆脱突然出现的尴尬境地或某些不友好的攻击。

二、应变口才的具体技巧

(一) 角度转换

俗话说:"人在哪里站眼就往哪里看。"人所处的地位不同,观察和思考问题的角度就不同,得到的感受与认识也会不一样。对同一个事物,从不同的角度去考虑,获得的认识会大有差异。事物的某个方面或某个特点,从一个角度看,它可能是对人不利的缺点;而从另一个角度看,它又可能是对人有利的优点。解决一个问题,从一个角度看,可能会觉得困难重重;而从另一个角度看,又可能会感到易如反掌。角度转换的客观依据是:

第一,事物都有自己的不同侧面,从不同的角度去观察它的不同侧面,自然会得出不同的认识。

第二,事物都不是孤立存在的,都是客观世界的"关系网"上的一个部分、环节或成分,都与周围的其他事物有着千丝万缕的联系。角度转换会发现此事物与其他事物的多种联系,从而获得新的认识。

第三,事物的发展趋势一般都存在多种可能性。角度转换要特别注意到事物发展趋势中不明显的可能性,在特定条件下,这种可能性往往会成为现实。

角度的转换会使人对同一事物得到完全不同的认识和体验。例如,一个酒瓶装了半瓶酒,有的人从"真倒霉!只剩下一半了"的角度去看,会认为剩下的已很少,于是就垂头丧气;另外的人从"太好了!还剩下一半"的角度去看,会认为还剩下很多,于是精神振奋。

约翰·洛克菲勒是世界著名的富翁,可他在日常开支方面却很节俭。一天,他到纽约一家旅馆去投宿,要求住一间最便宜的房间,旅馆经理巧言相劝道:

"先生,您为何要住便宜的小房间呢?您儿子住宿的时候,总是挑最豪华的房间呀!"

洛克菲勒答道:

"不错,我儿子有一个百万富翁的父亲,可我没有啊!"

在上面这个例子中,我们能感觉到,经理对洛克菲勒的做法颇有微词,埋怨他小气、吝啬。可是洛克菲勒转换了角度,将自己是否有钱的问题巧妙地改换成父亲是否有钱的问题,这样既显示出创业者的真实性格,又没留下刻意省钱的痕迹,从而顺利地摆脱了困境。

角度突转的关键之处在于先跳出否定或肯定的圈子,把问话者的话从多方面去加以理解,进而从对自己有利的角度来阐释。

(二) 金蝉脱壳

金蝉脱壳的本义是指蝉由幼虫变为成虫时要脱壳而出。这种动物的自然进化现象后来被我国古人加以总结发挥，运用于军事计谋中。"三十六计"中的第21计即名为"金蝉脱壳"。"金蝉脱壳"在军事上用处很大，指在不利的情况下或复杂的斗争中发现了新的敌人，需要我方退却或抽调主力去应付时，不要仓促逃走或调动部队，而是要制造一种假象来迷惑敌人，尽量维持原来的状态，使敌人不怀疑，从而使自己安全撤退或转移。

用在应急口才上，金蝉脱壳的办法很多，有的是先进行"垂直型"反应，再寻找其他角度；有的是先从"横向型"反应入手，再寻找其他角度深入发掘，这种方式大多用于面对让你无法回答的提问时。看下面这个例子：

林肯在学校读书时，有一次答辩，老师问他：

"林肯，这里有一道难题和两道容易的题目，由你任选其一。"

"我就选一道难题吧。"林肯答道。

"好吧，那么你就回答，鸡蛋是怎么来的？"

"鸡生的呗。"

"鸡又是从哪里来的？"老师又问。

鸡蛋是鸡生的，鸡又是鸡蛋孵化的……林肯知道这个问题的答案是循环往复、没有穷尽的。如果继续回答下去，自己将会处于被动地位，林肯认识到这一点，于是赶紧转变角度，声明道：

"老师，这是你提的第二个问题了。"

再看一个例子：

1972年5月，美苏关于限制战略武器的几个协定刚刚签署，21日凌晨1点，美国国家安全事务特别助理基辛格在莫斯科的一家旅馆里，向随行的美国记者团介绍情况。当他说到"苏联生产导弹的速度每年大约250枚"时，一位记者问道：

"我们的情况呢？我们有多少潜艇导弹在配置分导式多弹头？有多少'民兵'导弹在配置分导式多弹头？"

基辛格耸耸肩："我不确切地知道正在配置分导式多弹头的导弹有多少。至于潜艇，我的苦处是，数目我是知道的，但我不知道是不是保密的。"

记者说："不是保密的。"

基辛格反问道："不是保密的吗？那你说是多少呢？"

上面两个例子都是使用了"金蝉脱壳"的应变技巧，所不同的是，林肯面对的是一个尚可直接回答的题目，但回答一次后，必须转变角度，否则就会落入"无限回答"的连环圈套里去,于是他采取了先"垂直"再"横向"的反应法,从问题中逃离了出来;而基辛格面对的是一个必须直接面对的数目问题,搪塞不过去,但又绝对不能说,只能从"保密"这个角度来谈,诱使对方说出"不是保密的",此时关键问题已经被甩开了,于是,基辛格就此发起反攻,既然不是保密的,对方就应该知道数目了,把问题巧妙地踢回去,自己得以顺利脱身。

可见,"金蝉脱壳"是一个很不错的"应变"技巧,它是一种"分身术"。这里的"脱",不是惊惶失措,消极逃跑,而是存其形,走其实。

(三)比拟转换

比拟就是把人当作物或把物当作人来描写的手段。在口才应变中,运用比拟转换往往可以避开实质性问题,使自己变被动为主动。请看下面的例子:

一天,有个游手好闲、拍马溜须的所谓"学者",在市场上买了6只来自中国的麻雀,决定用它们去讨好特别喜欢麻雀的国王。

按照这个国家的习惯,7是大吉大利的数字,要是送去6只,国王兴许会不高兴的。国王要是一发怒,可就麻烦了。

但是,中国麻雀只有6只,怎么办呢?他想了半天,决定混进一只本国麻雀,凑足7只献给国王。

国王一见,果然高兴,他仔细地把它们逐一玩赏一遍,突然发现有一只本国麻雀混在里面,立即大怒,责问他:

"这是怎么回事?是不是你自恃博学多识,欺我寡陋无知?竟然混进一只本国麻雀,你以为我会看不出来吗?"

"学者"一听,知道自己闯下了大祸,吓得索索发抖。突然,他想起一个理由,忙对国王说:"陛下,这只本国麻雀是一位翻译。"

只有人类才有语言,而且不同国别、不同民族有不同的语言,要与他国人交流,就有所谓的翻译问题。而动物既没有语言,也没有翻译问题。这位溜须拍马的"学者"面临绝境,忽然计上心来,避免正面回答"为什么混进一只本国麻雀",而转换角度回答"这只本国麻雀是干什么的",并且利用拟人的手法将这只麻雀说成一个翻译,从而达到了取悦国王,缓解气氛的目的。

(四)以问制问

当对方用错误的论证方法推导出一个荒谬的问题向你发问时,要是你发现了他的逻辑错误,完全可以如法炮制,以其人之道,还治其人之身,这就是以问制问的应急技巧。

有位美国参议员攻击美国逻辑学大师贝尔克里:

"所有的共产党员都指责我,你也指责我,你说,难道你不承认自己是共产党员吗?"

贝尔克里当即反驳道:

"你这个推论实在妙极了!从逻辑上来看,它同下面的推论是一回事:

所有鹅都吃白菜,参议员先生也吃白菜,难道参议员先生不承认自己是鹅吗?

所有的小猎狗都吃肉,参议员先生也吃肉,难道参议员先生不承认自己是猎狗吗?

所有的老鼠都吃小麦,参议员先生也吃小麦,难道参议员先生不承认自己是老鼠吗?"

贝尔克里在反问中把参议员的荒谬逻辑推到顶点,反戈一击,获得了出人意料的效果。这种以问制问的方法,使用前提是首先能看出对方理论的荒谬来,只要以此类推,对方的发问就会不攻自破。

(五)空话闪避

空话闪避就是用一些信息为零的话回答对方提问,但这种话一定要空而不假,使对方无法继续追问下去。空话闪避关闭了对话系统,用人人都知道的事实去堵住对方的发问。

有人曾向瑞士著名教育家玻斯塔洛奇提出这样一个伤脑筋的问题:

"您能不能看出一个小孩长大后会成为什么样的人?"

"当然能",玻斯塔洛奇很干脆地回答说:"如果是个小姑娘,长大一定是个妇女;如果是个小男孩,将来准是个男子。"

小姑娘长大后是妇女,小男孩长大后是男人,这是众人皆知的事实,这种话提供的信息等于零。这是一句废话,但它又是真实的,提问者的用意显然不在此。玻斯塔洛奇正是用这种空而不假的话回避了对方提出的只有占卜先生才能回答的怪问。

俄国作家契诃夫也曾碰到过这类问题。

契诃夫成名之后,家里总是不断有慕名而来的人,有些人本来很浅薄,却故意高雅地提出些难以回答的问题。有一天,来了三位上流社会的妇女,她们一进来就表现出关心政治的样子,问契诃夫:

"安东·巴甫洛维奇,你以为战争以后将会怎样呢?"

"大概是和平。"契诃夫咳嗽两下后回答说。

"当然啊!会是哪一方面胜利呢?希腊人还是土耳其人?"

"我认为是强的一方胜利。"

"那么照你看来,哪一方是强的呢?"

"就是营养好,教育高的一方。"

契诃夫实在不愿回答她们那些喋喋不休的、敏感而又复杂的问题,因而运用空而不假的话来巧妙地回避。

(六) 装聋作哑

当我们面对不利形势时,为了躲开对方的直接进攻,不妨使用装聋作哑的战术,不动声色地暗中策划,寻找取胜的战机,进而由被动转为主动。装聋作哑法是面对紧急情况时所采取的一种特殊应变方式。

警察杰克为了跟踪侦查走私集团主犯,登上客轮。船行驶了一段时间后,旅客们纷纷走出船舱,观看两岸景色。走私犯也走了出去。为了查看罪犯的旅行箱,杰克装成看书入迷的样子,独自一人留在舱内。过了一会,一个妖冶女郎走进船舱,见舱内只有杰克一人,便笑吟吟地走到他床前,突然脸色一沉,一把扯开自己的衬衣纽扣,压低嗓门对杰克说:

"你快把钱包掏出来,否则我要喊人了,说你耍流氓骚扰我!"

面对这突如其来的情况,杰克惊住了。他想出示证件制服这个女无赖,但这样做自己的身份就会暴露,无法完成这次跟踪走私犯的重要任务。若不暴露自己,眼前这个情况又难以对付。他突然想到自己上船以后还没有说过一句话,便打着手势,嘴里哇哇叫着,并用笔在一张纸上写道:"我是聋哑人,不知道你在讲什么。"那女人一下子愣住了,看看屋里没人,急忙用笔在纸上写下自己的讹诈要求。杰克立即把纸条夺过来,往自己口袋里一塞,突然站起来说:

"你给我出去,不然我要把纸条交给警察!"

女歹徒只好怏怏离去。

应变性训练

1.请看下文列出的两个例子,分析这两个例子中分别使用了怎样的应变反应方式。

(1)有一次,英国的温莎公爵举行晚宴,招待一批印度土著首领。当宴会即将结束的时候,侍者给每位客人端来了一盆洗手水。印度客人看到小巧的银盆中盛着有香味的水,误以为是饮用的,于是他们纷纷端起盆来一饮而尽。

面对这种意想不到的变故,主持宴会的温莎公爵迅速做出反应:只见他十分镇静地端起水盆,像印度客人那样,"自然而得体地"一饮而尽,从而使宴会得以完满结束,避免了一场尴尬。

(2)英国诗人莫瑞是一位木匠的儿子,有一次遇到一个纨绔子弟,这个傲慢的家伙想借题奚落诗人,于是他高声地问:

"阁下的父亲是不是个木匠?"

诗人答道:"是的。"

纨绔子弟挖苦说:"那他为什么没有把你培养成木匠?"

诗人反问:"阁下的父亲一定是位绅士了?"

纨绔子弟答道:"当然是的。"

诗人又问:"那他为什么没有把你培养成绅士呢?"

答案分析:温莎公爵的反应显然是利用了"垂直型"的反应法,因势利导,将错就错,因为在处理这种问题时,任何的言辞解释都会产生不良效应,起反面作用。我们所谈到的应变性的问题,不只是在语言上,在某些场合下,行动比语言更有力。温莎公爵抓住了事物的核心"喝掉洗手水",在集中力量处理这件事时,不能让客人们知道他们喝掉的是什么,既然客人们相信这是饮用水,索性就再证实它一下。

第二个例子中的应变技巧属于以问制问型。诗人莫瑞看穿了纨绔子弟的荒唐逻辑,抓住了逻辑的核心"父亲是干什么的儿子就应该是干什么的"。在反问中,毫不留情地嘲讽了纨绔子弟。

2.阅读下面的两段材料,并加以分析。

(1)甲:你打过群架吗?

乙:没有。

甲:你侮辱过妇女吗?

乙:没有。

甲:你掏人钱包的时候,让人逮住过吗?

乙:没有——不对,我什么时候掏人家钱包啦?

(2)古希腊的一个诡辩学者向一名叫梅内德谟的哲学家提出这样一个问题:

"你是否已经停止打你的父亲了?"

答案分析:在这两段材料中,对方提出的问题属于一种狡诈诘问。所谓狡诈诘问,是指对方故意利用包含着虚假、预设的问话来询问你,不管你回答"是"或者"否",都是在承认某一项虚假的预设,使自己落入圈套。

在第一段材料中,"你掏人家钱包让人逮住过吗",这一提问中预设你曾经掏过人家的钱包,而这一预设对乙来说是虚假的。因此,如果对这一提问简单地回答"是的",则表明掏过人家的钱包并且被逮住过;若是回答"不",则表明自己以前掏过人家的钱包并且没有被逮住过。乙不管回答"是"或"否",都得承认曾经掏过人家的钱包。甲正是利用这种狡诈诘问企图诱使对方落入他的圈套,进而将莫须有的罪名强加在对方头上。

在第二段材料中,梅内德谟不论回答"是"或"否",都将承认自己打过父亲。回答"是",表明以前打过父亲现在已不打了;回答"否",表明以前打过父亲现在仍在打父亲。对此,梅内德谟回答道:"我不存在是否已经停止打我父亲的问题,因为无论过去和现在,我都没有打过我的父亲。"这样,便使对方计划落了空。

可见,要对付这种狡诈诘问,就必须将问者问句中的虚假预设问题揭示出来,并加以否定。

3.看下面一段材料,分析伊斯麦在这次外交谈判中使用了怎样的应对方法。

第一次世界大战后,土耳其代表伊斯麦参加了与法、意、美、日、俄、希腊等国代表的谈判。当谈判进行到关键时刻,土耳其代表提出了维护其主权利益的条件,一下触怒了英国首相,他立刻跳起来咆哮如雷,挥拳吼叫,又是恫吓,又是威胁,各列强代表一边倒,气势汹汹,助纣为虐。伊斯麦耳朵虽有些聋,但一般还能听得见。至于大声叫喊,更是句句能听得清楚。但他却大装耳聋,一声不吭,等其声嘶力竭叫完后,他不慌不忙地张开右手靠近耳边,把身子移向他,十分温和地问:

"你说什么?我还没听明白呢,请您再说一遍!"

须知这种如火山爆发一样的激情时间短暂而强烈,是很难重复的,气得英国首相直翻白眼,连话也说不出来。

答案分析:在这次外交谈判中,伊斯麦采用了装聋作哑的应对方式,在很短的时间内,瓦解了对方的气势,回避了对方的无理要求,在谈判中由被动转为主动。

4.分析下面这个事例,里根采取了什么方法来克敌制胜。

1984年,在美国竞选总统的电视辩论中,蒙代尔自恃年轻力壮、学识渊博,竭力攻击里根年龄大,不适宜担此重任。作为长者的里根如果以牙还牙,就会有失作为长辈的沉稳持重、老谋深算的优势;如果装聋作哑,那么在年轻气盛的蒙代尔面前,又会显得老气横秋,没有作为。于是里根根据自己的长处和对方的短处,使用故作否定的形式,面带微笑地回答蒙代尔说:

"蒙代尔说我年龄大而精力不充沛,我想我是不会把对手这类年轻、不成熟的问题在竞选中加以利用的。"

里根的答辩,博得了全场的热烈掌声。

答案分析:在材料中,里根采取转换角度的方法赢得了主动。我们可以设想,假如里根的答词是"你说我年龄大,精力不充沛,那么你是年轻、不成熟",这样将会使双方陷入互相攻击的争吵之中,给人们留下恶劣印象。但是里根并未这样说,而是在不动声色之中,以己之长显敌之短,既显示了自己作为长者的足智多谋、宽宏大度,又抨击和映衬了对方的浅薄和狭隘,在观众面前树立起自己良好的人格形象。里根的反应,实际上是转化了问题的角度。"年龄大"意味着精力不足,但也意味着"成熟,有经验";"年轻"虽精力旺盛,但是经验不足,里根以己之长比他人之短,很轻松地就达到了反驳对手的目的。

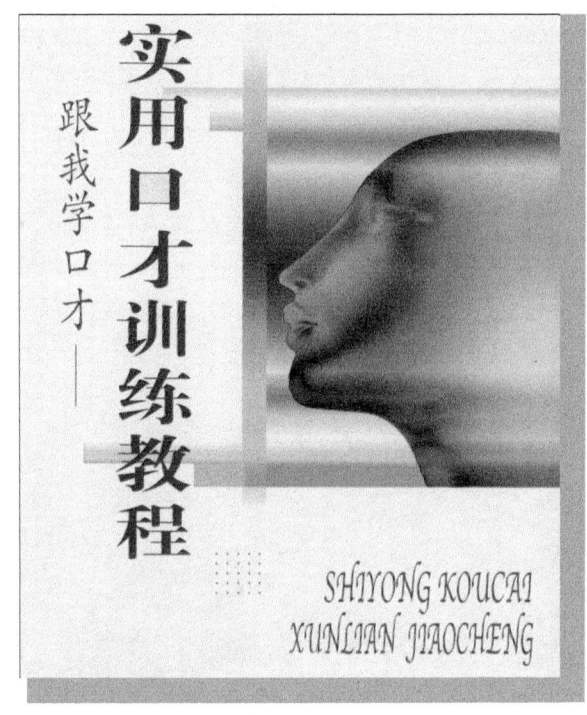

第三篇 口才思维训练

▶ 第 9 章 口才与思维

▶ 第 10 章 形象思维与口才

▶ 第 11 章 比较思维与口才

▶ 第 12 章 创意思维与口才

第 9 章

口才与思维

我们一生中说话都是出乎自然,从未费心细想言辞。我们随时都在思想着,等到思想明澈时,言语便如我们呼吸的空气,不知不觉地流出。

——● 戴尔·卡耐基 ●——

审 判 室

审判室里一片沉寂,那个裸着身子的男人来到上帝面前。

上帝打开记录这个人一生的书。

上帝对这人说:"你的一生是邪恶的,你对那些需要救济的人表现冷酷,对那些需要帮助的人冷若冰霜,对穷苦人的呼声置若罔闻。你把耳朵塞上,不听我的受苦的子民的呼喊。你把那些生父不明的继承权据为己有,你往邻居的葡萄园里放狐狸。你把儿童们的面包拿去喂狗,我的那些麻风病人住在沼泽地带,仍心情平静地赞美我,而你却在大道上乘车直闯;我曾用泥土造了你,而你却使无辜的血在我的土地上流淌。"

这人回答说:"我正是这样的。"

于是上帝合上记录这个人一生的书,说道:"我一定要把你送进地狱去。真该送你进地狱!"

这人喊道:"你不能送我进地狱!"

上帝说:"何以我不能把你送进地狱,什么原因?"

"因为我干那些事时从未想过,也从未想过会有地狱。"

> 审判室里一片沉寂。
>
> 过了一会儿,上帝开口了,他对这人说:"由于我不可以把你送进地狱,我一定要把你送上天堂,真该送你上天堂!"
>
> 这人喊道:"你不能送我上天堂!"
>
> "何以我不能送你上天堂",上帝气愤地说:"什么原因?"
>
> "因为我从来就没有想过哪儿有什么天堂。"这人回答道。
>
> 审判室内一片沉寂。
>
> "你想当上帝吗?"上帝试探性地问。

王尔德在《审判室》里开了上帝一个玩笑。上帝忽然发现了一个永不思考的人,这人没有道德,没有廉耻,是非好歹不分,美丑善恶不辨。而由于他从不思考,也就根本不在乎地狱、天堂甚至上帝的存在,所言所行肆无忌惮,已经脱离了正常人的范畴,简直和无所不知、无所不能的上帝一样了。而上帝在这样的人面前,也显得无能为力了。

这个寓言故事也从侧面告诉了我们关于人与思考的关系。

人类最可贵的能力之一,就是思考的能力。思考能力之最奇妙的特性之一,就是能够对思考加以思考。对思考加以思考的最重要的成果之一,就是关于思维的方法了。

一、语言与思维

当人类开始用语言反映事物时,语言与思维的关系就成为中心问题。古希腊哲学家亚里士多德说:"语言是思维范畴诸经验的表现。"17 世纪的唯理主义语言学家也认为,说话即是表达思想,不同的词类跟思想的不同方面相一致。他们明确指出,人作为有理性、有思想的动物,创造出语言来就是为了表达思想。似乎可以这样说,语言的产生不是作为表达思想中已经确定的判断和疑问的工具,而是作为思想本身的工具。

人类思维的发展和语言能力的发展是同步的,这就决定了口才与思维的密不可分的关系。口才是思维的外壳,思维是口才的基础。愚人只知道接受思想的灌输,智者则重视掌握思维的方法。正确的思维方法像荒夜里照亮未知旅途的风灯。掌握正确的思维方法,对于提高一个人的口才水平具有重要意义。

人们头脑中的具体事物,在没有找到恰当话语表达之前,往往是交织在一起的模糊一团,分不清条理,没有次序,划不清界限。而说话却是有次序的链条,同时,每句话的组成部分——词语是可以分离的。因此,要想把思维变成话语,首先就要用词语把思维分割开,接着再按句法规则把分割开的各个部分组织起来,使之变成可以让人理解的链型词语。说出的话应该是跟大脑想的完全重合,没有完全重合就得不断更换词语或调整句子结构,直至重合为止。

对于口才来讲,最需要的思维方法是什么?最需要的训练方法是什么?最需要避免的思维误区是什么?希望你能在本章里找到满意的答案。

二、口才对于思维的要求

(一) 思维的广泛性

所谓思维的广泛性,就是指在表达一个事物、一个观念时,能够在多大范围内联想起别的事物、观念和问题,以及联想数量的多少。即考虑问题时要思路开阔,联系广泛,能把一个事物放在广阔的时间、空间和复杂的环境中去考察认识,从而能全面而深刻地反映事物的现象与本质、内因与外因、过去与未来等多种联系。思维的广泛性往往表现为口头语言表达得丰富灵活、绚丽多彩、旁征博引、联想丰富。

在日常生活中我们能够发现,某些人在谈话中思维跨度很大,能够海阔天空的联想,而有些人则言语枯燥乏味,只能在一个问题上绕来绕去,思路总是打不开。从口才方面来说,确定了一个表达的对象,当然就要围绕着它来思考。但是,这个对象和哪些因素有联系呢?它总不会孤零零的存在,这就要求在思考过程中,破除各种思维定式,增加各种可采用的角度,扩大范围,把它放在更广阔的背景里予以考察,从而可以发现更多可表达的东西。

看下面一个例子。

林肯曾经是一位律师,有一天,一位老态龙钟的妇人来找他,哭诉自己被人欺侮了。这位老妇人是独立战争时期一位烈士的遗孀,仅靠抚恤金维持风烛残年。前不久,政府出纳员竟要她交付一笔手续费才能领钱,而这笔手续费却等于抚恤金的一半,这分明是勒索!林肯听后怒不可遏,安慰了老妇人后,决心要为她打赢这场官司。

为了准备充足的发言材料,林肯在出庭前阅读了大量的美国战争文献以及各种关于烈士遗孀的待遇法规。他心里明白,这是一场棘手的官司,等于把政府推上法庭。

法庭开庭了,因为那个出纳员背后有明文规定,不属于非法勒索,情况显然不妙。轮到林肯发言时,支持他的人都为他捏了一把汗。

林肯用婉转的嗓音,首先把听众引入到了对独立战争前的回忆,他用真挚的感情述说革命前美国人民所受的苦难,爱国志士怎样揭竿而起,又怎样忍饥挨饿地在冰天雪地里战斗,为浇灌"自由之树"洒尽最后一滴鲜血。多少母亲失去了儿子,多少妻子失去了丈夫……突然间,他词锋一转,锋芒直指那个勒索烈士遗孀的出纳员,以巧妙的设问结束了这篇精彩的辩词。

"现在事实已成了陈述,从南方到北方,英雄们早已长眠于地下,然而有多少为他们痛苦一生的亲人们仍悲惨地活在世上。这位老人曾是一位美丽的少女,热切地盼望爱人早日归来,与她共度此生,没想到爱人为国捐躯,这对她的一生来讲是多么沉重的打击。她牺牲了一切,至今贫苦无依,不得不向享受着革命先烈争取来的自由的我们请求援助和保护,请问,我们能熟视无睹吗?"

发言至此结束,听众们的心早已被感动,很多人自动解囊相助。很快,法庭及立法委员会通过了《烈士亲属抚恤法》的修改案。

上述这段材料中,如果我们认真总结的话,可以发现,林肯的胜利在于多角度的思维技巧,尤其在最后一段中,他追溯了老妇人年轻时的遭遇,晚年的痛苦,整个美国独立战争的伟大。这些话像无数道闪电的亮光,像沉睡已久的雷鸣,震撼了在座每一个人的心。

扩展思维广度,就意味着思维在角度上的增加。增加思考的对象,等于得出一个问题的多种答案。从实际的口才技巧上来说,数量上的多并不意味着质量上的好,但角度上的多,却意味着可供挑选的余地大,论证的层次丰富,由此看来,思维广泛性是优秀口才的第一标准。

(二) 思维的深刻性

我们常常发现,有些人谈话很深刻,能够追根溯源,达到一个问题的最深层次;有些人则只能浮在表面,极为牵强,蜻蜓点水,浅尝辄止。

这一切皆归源于思维的深刻性,它是口才素质的一个重要方面。思维的深刻性主要表现在对事物的分析、综合、比较、抽象、概括等方面,要能做到去粗取精,去伪存真,由表及里,由此及彼;完全把握事物,透过现象抓住本质,从事物的现状把握它的发展过程,从具体领域进入到抽象领域,从原因探索结果,或者反过来从结果追溯原因,最终做出科学的结论;等等。

加里宁是俄国布尔什维克的一位杰出的宣传鼓动家,一次,他向某地农民代表讲解工农联盟的重要性。尽管他作了详尽严谨的论证,但听众始终茫然不得要领。有人问:"什么对苏维埃政权来说更珍贵?是工人还是农民?"

加里宁乘机反问:"那么对一个人来说,什么更珍贵?左手还是右手?"

全场静默片刻,突然爆发出雷鸣般的掌声。农民代表们都笑了。

从上面的例子中可以看出,思维的深刻性绝不是虚无缥缈地坐而论道,也绝不是学术名词与专业概念的汇集,深刻性在于能把复杂的事物抽象化,再把经过抽象化后事物的精髓落到实处。像加里宁一样,一个简单准确的比喻一下就把一个深奥的理论阐释清楚,这才是真正的深刻。

人们常说讲话要"深入浅出",这是一个极为朴素的原理,不能深入者就不能浅出,这举重若轻的"浅出",包含了多少智慧和心血,轻描淡写之间,一切都被解释清楚了,这是一个口才高手才能达到的境界。

1831年除夕,法拉第为了证实"磁能产生电",在大厅里给许多宾客表演,只见他转动摇柄,银盘在两磁极之间不停地旋转,电流表渐渐偏离零位,客人们赞不绝口,只有一位贵妇人不以为然,取笑法拉第说:

"先生,这玩意儿有什么用呢?"

"夫人,新生的婴儿又有什么用呢?"法拉第把手放在胸前,欠身回答道。

人群中爆发出一阵喝彩声。

法拉第的深刻体现在不是针对现状回答,也不是追溯众所周知的历史事实,而是把它引向未来,只使用一个"婴儿"的比喻就把这种生命力强大的科学实验比喻得极为精到。

对于思维来说,所谓深刻,就是要准确把握事物本质,能预测事物发展的未来。如果能够延伸思维的深度,我们就一定会进入一个新的口才境界。日常所见的"假、大、空"的报告或哗众取宠、废话连篇的演讲,其失败的根源就在于思维的浮浅和空虚。个人的思维深度与其逻辑分析能力有着密切的关系,而逻辑分析能力的提高,则有赖于长期而系统的学习。

印度瑜伽中有一种练习方法,对于训练人的思维能力有一定帮助,列在这里供大家参考。

——你的意识进入了一堵墙;你能感觉到其中水泥和砖头的坚硬,感觉到其中分子的紧密度;你在墙体内上升下降,穿过来穿过去;最后你自由地"渗"出来。

——你的意识进入了一朵花,是一朵你非常喜欢的花,你从花瓣钻到花蕊,闻到了花的香味,感觉到了花叶中的水分,最后你自由地"渗"出来。

——你的意识进入了一根金条,你感觉到了其中的冰冷、光滑,你在金条中移动很困难,因为它的分子很细密,空隙小,最后你自由地"渗"出来。

——你的意识进入了一只小动物的身体,是你所喜欢的小动物,你感觉到了动物体内的温暖,有节奏的心脏跳动,一起一伏的肺部呼吸,最后你自由地"渗"出来。

——你的意识进入了一个人的身体,是一个你最喜欢的人,你感觉到这个人体内的温暖,你感觉到其体内的每一个器官,看到各个器官工作的状况,最后你自由地"渗"出来。

(三) 思维的精确性

思维的精确性由思维的确定性和严密性两部分构成。

思维的确定性是指思想明确,这就要求讲话者使用的每一个词语概念都要有明确的内涵和外延;做出的判断要前后一贯,语义确定不变;讲话中能抓住中心问题,不混淆命题,不转移论题,是非分明。思维的确定性表现在口才上,其一是概念、判断的确定性,要在用词上准确、得当,不能词义含糊甚至前后矛盾;其二是论题的确定性,要突出中心论题,不可东拉西扯,信口开河;其三是观点的确定性,如对论题缺乏明确的认识,表现在口才上势必会含糊其词,模棱两可。只有思维在诸层次上都确定无误,才能保证口头语言的准确性和鲜明性。

思维的严密性就是思考问题全面、周到、细致,能科学地反映事物的多面性、发展性和复杂的联系性。它直接影响着口才的严密性、论证性和逻辑性。口头语言中出现的语无伦次,条理不清,层次混乱,观点材料不统一、不谐调,论据不足,牵强附会甚至破绽百出等毛病,多是因为思维缺乏严密性,考虑问题不周密所致。

20世纪30年代中期,香港茂隆皮箱行由于货真价实,生意兴隆,引起英国商人威尔斯的嫉妒。威尔斯蓄意欺诈,于是便到茂隆皮箱行订购了3 000只皮箱,价值港币20万元。合同写明1个月后交货,过期不交或不按质按量交货,由卖方赔偿损失费50%。茂隆皮箱行经理冯灿如期交货。可是,威尔斯却说:"皮箱中有木料,就不是皮箱,合同上写明是皮箱。"因此向法庭提出控诉,要求按合同赔偿。

正当威尔斯在法庭上信口雌黄,气焰嚣张时,冯灿的辩护律师罗文锦从律师席上站起来,取出口袋里的金怀表,高声问法官:

"请问,这是什么金表?"

法官答道:"这是英国伦敦进口的金表,可是这与本案有什么关系呢?"

罗文锦高举金表,面对法庭上所有的人说:"有关系,这是金表,但是请问,这块金表除表面是镀金的以外,内部的机器都是金质的吗?"

"当然不是。"旁听者同声答道。

罗文锦便说:"那么人们为什么又叫它金表呢?如果金表表面镀金而内部不是黄金可以称之为金表的话,那么皮箱外部是皮革但内部撑有木料,当然也可以叫作皮箱了。"

顿时全场响起一片掌声和欢呼声,法庭最后判威尔斯诬告罪,罚款5 000元。

罗文锦律师在法庭辩论中取胜,使用的就是精确比较术,对"皮箱"一词做出了准确的解释。威尔斯试图通过混淆词义来进行诬告,击败他的唯一办法就是精确地修正词义。

(四) 思维的敏捷性

思维的敏捷性是好口才的重要保障。讲话与写文章不同,不能精雕细刻,慢慢斟酌,更没有时间千锤百炼,它必须求其速度,求其敏捷,要求在极短的时间里表达出成熟、完善的思想成果。

思维的敏捷性表现在口才上就是能够对事物迅速地进行分析、综合、比较、分类、抽象、概括和具体化。这些思维过程和结果是直接通过语言系统来实现的。语言流畅如行云流水,是因为思维敏捷流畅。那种张口结舌、言语滞涩,靠满口的"这个""那个"来拖延时间的冗词赘语,也多是由思维的迟钝所造成。训练口才,必须注意培养对事物的反应速度及能够出口成章的本领。培养这种能力,第一要增加自己的知识积累;第二要有冷静的头脑,能在任何场合讲话都从容不迫,自如发挥;第三就是要大量实践,不断磨炼,不断适应。

上文已经分别谈到了思维的广泛性、深刻性、精确性和敏捷性问题,出于条理化考虑分开来谈,但在实际的运用过程中,它们是一体的,以上几方面综合在一起才能造就优秀的口才。

三、口才的思维误区

(一) 权威定式

据佛经记载,释迦牟尼刚生下来,就一手指天,一手指地,朝周围走了 7 步,高声说:"天上地下,唯我独尊!"

有位学禅的人对佛经的这段话不理解,就去请教云门禅师。禅师回答说:"这有什么不好理解的?可惜我当时不在场,要是我在场,就把他一棍子打死,拉去喂狗,图个天下太平。"

云门禅师作为一名高僧,已经修炼到了"逢佛杀佛,逢祖杀祖"的地步。中国"禅"道,最恨崇拜权威,认为权威会妨碍人对自己内心的发掘,只有破除其"权威定式",才有可能进行独立思考和独立表达。

思维中的权威定式来自后天的社会环境,是外界权威对我们思维的一种制约。其形成主要通过两种途径,一是儿童在走向成年的过程中所接受的"教育权威",二是由于社会分工不同和知识技能方面的差异所导致的"专业权威"。

在讲话中,不少人习惯引证权威的观点,不假思索地以权威的是非为是非,一旦发现与权威相违背的观点或理论,便想当然地认为其必错无疑并大张挞伐。这就是思维的误区之一——权威定式。

过分相信权威,会妨碍我们的独立思考,说出话来缺乏创造性,不能表达出自己的真情实感。不能做到"我口说我心"的演讲或谈话让人听来是毫无生气、枯燥乏味的。因此,在讲话时,要敢于冲破权威的束缚,表达出自己的思想、观点,这样的讲话才是生机勃勃、生动真切的,才能真正说服听众,打动听众,感动听众。

(二) 从众定式

从众定式是指群体中的少数人服从多数人,与多数人保持一致的思维习惯。

在口才领域,"从众定式"是最常见的,以众人之是非为己之是非,人云亦云随大流,这种人是别人怎么说自己就怎么说,不出头就没有错,自己的想法是微不足道的,只有"别人"才是重要的。

口才是一门艺术,它要求创新,要求别具一格,要求对个人认识充分肯定。一个有好的口才修养的人,决不会随随便便地就降低个人品格,去迎合潮流,更不会因为大众的思想潮流而放弃自己的独立思考。

哥伦布第一次出海并没有带来多大轰动,几乎可以说是失败了,第二次出海的时候,为他投资的股东之一——西班牙国王很担心地问他:

"你听到他们在说你什么了吗?他们说你这次出海还是没用。"

"每个人都会这么说",哥伦布轻松地笑了笑:"然而,又有谁像我一样真正地走出去试一下呢?"

哥伦布以一个实干家的气魄迎头痛击了这种无聊论调。历史证明哥伦布是对的,他是所有航海家的楷模,而那些自以为掌握着真理的大多数人却被历史的云烟湮灭,不复存在。

(三) 唯经验定式

贝多芬在求学时,尝试着在和弦中加入不和谐音。他的老师贝里埃被他的行为激怒了,贝里埃对他发火道:

"我当了20年皇家交响乐队指挥,还没听说有人敢在和弦里加不和谐音的呢。"

"为什么不能?"贝多芬问道。

"规矩,"贝里埃说:"这是前人的经验告诉我们的。"

"前人的经验又是从哪儿来的呢?"贝多芬问。

贝里埃语塞了,他放弃了争论,觉得面前这个学生实在是胆大包天。

在后人撰写的《贝多芬》里,都会有这么一笔:由于他冲破了前人的经验,在和弦中加入了不和谐音,使音乐的表现范围大大地扩展了。

贝多芬之所以伟大,并不只是在作曲方面,因为一切革新都要先从观念做起,只有打破传统经验的束缚,才能拓展新的领域。

经验与口才的关系,是一个较为复杂的问题,一方面要相信经验,因为它具备不断增长、不断革新的特点,从而可避免犯常识性的错误,进而使人开阔眼界,增长见识。

但是,也要看到经验的另一方面,它是相对稳定的,因而有可能导致人们对它过分依赖,形成固定的思维模式,结果削弱我们的想象力。从这一点来看,我们又不能过分相信经验。

敢于突破既有经验的束缚,你才能发前人所未发,从中获得新知和乐趣,从而也使你的讲话更加引人入胜。

逆经验反应思维训练

——睡觉前不要关电视,让它开一夜。

——早上不刷牙就吃饭。

——看着儿子把家里弄得一团糟而无动于衷。

——让电话铃响着,不去接。

——下暴雨的时候不打伞走出去。

(四)唯书本定式

有一个书呆子是虔诚的佛教徒,有一天走在桥上,失足落入水里,他忽然想起书上的话,于是大叫:"观音大士保佑!观音大士……"

大水可不管那么多,很快就把他卷进旋涡里。

这个人死后,见到了观音大士,他质问道:

"你为什么不救我?"

观音大士为难地说:

"我是要救你,可你自己也不能一点劲儿都不使啊。"

这当然是个笑话,它告诉我们,在很多情况下如果一味迷信书本,不但于事无补,而且荒唐可笑。具体到口才方面也是如此。我们所欣赏的口才,是具有丰富的生活情趣与充满深刻哲理的口才。只有前者,就会流于浅薄,只有后者,就会流于"学究气""书呆子气"。当说话变成了"掉书袋"似的一切以书本为依据时,就会让人听来索然无味,这就是"唯书本定式"的害处。

英国哲学家贝克莱说过一段很妙的话:

"人们不能吃观念,不能喝思想,只能依靠物质性的东西来存活。所以,把握两个世界的不同,乃是人生第一要义。"

书本不同于现实是很简单的道理,遗憾的是,真正能够理解这个道理的人并不多见,人们经常把二者混为一谈。

在口才训练方面,我们当然要从书本中汲取营养,得到教益,但同时不可生搬硬套书本上的知识,要将书本上的东西与现实生活密切联系在一起,只有源于生活的表达才是鲜活生动的,才能让人听来生机盎然,引人入胜。

请想一想,怎样从现实中找到具体事例反驳下列书本上的知识性论断以及诸如此类的论断?

①男人比女人有力气;

②开卷有益;

③众人拾柴火焰高;

④冬天比春天冷;

⑤瑞雪兆丰年;

⑥用电脑写作既方便又迅速。

(五) 非理性定式

第二次世界大战期间,巴顿率领的装甲兵团与隆美尔的非洲旅团作战,巴顿采取了一个有效的战术——夜袭。一开始双方都没有多少损失,但坚持一段时间后,激怒了隆美尔,他开始不顾一切地进攻,最终陷入包围,导致了整个旅团的覆没。

巴顿的攻心战术就在于激怒对方,使对方丧失清醒的头脑,失去理性的人可以像动物一样残暴,也可能像动物一样愚蠢。

在我们施展口才的过程中,要防备各种非理性因素的干扰,如情绪化、冲动、潜意识等。我们常在冲动下说出语无伦次、不合逻辑甚至是错误的话。要知道,话一旦出口是难以收回的。

克服非理性定式,并不是说在讲话时毫无情感可言,这样的讲话是没有感染力的,我们要做的是使各种情感的宣泄与发挥都保持在理性的驾驭之下,使它们收放自由,感情丰沛而又张弛有度,不是一味地激动疯狂,失去控制。做到了这一点,我们的讲话才能既感人至深又充满理性的睿智,让人听来易于接受,进而受到启迪,受到感染。

思维综合训练

1.不同感官的能力对于思维的广度都具有影响作用。请在头脑中再现下列各种不同的感觉,逐项检验,看一看自己哪种感觉的再现能力更强。

(1)某位朋友的笑声;"隆隆"的雷声;饭勺刮锅的声音;持续不断的蝉鸣声……

(2)爱人头发的手感;深水中浮力的感觉;鼻涕流到嘴唇上的感觉;注射器针头刺进肌肉的感觉;一只蚂蚁在手背上爬的感觉;乘飞机或电梯上升时的感觉……

(3)橘子的气味;刚被太阳曝晒过的棉被的气味;塑料制品燃烧的气味;肮脏厕所的气味;柴油的气味……

(4)牙膏的味道;烈性酒的味道;黄瓜的味道;麻辣烫的味道;苦药的味道……

(5)伸懒腰的感觉;连续打嗝的感觉;浑身冻得起鸡皮疙瘩的感觉;吃得太饱肚子胀的感觉;小腿抽筋的感觉;突然受到惊吓的感觉……

2.闭上眼睛,头脑中出现一幅公园草坪的画面。请体验如下的感觉,体验得越真切越好,以此练习感觉的超越性,扩大对外界事物的观察和感受能力。

你坐在草坪中间的一张木椅上,请用手摸一摸这张木椅,有什么感觉……周围的树是绿色的柏树和垂柳,仔细看一看,柏树的树枝、垂柳在微风中摆动……天上挂着炫目的太阳,晒得身上暖烘烘的,甚至后背都渗出了一些汗粒……一群孩子跑过来,唱着,跳着,嚷着;孩子们唱的歌你听着有些耳熟,你小时候也唱过,请想一想它的旋律……孩子们摘来了丁香花、野菊花,请闻一闻那沁人心脾的花香……

3.思维敏捷性训练——看谁说得快又准。

(1)请迅速说出10种水果的名称;

(2)请迅速说出10种药品的名称;

(3)请迅速说出10种体育项目的名称;

(4)请迅速说出10种杂志的名称;

(5)请迅速说出10种家用电器的名称;

(6)请迅速说出10个国家的名称;

(7)请迅速说出10种动物的名称;

(8)请迅速说出10本世界名著;

(9)请迅速说出10种交通工具的名称;

(10)请迅速说出10种乐器的名称;

(11)请迅速说出10种家常菜的名称;

(12)请迅速说出10种行业的名称;

(13)请迅速说出10位世界伟人的名字;

(14)请迅速说出10个世界名胜古迹。

4.客观世界的物体,有各不相同的形状、颜色、气味、声响、温度等属性。为了训练抽象化能力,提高思维的深度,我们可以从两个方向进行。

首先,从不同的物体中抽象出相同的属性,比如,从雪花、淡云、石灰等物体中抽象出"白色",从雪花、冰棍、空调等物体中抽象出"寒冷"。请从以下物体或现象中抽象出它们共同的属性:

(1)桌子、水池、足球场、报纸;

(2)油条、桂树、苹果、雪龙骨;

(3)蜗牛、毛笔、滑雪、喷气机;

(4)嘴巴、烈火、大海、洪水。

其次,也可以反过来想,同一种属性为哪些不同的事物所拥有呢?比如,拥有"红色"属性的事物有:旗帜、墨水、袖章、印泥、救火车、信号灯等。请想出具有以下属性的事物或现象,数量越多越好。

(1)淡黄色;

(2)悦耳的声音;

(3)粉末状;

(4)能使人发怒的东西;

(5)能使人无可奈何的东西。

5.我们的经验大部分是通过感觉得来的,而在所有的感觉中,由视觉获得的信息占全部信息的85%以上,由于这个原因,过分发展的视觉反而会妨碍其他感觉功能的发挥。

以下这个"模仿盲人训练",就是通过暂时取消视觉的方法,来充分发挥其他感官的功能,使你获得意想不到的丰富的外界信息材料,冲淡单纯依赖视觉的定式。

用黑布蒙上自己的双眼,如果觉得蒙上双眼显得太离奇而怕受到别人的围观,也可以戴上潜水用的眼镜,在镜片的里边贴上黑纸,使自己看不到外界的物像。首先在室内走一圈,再到室外自己熟悉的地方走一圈,最后可在一位朋友的引领下,到陌生的地方走一圈。整个过程中,要完全依赖你的听觉、触觉、方向感和平衡感来行动。

这样练几次,你肯定会有很大的收获。

第 10 章

形象思维与口才

强烈的想象往往具有这种本领,只要一领略到一些快乐,就会相信那种快乐的背后有一个赐予的;夜间一产生恐惧的念头,一株灌木便一下子会变成一头熊。

———— ● 莎士比亚 ● ————

> **一枚白纽扣**
>
> 在那饥饿的年代里,父亲教会了我怎么喝不放糖的茶而权当茶是甜的。我把一枚白色的纽扣放在玻璃杯的底部,想象这是一块糖,集中精力想象这是一块糖时,再去喝杯中的茶水,就会体会到茶水的甜味。
>
> 母亲对此嗤之以鼻,她不愿意父亲教我像一名小丑一样生活,她对父亲嚷嚷,生活可不是演马戏,她倒要知道我父亲用糊弄自己的方法究竟能成就什么。她哭了,任凭泪水顺着她的脸颊流淌。说如果父亲能丢弃他的想象,不再把纽扣当白糖,那么她会停止哭泣,甚至会露出笑容。父亲压低了他的嗓音,轻柔地和我交谈。他说,他明白,我作为一个只有 10 岁的孩子,还不是成人,因此也不可能明白一个生活在战争年代波兰的穷苦犹太人家中的窘况。但是在他的头脑中坚信,等我长大以后迟早会用得着想象力和纽扣这两样东西的。

这是以色列作家约瑟尔·伯斯坦讲过的一段他小时候的故事,从中可以看出形象思维中想象和联想的作用。

一、形象思维及其特征

(一)何为形象思维

形象思维就是思维主体以事物的典型形象揭示事物本质和规律的认识方法。《辞海》解释为:"对现实生活进行深入观察、体验、分析和研究并凭借种种具体的感性材料,通过想象和联想,伴随强烈的感情和鲜明的态度,塑造鲜明而生动的形象。"形象思维是人类与生俱来的思维方式,任何一个正常的人都具有形象思维能力。人对客观事物的认识都是从感知开始的。通过眼睛、耳朵、鼻子、嘴等器官,感知了事物的形状、颜色、大小、味道、温度、声音等。当我们提到"草原""湖泊""森林""熊猫""大象""猴子"这些熟悉的名词时,它们的表象就会自然而然地浮现在我们眼前,这就是形象思维方法的运用。形象思维方法不仅是艺术家认识世界的工具,也是一切探究者认识世界、揭示事物本质和规律,进行科学创新的基本思维方法。

形象思维的表现形式主要有两种,第一是想象,第二是联想。

想象,是指以客观事物和已有的知识、经验、信息为依据,灵活运用多种思维方式,形象化地、创造性地构思出新的图景。爱因斯坦说过:"想象力比知识更重要,因为知识是有限的,而想象力概括着世界上的一切,跟着进步,并且是知识进化的源泉。"大多数科学家是从科学假设中进行创造发明的,而科学假设又开始于科学幻想。可以说,每一种假说都是想象力发挥作用的产物,任何事物的任何一次创新,都是借助想象力开始的。

联想,是指由某人或某事而想起其他相关概念的思维过程和思维方法。联想实际上是对头脑中已有各种表象的一种重组,在思维中把割断了联系的、甚至是风马牛不相及的事物重新联系起来。如,牛顿关于万有引力的理论发现就是联想的结果。苹果掉到自己头上后,他产生了联想:月亮为什么不会坠落到地球上呢?于是他把地球上的物体与太空中的星体在思维中联想到了一起,从而证明出了万有引力定律。

在人类进步的历史中,想象和联想是创新思维的两个轮子,驱动着创新之车一路驰骋。在美国,阿波罗登月纪念币的第一幅画就是中国的嫦娥奔月。美国人说,没有这个故事,也就没有阿姆斯特朗登上月球的壮举。

想象与联想是一个广大的领域,它是人类文明的源泉,科技发展的动力,艺术创作的支架。人类依靠它才得以超越自己,得以前进。几千年来的艺术家都在拓展它;几千年来的科学家都在研究它;几千年来的思想家都在思考它;所有的演讲家都渴望掌握它。培养丰富的想象力和联想力,对于我们提高语言表达能力,练就一副好的口才具有十分重要的作用。

(二)形象思维的特征

概括地讲,形象思维的过程就是以形象作为思维运动的形式,以感情作为思维运动的推动力,带有本人个性特点的思维活动。形象思维最显著的特征,就是始终与具体的形象或表象紧密相连。形象思维来自感性认识,又高于感性认识,同时还有别于抽象思维。形象思维的主要特征有如下四个方面。

第一,形象思维的形象性。形象思维是以"形象"作为思维细胞的,形象材料具有具体性和直接性,即形象性的特点。而抽象思维是以"概念"作为思维细胞的,具有抽象性和间接性的特点。

第二,形象思维的创新性。我国著名科学家钱学森指出,"我们一旦掌握了形象思维学",将会"掀起又一次的技术革命"。古希腊的亚里士多德通过观察月牙上的弧形阴影,联想到地球可能是圆形的。卢瑟福通过认识太阳系行星运动的图景,联想到原子内部犹如一个微观的太阳系,提出行星式原子模型。由此可见,科学家的形象思维既有形象性,又有创新性。创新思维所使用的思维材料和思维产品都是经过加工改造并重新创造出来的。

第三,形象思维的典型性。形象思维是以典型形象概括事物的。如鲁迅笔下的阿Q,就是从千万个同类人物中概括出来的典型形象;再如深圳模式,就是关于经济特区典型形象的概括。深圳模式不是原始感性的东西,而是经过一定程度加工的形象思维成果。因此,这种认识不是停留在个别事物的表面现象上,而是运用概括方法把握同类事物的共同特征。可见,形象思维是用概括典型性的形象来把握事物的特征和本质的。

第四,形象思维的联系发展性。形象思维作为一种理性认识,区别于感性认识的一个重要特征,即在于它不是静止、孤立、片面的,而是联系、发展的。生物学家建立的系谱树形象,就是依据不同历史时期的生物标本及其化石,从低级到高级,从简单到复杂建立起生物进化的联系发展的图景。

二、形象思维的普遍应用

形象思维的普遍应用,是指形象思维存在于一切实践主体的思维活动中,也就是说"形象思维人皆有之"。生产实践者、社会关系实践者、科学实践者以及从事精神产品生产的人都在把握、运用着形象思维方式。

第一,从事生产实践的生产者把握和运用着形象思维。生产实践者在生产实践活动中自觉地把握和运用着形象思维。比如:建筑师从观念上把握建筑蓝图到设计建筑图纸,再到按建筑图纸施工,直至建筑成一座漂亮楼房的全过程,就是建筑师把握和运用形象思维的过程。对建筑师这种形象思维的运用,马克思曾经作过生动形象的论述。他指出:"最蹩脚的建筑师从一开始就比最灵巧的蜜蜂高明的地方,是他在用蜂蜡建筑蜂房以前,已经在自己的头脑中把它建成了。劳动过程结束时得到的结果,在这个过程开始时就已经在劳动者的表象中存在着,即已经观念地存在着。"

第二,从事社会关系实践的实践者把握和运用着形象思维。比如:建立社会主义市场经济体制,是人类前所未有的伟大事业,属于社会关系实践活动。对于这项开拓性的社会关系实践活动,在没有经验可以借鉴的情况下,只有进行探索,在探索过程中形象思维发挥出独创性的功能。伟大的探索者邓小平同志把握和运用形象思维方式,提出建立经济特区特别是创建深圳特区的设想,并把深圳经济特区办成了具有社会主义市场经济体制的模式——"深圳模式"。

第三,从事科学实践的探索者把握和运用着形象思维。比如:科学家富兰克林在继承前人研究成果的基础上,发挥自己的聪明才智,天才般地发现了电,并把电设想成像水一样的"电流体。"可见,电的发现是离不开形象思维的作用的。类似于这种情况的科学发现,在科学史上不胜枚举。

第四,从事精神产品的生产者把握和运用着形象思维。比如:齐白石笔下的"虾",鲁迅笔下的"阿Q"和"祥林嫂"等的创作都离不开形象思维的参与,这些艺术家和文学家正是把握和运用形象思维方式才创作出了这些不朽的艺术形象。同样,哲学家在运用抽象思维方式的同时,也把握和运用着形象思维。马克思在创作《资本论》时,就插入许多文学故事,其中文学引语就达 3 000 多个,这些都是运用形象思维方式的体现。

三、形象思维在口才上的应用

(一)想象和联想会为语言插上翅膀,会给口才平添乐趣

其实所谓天才,往往就在于他们有一双想象力的翅膀,能冲破传统思维的束缚,能走得更高更远。从口才角度来说,如果拥有丰富的想象力,语言将会极大丰富,让人听来兴味盎然,生动活泼。

有这样一个问题:"珍珠是什么?"

在贵妇人眼里,珍珠是情人温柔的眼光。

在化学家眼里,珍珠是磷酸盐和磷酸钙的化合物。

在诗人眼里,珍珠是大海的泪水。

在生物学家眼里,珍珠是贝壳类动物的分泌物。

通过对照上面四组答案,从事物的客观性上来说,化学家和生物学家的回答更精确,然而他们的回答是一种共性的回答,不具备独特的形象性。贵妇人与诗人则相反,

他们不会去关心珍珠的化学成分与来源,他们的回答以眼光和泪水作为思维的形象物,极具个性化和感情色彩,类似这样的讲话在社交场合肯定会更受欢迎。

(二)充满想象和联想的语言易被听众接受

口才功底深厚的人,善于在讲话的过程中通过形象的取舍、改造、夸张、生发、虚构、连缀等思维运动,让自己的话沉浸在创造性的想象和联想世界之中,使听众沿着自己的描绘进入想象和联想的空间,从而被感染、被激动。讲话时如果把一个想法、一个观点转化为极具感情色彩的鲜明形象,用带有视觉映像的语言说出来,听者立刻就会在头脑中形成那个映象,从而心甘情愿地接受你的思想。比如,讲到当代人应该充分认识资源的丰富性和保护资源的重要性时,如设计这样一个问题:用一根草、一棵树、一座山、一条河、一座桥,任意组合,可以构成多少不同的画面?谁都不能将这种组合说穷尽,于是大家也就会想到资源的多样性和可再造性,重视资源保护的思想也就树立起来了。民间流传下来的谚语常常是由想象出来的具象画面为材料说明道理的。如:"众人拾柴火焰高""水滴石穿""烈火见真金"等,都是形象感强、通俗易懂而又隐含着哲理的形象化语言。

讲话者在运用形象思维过程中,不但可以调动自己及听众的视觉,看见描述的形象,还可以调动自己及听众的听觉、嗅觉、味觉等一切感觉,让自己和听众听到声音,闻到气味,尝到味道,从而最大限度地感染听众,使自己的讲话给人留下深刻的印象。这种感受正如作家进行文学创作时一样。法国作家福楼拜在写包法利夫人服毒自杀时,仿佛自己嘴里都有砒霜味;契诃夫写小说《草原》时,"觉得四周弥漫着夏天和草原的香气"。高尔基曾经总结过形象思维的规律,他说:"文学家的工作也许比专门学者,例如运动学家的工作更为困难。科学工作者在研究公羊的时候,没有必要把自己想象为一只公羊,但是文学家,虽然是慷慨的,却必须把自己想象成是吝啬鬼;虽然是毫不贪婪的,却必须想象自己是一个贪婪的守财奴;虽然是意志薄弱的,却必须让人信服地描写出一个意志坚强的人。"

(三)富有想象和联想的形象化口才会在重要时刻起到关键作用

德国女数学家爱米·诺德获得博士学位后,还不能立即开课,因为她还没有讲师资格,但其学识和才华受到了从事广义相对论研究的希尔伯教授的赏识。

在一次教授会上,为爱米·诺德是否能成为讲师发生了一场争论。一位教授激动地说:

"怎么能让女人当讲师呢?如果她做了讲师,以后就要成为教授,甚至进入大学评议会。难道能允许一个女人进入大学最高学术机构吗?"

希尔伯教授反驳道:

"先生们,候选人的性别绝不应该成为评选讲师的标准,我请先生们注意,大学评议会,绝不是男澡堂子。"

话音刚落,所有的教授都哄然大笑,一致举手通过了爱米·诺德的讲师资格。

想象力会带来形象化的语言,希尔伯教授就是用极形象化的语言揭示了对方观点的荒谬性,使它不战自败。我们从中可以看出,形象化语言在口才中的作用不只是增强语言效果,带来鲜明、生动的气息,也是反驳论敌的利器。

四、形象思维的口才技巧

想象力是寄托在心灵里的,具有超越客观现实的幻想能力,它对难以置信的事物永远感到新奇,并把它作为可能的事物加以描写,就像儒勒·凡尔纳写的《海底两万里》和他所有的小说那样,一次次地把读者带进充满想象力的未知世界里。而联想常常建立在想象世界实现后对客观事物的连锁式反应中,通过主观色彩来描述对客观事物的新认识。一个有良好口才的人,特别需要形象思维能力,需要想象力和联想能力。

(一)想象和联想的规则

所有游戏都要有一个规则,最简单的如小孩"过家家",有具体的角色分派,有简单的情节,这也就构成了异于日常生活情境的游戏场景。儿童凭借虚构与想象力来维持这个游戏的进行,扮演爸爸的要打扮演儿子的人的屁股,扮演儿子的无法抵抗,因为他违背规则就意味着游戏的失败。发挥想象力,需要运用假设规则。说话时要始终遵守这个规则,即将听众引导到你所设定的虚构情景之中,使他们按照你的想象和联想的思路逐步接受你的语言。

在讲童话时,我们往往抽掉时间空间这些具体的因素,"从前,在遥远的地方……""很久很久以前,在大森林里住着一个……"讲到这句话的时候,童话中的契约关系就建立起来了,它预示着这里不是真的,只是童话而已。它唯一的法则就是它的语法规则,不能容忍任何破坏,这是口才中发挥想象力首先要遵守的。也就是说,口中说出的虽然是虚构的故事,但在讲时必须完全当真,要如同说真话一样规范地使用语法。正因如此,我们可以相信安徒生笔下变成癞蛤蟆的少女,变成天鹅的兄弟和变成女人的美人鱼等这些故事,在听人讲述时,仿佛置身其中,为主人公的悲喜而悲喜,为那些神奇美妙的世界而激动不已。由此可见,遵循想象和联想的规则才能使你的表达既引人入胜又不致让人觉得远离现实,虚无缥缈。

(二)想象和联想的时空特点

在现实中,每个人都生活在特定的时空范围内,而我们在给人讲故事或讲事情的时候,为了达到特定的效果,可以运用想象和联想,打破时空限制,过去、现在、将来,天上、地下、人间,在不同的时空维度间任意穿梭,从而令讲话引人入胜,让听众乐于听,乐于接受。许多善于讲故事的老人之所以能将故事讲得让人流连忘返,百听不厌,重要的一点就是他们善于将想象与联想能力运用到口头表达中。穿越时空的表述,令人产生无尽的联想,不过需要说明的是,在讲到某一个特定的时间或空间时,必须先做声明,告诉听众你将要讲的是什么时间、什么地点,否则就会使听众感到混乱,难以理解。

下面我们分析一段故事的时空关系。

某朝的一个书生,是科举落第者,但他自视甚高,经常怨天尤人。(过去时,人间)

然而奇迹发生了,众神注意到他的怨诉,并说将委托他掌管阴曹。(无时序,天上)

此人戴上书生的冠帽,如同法官,走向阴曹,阴曹里的低级官吏在他面前列队相迎。(无时序,地下)

这个名落孙山者坐上王位——他竟然是办案能手。他审查阴曹的官吏并意识到他们的无能。他从呈上的案卷中挑出几百年间争论不休的疑案。有汉代的吕后、韩信等,他判他们投世做人,在由他安置的人物关系下报仇。(过去时,无时序,将来时,地下)

书生判案后返回人间,富贵一生。(现在时,人间)

客观地说,故事本身在语言上乏善可陈,并无突出的特色。然而,人们在看完第一段话后还想继续看下去,直到看完,原因即在于故事的叙述者充分运用了想象和联想突破时空限制的特点,在不同时空中穿梭游荡,给人以新奇感、神秘感,从而激发了读者的兴趣。

(三) 想象和联想的角度技巧

想象和联想来源于对生活不同角度的观察,建立想象和联想的根本在于多从不同的角度看待和表述事物,打破凝固的、一成不变的现实逻辑。

如果某人有一只大鼻子,你能从多少个角度去描绘它呢?

挑战的口气:"我,先生呵,我如果有这鼻子,非立刻割掉不可!"

友谊的口气:"你喝酒的时候,它一定会浸在酒里,你得预备一只大杯子吧?"

描摹的口气:"这真是一块儿岩石!……一座山峰!……一个海角!……岂止是海角,简直是一个半岛!"

好奇的口气:"这个大窟窿?有什么用处呀,当墨水缸用?还是当剪子套用?"

温雅的口气:"你竟这样溺爱小鸟,以至在脸上专为它们的小爪子预备了一个架子?"

粗俗的口气:"这样的东西,先生啊,你抽烟的时候,烟从那儿冒出来,邻居不会惊叫烟囱失火吗?"

警告的口气:"小心呵!你头部的重心在前面,一定要向前扑倒了!"

讨好的口气:"你弄一把小洋伞给它吧,不要把它的颜色晒焦了!"

学究的口气:"先生啊!畜生中只有古人叫作四不像的怪兽,在额下这堆骨头上,才会有那么多肉。"

放肆的口气:"怎么,朋友呵,这种钩子很时髦,挂挂帽子倒很便当呢!"

咬文嚼字的口气:"除掉大西北风,没有旁的风可以使你的那大鼻子全部伤风。"

悲剧家的口气:"它流起鼻血来简直就是红海!"

羡慕的口气:"对卖香水的人来说,这是多么好的一大块招牌!"

抒情诗人的口气:"是海螺吗?还是吹海螺的海神?"

天真的口气:"这个纪念塔什么时候我可以上去参观呢?"

恭敬的口气:"请允许我向你致敬,像你这样的门第,才称得起是高楼大厦!"

乡民的口气:"喂!看啊!这是鼻子吗?不是!是一个大萝卜,要不就是一个西瓜!"

军队的口气:"快向马队瞄准呀!"

实用的口气:"把它放在摇彩的奖品中,一定算得一个头号奖了。"

末了,还可以痛哭流涕地说:"啊!这件东西,破坏了主人五官的和谐,它这叛逆!也还不羞得脸红吗?"

这是罗斯丹在他创作的话剧《西哈诺》里,由诗人、剑客、大鼻子情圣西哈诺说出的,描绘他鼻子的一段台词。我相信所有人看完这段话后都会觉得眼花缭乱,作者的想象和联想竟丰富到这样的地步,只一个鼻子,就可足足从20个角度去描绘,让人听来难以忘记,拍案叫绝。这也从侧面说明了想象和联想对于口才的文化素质的要求。

口才的形象思维训练

1.生命是什么?请用形象的比喻来说明这个问题,以下是四个例子。

A.生命如同烹调菜肴一样,菜肴的味道完全取决于调料的齐备和对火候的把握,你可以按照固定不变的食谱来烹调,也不妨由你自己自由发挥。

B.生命如同一串散乱的念珠,随便你怎样串联组合,都能够变得五光十色。

C.生命如同一只顽皮的卷毛狗,不断地在充满防火栓的街道上寻寻觅觅。

D.生命是一座你找不到出口的迷宫。

答案分析:这四种答案都属于对人生隐喻式的描绘,把具体生活感受汇聚起来,寻找到可以表述的意象语言,这是锻炼口才联想力的一种有效办法。

2.下面是"皮格马利翁效应"的训练方法,也是目前世界上训练想象力最具权威的一种方法。它追求想象力对人所产生的美好改变。

"皮格马利翁"是古代希腊神话中的一个人物,他深深地爱上了一座自己雕刻的完美雕像,最终使得雕像变成了活人。一个人期望自己成为什么样的人,也就有可能成为那样的人,这种现象被称为"皮格马利翁效应"。做这种训练时,首先设想出一个完美的理想人物,然后设想自己时时刻刻在模仿这个榜样,以便在潜意识中对其留下深刻印象,影响并逐步改变自己日常的思维惯性。

下面是具体的训练方法。

(1)想象一位完美人物的形象,他栩栩如生地站立在你面前。说出他的面孔、发型、微笑的样子,他的身高、体态、举止,他讲话的速度、音质和手势等,讲得越详细越逼真越好。

(2)想象这位理想人物的品质和能力,说出他道德高尚、举止优雅、才能超群之处,以及具有所有你希望得到的品质和能力。要通过具体形象的描绘来设想理想人物这类抽象的品质。

3.结合现实情况用形象化的口语描述一下你的单位,下面是几个人说出的答案,可用以参照。

A.我们的公司像巨人的身体:行政部门是内脏,经理是决定政策的头脑,购销部门是嘴巴,科技人员是人体的骨骼,而研究发展部门则是生殖系统。

B.我们单位就像一艘古代的木船,有的人用全力划桨,有的人则三心二意地划桨,有的人袖手旁观,根本不划桨,还有人随时准备跳水游到别的船上去。我们的船长则是根据船后面的航迹来掌握将来的方向。

C.在我们单位工作,就像作一场噩梦,虽然很想从梦中醒来,但却因为还没有睡够,只好让噩梦持续下去。

D.我们公司如同一艘油轮,巨大而有力,只是运行速度太缓慢,而且航向一旦确定,就几乎难以改变。

4.语言训练游戏——停下你的脚步

形象思维的训练,重要的是要重视对观察力的培养。日常生活中,你有没有对眼前的事物有过仔细地观察和判断?你有没有停下脚步看看你身边的风景?有没有忽略了你身边的人或事?而由于这些不经意的忽略,是否让你失去了很多生活中美好的东西呢?

游戏规则和程序

(1)训练者可以问另一名训练者,你是否可以借用一下他的手表(也可以是手机,下面的题目相应改变)。

(2)然后跟他说,你想试试他的记忆力,让他关于自己的表回答几个问题:

①这块表是什么牌子的?

②表盘是什么颜色的?

③上面的12个数字是何形状?

④有没有日期和星期的显示?

⑤有没有秒针呢?

(3)看看他能有几个问题回答正确,并问一下在场的所有训练者,如果让他们做这个游戏,他们中有多少人能够回答正确。

相关讨论

(1)你们当中有多少人能够清楚地回答出这些问题?这些人都有着什么样的共性?

(2)在日常生活中,你是一个观察入微的人吗?请举例分析自己的观察能力。

总结

(1)你是否会有这样的一种感觉,明明很熟悉的东西原来自己并不知道它的真实相貌如何;明明很熟悉的一条路,但让你为别人指路,你却不知道如何描述。这些都是我们忽略了眼前的风景的结果。

(2)在生活中,时常地停下来享受一下生命,你会发现生命原来很美好;停下来关心一下你的家人,你会被这份亲情所感动;停下来审视一下你的工作与同事,你会发现原来工作并不讨厌,你的同事也不是那样面目可憎;停一下,你就会发现一切全不一样了。

第 11 章

比较思维与口才

假如一个人能见出当下显而易见之异,譬如,能区别一支笔和一个骆驼,则我们不会说这个人有了不起的聪明;同样另一方面,一个人能比较两个近似的东西,如橡树与槐树,或寺院与教堂,而知其相似,我们不能说他有很高的比较能力。我们所要求的是,要看出异中之同,或同中之异。

———— ● 黑格尔 ● ————

两则相似的故事

中国唐朝杜荀鹤在《松窗杂记》中记载的一则故事与古希腊神话中关于皮格玛利翁的故事如出一辙。故事说,一位名叫赵颜的进士在一位画家那里看到了一幅画,画上是一位容颜美丽的女子,他看得入了迷,就对画家说:"这样美的人世上再没有第二个,要能娶她为妻就好了。"画家说:"如果你有此诚心,就能成功。我这画是神画,画上的女郎叫真真,你可带回家去,白天黑夜叫她的名字,一刻也不要停,待到一百天满了,她就会应声而下。然后你就拿从百家取来的绿灰和酒给她喝下,她就活了。"赵颜买了这幅画,回家后照此办理,真真果然活了。赵颜大喜过望,和她结为夫妇,一年后还生了儿子。

皮格玛利翁是古希腊神话中的塞浦路斯王,也是一位技艺高超的雕刻家。他厌恶女性的浪荡,一生不近女色,只醉心于自己的艺术,但却不知不觉地迷恋上自己雕成的一尊大理石少女像。在爱神阿佛洛狄忒的帮助下,这尊雕像获得了生命,变成了一个楚楚动人的女子,名叫加拉蒂亚,与皮格玛利翁结为夫妇,

> 并生了一个女儿。
>
> 通过比较,我们会发现这两则故事在结构、情节上都有很多相似之处,这样比较着加以阅读,会给我们带来全新的阅读享受。

一、比较思维及其特征

比较,是人类思维的基本方法之一。比较思维是认识主体比较、探究事物属性、特征和本质的思想工具,是确定对象之间差异点和共同点的认识方法。比较思维是人们用来鉴别事物的优劣真伪、高低上下,以便更好、更全面地把握事物的一种方法。世间万事万物,所谓好坏之分,良莠之别,都是比较的结果。有比较才有鉴别。"货比三家","不怕不识货,就怕货比货",讲的都是比较思维的意义。

比较思维的特征有如下方面:

(一)跨越性与开放性

比较思维是一个巨大的、不断充实的开放体系。比较是在两个或两个以上的事物中进行的,这就要求比较思维能打开所有的界限,用最开放的视野在大千世界里寻找可比的对象。它可以跨越所有的学科,不受时间、空间、类别、价值以及标准的限制,无论自然科学、社会科学还是哲学,世间万物都可存在于比较思维的关照之中。比较思维是没有边际没有障碍的,因而也是最开放的。

(二)兼容并包性

由于比较思维的开放性,也就使这种思维方式最具有包容性。在运用比较方法认识事物的过程中,通过依靠各种分析法,如系统归纳、审美评论、历史考据、哲学反思、社会调查等方法,从而迅速接纳新思维、新观念,在比较各家各派的多种新成果的基础上取其精华,去其糟粕,为己所用。在人类知识不断更新的今天,比较思维无疑具有相当大的优越性。

(三)可比性

比较思维对象的选择标准是其可比性,即两个或两个以上的对象之间是否确实具有运用比较思维的可能和价值。如果对象之间根本没有任何比较的可能性和比较的价值,没有可比性,那么,比较思维就如同是建立在沙丘上的大厦,本身就没有存在的必要了。当肯定了比较对象的可比性后,如何发现和发掘可比性,即寻找到可比的原则或标准,就成为比较思维运用成功与否的条件。可见,可比性是关系到比较思维能否正常进行并取得效果的关键。

二、比较思维的普遍应用

比较思维方法在对事物进行鉴别分析、见微知著、追踪索迹、逻辑判断方面,发挥着特殊的作用。

第一,比较思维方法是对事物进行定性鉴别和定量分析的思想工具。如:光谱分析方法就是运用比较思维方法通过光谱的比较来确定被测物体的化学成分及其含量。现代科学运用光谱分析方法发现,其他天体和地球都是由同样的化学元素构成的。

第二,比较思维方法是揭示出人们不易觉察的事物运动和变化的思想工具。如:美国天文学家董波由海王星的运动寻找到新的行星冥王星的过程,就是运用比较思维方法的过程。

第三,比较思维方法是从事实和理论的矛盾分析中做出科学的逻辑判断的思想工具。在科学研究中,成功的研究者要善于运用比较思维方法将探究的客观事实同理论进行比较,以发现相互间的冲突、矛盾,进而获得新知。

第四,比较思维方法是探索事物的历史渊源和确定事物发展的历史顺序的思想工具。如:运用历史比较法,根据具有共同特征的事物具有共同起源的道理,可以追溯某些事物的历史渊源;根据差异性较大的事物在时间上较远、差异性较小的事物在时间上较近的道理,确定某些事物的历史渊源和历史顺序。

三、比较思维在口才上的应用

(一)运用比较,突出特色

在讲话中,将自己想表述的内容与既有的、为大家所熟悉的事物加以比较,不仅能使听众更易于理解,而且能使听众易于接受、留下深刻的印象。不过要记住,在比较中主要为的是突出自己所要表达的观点、意见或自己所宣传的东西的特点、特色,而不是为了强调自己宣扬的东西比比较对象要好,这样听众才更乐于接受。

看下面这个例子。

七喜汽水诞生之后,可谓生不逢时,因为可口可乐、百事可乐等品牌几乎占有了美国软饮料市场80%以上的份额。当时,头号强手可口可乐的广告语霸气十足:"只有可口可乐才是真正的可乐!"默默无闻的七喜该怎样应对呢?如果简单的模仿,喊出类似的"只有七喜才是真正的饮料",只能弄巧成拙,成为笑料。七喜公司老板发动员工群策群力策划广告语,但大都停留在自卖自夸的思维惯性之中,没有突出创意,不利于达到宣传效果。终于,有人把七喜汽水与可口可乐进行比较,抓准了可乐与汽水的区别(至于是否真的存在这种区别,暂且不论),喊出了七喜的广告语:"软饮料分为两类,一类叫可乐型,另一类叫非可乐型,在可乐型饮料中,可口可乐领先;在非可乐型饮料中,七喜汽水领先!"这一口号就从观念上把现有软饮料市场分成不相等的两块,使七喜汽水跻身于饮料市场之中,致使后来不少老人、儿童以及不喜欢可乐味道的消费者倒向了七喜汽水,很快,七喜就占有了美国软饮料市场的相当份额。

(二)寻找差异,显现特点(求异视角)

由于每一个具体事物都具有多方面的属性,因而任何事物之间都不可能完全相同,都有或多或少的差异点。所谓求异视角,就是寻找到常常被人忽略的、认为"完全相同""毫无二致"的事物的差异点,从而突显出自身的特点。

我们来看这样一个例子。

香港有一家黏合剂商店,推出一种新型的"强力万能胶"。店主想为这种胶做广告,但他明白,如果像其他"万能胶"的广告一样,只是一味地宣传这种胶粘得如何如何牢固,是难以引起人们注意的。于是,店主把一枚价值数千元的金币用这种胶粘在门口的墙上,并告示说,谁能用手把这枚金币抠下来,这枚金币就奉送他。这个小小的"广告"引来了许多人尝试和围观,结果没有一个人能抠下那块金币。

这位黏合剂商店的老板在这里采用了两种"求异视角",一是抓住自己产品的特异性(粘东西特别牢固),二是抓住广告形式的特异性(利用人们的贪便宜心理),因而取得了很大的成功。

将求异视角运用到语言上,往往能收到意想不到的效果。如一些厂家在宣传自己产品的广告语中,不是一味吹嘘自己产品的优良品质,而是故意暴露产品的某些"缺陷",以给人留下十分深刻的印象,有力地宣传自己的产品。

如一家电脑商的广告语是:"这部电脑的唯一缺点是不能为您冲咖啡。"另一家冰箱厂也别具一格地打出了这样的广告语:我们的冰箱只有一个不是——那不是冰箱。人们听后,先是惊愕,以为是自揭其短,继而是大笑,觉得妙不可言。把握差异性,的确大大激活了语言的丰富性和表现力。

(三)注意相同或相似性(求同视角)

我们知道,世界上没有两片完全相同的树叶,但也没有两片完全不同的树叶,任何两种事物或者观念之间,都有着或多或少的相同点。思维中如若抓住了这些相同点,便能够把千差万别的事物联系起来思考,从而发现新创意。

在普通人的眼里,桌子和椅子当然有很多相同点,一眼就能看出来。但是,一只猫和一台电冰箱之间呢?有没有共同点?这就需要动一番脑筋了。其实,猫与电冰箱之间的相似之处有很多,比如,它们表面都有某种颜色,内部都有一个能"装鱼的地方",后边都拖着一条"尾巴",等等。找到事物的共同点,往往就能够把不同的事物组合起来。在一般情况下,组合之后的事物,所产生的功能和效益,并不等于原先几种事物的简单相加,而是成倍地增加。因为在组合过程中,整个事物已经具有新的性质和功能,而不只是原有的性质和功能的简单相加。

需说明的是,现实生活中,"求同视角"和"求异视角"是经常同时运用的。我们经常讲的"广泛征求意见",就包含了"求同存异"的含义,即把各种意见经过我们头脑的加工,比较其中的异同,最后得到一种综合的结论。美国总统罗斯福在执政期间,每当遇到重大问题时,总是把自己的一个助手叫来,告诉助手说:"请你独自研究一下这个问题,要注意保密。"然后,罗斯福又分别找来其他几个助手,对每个人都如此吩咐一番。最后,每个助手都把自己的研究结果呈报给他,他对这些结果加以比较综合后,再做出最终的决策。

口才的比较思维训练

1. "东西越用越少,学问越学越多",这句谚语运用比较思维阐述了一个深刻的道理,请你运用相同的方法,设计一段话。

2. 请用比较思维的"求同、求异视角"为下列观点寻找理由,不需要真凭实据,找得越多越好。

(1)吸烟有害健康;

(2)看报纸能长见识;

(3)父母不应该再婚;

(4)孩子不应该从小就接受艺术教育;

(5)离婚是个人问题;

(6)养老是社会问题;

(7)妇女在家庭中的义务不应该只是为家人服务;

(8)孩子长大后要离开父母;

(9)经历是财富;

(10)逆境才能造就人才。

第 12 章

创意思维与口才

> 发展独立思考和独立判断的一般能力,应当始终放在首位,而不应当把获得专业知识放在首位。
> ——● 爱因斯坦 ●——

> **苏秦与张仪的创意**
>
> 战国时期鬼谷子有两个杰出的学生,一个是苏秦,另一个是张仪,他们皆身无分文,仅凭三寸不烂之舌四处游说,分别提出了"合纵""连横"的构想。面对当时的形势,苏秦各国奔走,口沫四溅,纵横捭阖,以"合纵"主张身佩六国的相印,左右当时的天下形势10多年。苏秦死后,张仪又是凭着高超的口才技巧,以天下为舞台,以"连横"创意游说秦王,为秦国剪灭六国、统一天下打下了坚实的基础,从而影响了中国几千年的历史进程。

一、创意思维及其特征

"创意"是一个外来词语,其含义是"具有创造性意念",创意思维就是"具有创造性意念的思维方式"。

创意思维的大师德波诺曾界定了创意思维的三条基本特征。

(一) 无穷多的数量

创意的素材遍地都是,创新的机会唾手可得。当我们的头脑思考问题的时候,面临着无穷多的可供思考的对象。

如果你在考虑处理一件事时,只想到一个办法的话,那么这个办法往往是最危险的一个,因为它是你思维障碍的产物,即所谓的"没有办法的办法",所以,当你遇到这种情况时,绝不可以贸然行事。有一句谚语说:"条条大路通罗马",说的就是思维会有无穷多的数量。

这样一个简单的道理,为什么许多人认识不到呢?在很多人眼中,这个世界上绝大部分的东西都已经完美无缺、没有改进的必要了。他们认为,椅子就是椅子,说椅子就不必考虑桌子的问题。当我们能够打破这种狭隘的目光,而把更多的事物和现象纳入我们思维中的时候,新奇的创意便会自然地浮现出来。

请记住:客观对象无穷无尽,创意思维也就不会枯竭。

(二)无穷多的属性

有一位德国的哲学家,名叫莱布尼茨,据说他曾给当时的国王讲科学。莱布尼茨说:

"世界上没有两片完全相同的树叶。"

国王不相信,就让宫女们到后花园去找"两片完全相同的树叶"。结果不用说,宫女们找了半天,一个个空手而回。

别看一片小小的树叶,如果细细考虑起来,它所具有的属性同样是无穷的:长短、宽窄、厚薄、色彩的浓淡、边缘的锯齿形状、中间的脉络走向……其中每一种属性都可以再细分出许多种。要想找出其各自无穷多的属性完全吻合的两片树叶,显然是办不到的。

树叶是这样,每一件事物、每一种现实问题也是这样。然而遗憾的是,我们的思维经常受到各种因素的约束,对同一种事物和现象只能够看到它的一种或少数几种属性,并且以此为满足。在思考问题时,我们常常对某个问题能够找到一种答案就以为万事大吉了,不愿意或根本就想不到去寻找第二种乃至更多的解决方案。

(三)无穷多的变化

古希腊的辩证学家赫拉克利特说过:任何人都无法两次踏进同一条河流。

也就是说,把握了事物的变化,也就把握了创新的机会。

还是那位莱布尼茨,给国王讲了"世界上没有两片完全相同的树叶"之后,接着又讲了第二个论点:

"世界上没有两片完全不同的树叶"。

国王还是不相信,又让宫女们到后花园去找,结果仍然一无所获。其实道理很简单,每片树叶各自都有无穷多的属性,每种属性各有自己不同特点的同时,又会与另一树叶的相关属性产生共同点。

这样看起来,一片简简单单的树叶,便具有无穷多的变化,同样,世间的其他事物莫不如此。认识到这一点，对于开发我们的创新思维大有益处。

二、创意口才技巧

言语交锋碰撞摩擦出的火花是酿造新思想、打破惯性思维的车间，是形成重大创意的摇篮。

毫无疑问，思维是口才的基础，口才是思维的表达，没有创意思维的人，是无从谈起"创意口才"的。法国大文豪罗曼·罗兰说过："创意是历史永远有效的契机。"在口才领域里，创意是一个重要的动力。说话为什么要有新意？一是为了所说的信息有价值，二是为了所说的话题有魅力。世界上没有两片完全相同的树叶，因为大自然不喜欢雷同和重复。

那么，在施展口才的过程中，我们如何才能有效地利用创意思维的三种属性，形成创意口才呢？

面对着外界的"无穷多"，首要的任务就是使自己从单一思维模式里挣脱出来，使用多种思维方法，调动多个视角来面对无穷多的事物。以下重点介绍逆向思维、发散思维、质疑思维三种思维方式的运用及其带来的创意口才。

（一）逆向思维的运用

逆向思维，又称反向思维，是与常人思维方式相反的一种思维方式。它是指当遇到复杂问题时，要打破常规和固有的思维模式，从相反的、截然对立的角度去思考和探索问题。

1.肯定视角。创意口才中的逆向思维，最重要的就是运用肯定视角讲话。如果多数人对某一事物持否定意见，那么逆向思维就要求你对这一事物持肯定意见，这就是肯定视角。多数情况下，人们习惯于对不好的事情大张挞伐，而很少去思考它们当中是否也蕴含着积极、有益的因素。如果你能发现坏事情中好的一面，把它说出来，会让人觉得你的话深刻、全面而有创意。

事实上，任何一件失败的事，只需转换一下视角，就会发现其并不是毫无价值的。每一次失败或错误之中都包含着经验或教训，这些经验或教训能使人下次不再犯同类错误，引导人们走向成功。

有一次，美国富豪洛克菲勒的合伙人贝德福德在南美洲投资失败，损失了100多万美元。洛克菲勒了解到情况后，不仅没抱怨他，反而以赞扬的口吻说："干得不错，如果是我，说不定损失得更多！"这就是用肯定视角思考失败的逆向思维方式。

生活中只要我们用心，就能从任何一件事情中找到其中的正面含义和积极因素，因为事物都存在两面性，都包含一分为二的辩证法，关键在于头脑中要有这种意识。

例如,2003年四五月间北京防"非典"时期,出现了许多"非典幽默",其中对"非典"的"肯定视角"认识降低了人们对"非典"的恐惧,也使人们对这场突如其来的灾难有了更全面的认识。"肯定视角"告诉我们,"非典"的流行也有它积极的一面,如大家都注意个人卫生了,洗手的习惯养成了;因为"非典"的原因,春季流行的感冒、肠炎等常见病反而减少了;医护人员的社会地位明显提高了;国药的地位空前提高;许多生产口罩、消毒液及卫生用品的厂家得救了;公共场所的卫生状况得到了改善;野生动物生存权得到了保护,没多少人敢拿它们去宴请宾客了;很多单位放假了,盼了多年的带薪长假实现了;公款旅游消费大大减少了;交通状况改善了;电视收视率提高了……

2.否定视角。创意口才的"否定视角"与"肯定视角"相反,否定,也可以理解为"反向"的意思,就是从反面和对立面来谈论一个事物,把事物或观念认定为错误的、坏的、有害的、无价值的,并在这种视角的支配下寻找这个事物或者观念的错误、危害、失败、缺陷之类的负面价值。

把事情从反面来考虑,或者颠倒过来考虑,会促使我们产生意想不到的创意。

对于某些习惯的说法同样可以采用"否定视角",并且能够发现不少"反之亦然"的例子。比如:

你说"人多力量大";他说"人少力量大"。

你说"有志者事竟成";他说"有心栽花花不开"。

你说"失败乃成功之母";他说"成功乃成功之母"。

你说"逆境出人才";他说"顺境出人才"。

你说"人性是善的";他说"人性是恶的"。

与"肯定视角"一样,"否定视角"的运用也是在特定的场合下才能显示出创意口才的价值。当大家都在指责甚至谩骂某种事物或观念的时候,你再次加以否定就没有什么创意可言,但当人们都在欢呼胜利、庆祝成功的时候,你采用"否定视角",指出事物背后潜伏的危机,这会让人感受到你思想的深刻,这样表达出来的语言自然也是有创意和吸引力的。

面对外界的事物或者观念,如果先用"肯定视角"思考一遍,再用"否定视角"思考一遍,那么我们就能够对该事物或观念有较为深刻的认识和把握,并有可能获得与众不同的新看法。关键在于我们必须养成这种习惯,遇到任何事物,应马上从一正一反不同角度思索两遍。

3.非我视角。"非我视角"是打破"自我视角"的结果,即站在别人的立场上去想问题的思维方式。

只有打破"个人自我"的思维模式即"唯我视角",才能理解别人的观点和行为也同样具有某种程度的合理性。你喜欢打牌,别人并不喜欢;你感到跳迪斯科"有趣",别人却认为那很"无聊";你认为大学教师再穷也不下海经商是"清高",别人看来那是"穷酸";你认为"有钱才能快活",别人认为"没钱照样快活";你信奉"不自由毋宁死",别人却信奉"好死不如赖活着";如此等等。

在双方论辩的时候,不但要"知己",还要"知彼",这样才能稳操胜券。就是说,要站在对方的角度来想问题,然后制定出相应的对策。

从"非我视角"来谈论问题,是一件十分困难的事情。它首先要求我们对于"非我"要有透彻的了解,就像一个演员,必须首先透彻地了解角色,才有可能扮演好这个角色。但是,在现实生活中,"透彻了解"的过程,往往也是"唯我视角"形成的过程,解决这个难题,既需要科学的创意性思维训练,也需要经验和见识的积累。

(二)发散思维的运用

发散思维又称扩散思维、放射思维或分散思维。它是一种要求打破常规,寻求变化,对一个问题在思考的过程中从多方面、多角度探索答案的思维形式。在口才方面,运用发散思维主要有以下角度。

1.往日视角。所谓往日视角,就是考察事物和观念的起源、历史和以往的发展,把握了事物的过去,这样才能更好地思索事物的今天。

今天的事物都是从以往的事物发展而来的。但是,今天和昨天,其间的差别有时大到使人难以相信的地步,很难找到二者还是"同一种事物"的痕迹。

请你想一想周围的事物和观念,沧海变桑田;白云变苍狗;现在已是"陋室空堂"的贫民窟,以前却是"富贾豪宅"的大户人家;现在是"衰草枯杨"的荒凉地,以前却是车水马龙的"歌舞场";今天身穿大红袍、趾高气扬的人物,也许昨天还在披着破棉袄,冻得哆哆嗦嗦……

当我们用往日视角来谈论事物、观念和人生的时候,肯定会别有一番感受,有可能获得新的创意性口才。

2.来日视角。对于面前的事物和观念,只看到它的现在是不够的,还要看到它的未来,这就需要在我们的头脑中建立起"来日视角"。

所谓来日视角,就是思考事物或观念的未来发展,预测它的发展方向和发展道路,并用预测的结果来指导我们今天对待它们的态度。

同样的事物,今天与明天可能会大不相同,判若水火。今天争相抢购的商品,到了明天可能会无人问津;今天红极一时的人物,到了明天可能会黯然失色;今天香飘万里,明天可能会臭不可闻;今天奉若神明,明天可能弃之如敝屣;如此等等。

从某种意义上讲,"往日视角"与"来日视角"并非截然分开,而是合二为一的,可统称为"历史视角"或"发展视角"。因为世界的变化日夜不停,而且是不可逆转的。"今天""昨天"和"明天"的划分只是相对的:"昨天"是过去了的"今天","明天"是即将到来的"今天"。所以王羲之说,"后之视今,亦犹今之视昔"。

我们的身体和行动无法超出"今天",但是我们的头脑却不受这种束缚,可以追溯过去,也能够展望未来。在一定的时间之内,我们应该在头脑中跳出"今天",多说明天,或回到"昨天",追溯过去。总之,在今天、明天、昨天之间的跳跃,是为了使我们的思维发散开去,不是停留在一时一地,而是有意去揣测、发现过去、未来的多种可能性,使我们的思想丰富起来。有了这样的思维方式,我们说出话来才会丰富生动、充满创见。

(三)质疑思维的运用

质疑思维就是面对事物的多重性或复杂性,大胆地加以怀疑,提出问题,而不是轻易地相信事物的表面现象或别人得出的结论,要刨根问底,追本溯源,带着疑问思考,直到把事物从里到外,从远到近探究透彻,并产生新的有价值的思维成果为止。要做到这一点,就需要运用质疑思维。在口才方面,运用质疑思维主要有以下角度。

1.假如视角。我们在谈话的过程中,会受到许多因素的制约,不可能无边无际。比如,客观环境、教育背景、生理状况等,都在制约着我们的思维方式和创造力,所以要在谈话中不断打破这些制约,增强头脑的超越性,摆脱具体时空的束缚,最好的办法是向自己提出一系列的"假如",然后试着回答它们。这些超越现实的想法,听起来很荒唐,却往往是孕育创意口才的温床。

电影的发明者路米埃尔兄弟,曾经是一对摄影爱好者,他们在发明电影的过程中,向当时国家组织的摄影家团体申请资金,当时有人质问他们:

"你们究竟想做什么?"

路米埃尔兄弟回答道:"假如胶片会动的话,我是说假如胶片能动,连续不断地形成一段图像的话,那会对我们很有好处。"

那人不以为然地问道:

"仅仅只是假如吗?如果不成功呢?"

路米埃尔兄弟回答道:"假如第一只类人猿不敢设想它能站起来走路的话,那么我们今天还会趴在地上。"

路米埃尔兄弟用以反驳对方的话成为电影史上的名言。他们很好地利用了"假如视角",去说服顽固不化的对手。其实,不论是伟大的发明家,还是成功的演说家,其高明之处往往在于能发现新的改进生活的方法,哪怕这些方法仅仅是个设想,是"假如这样",这也就是所谓创造性的来源。如果我们在面对新事物或新观点的时候,更多地使用"假如视角"去观察它们,评价它们,就会培养出创造性的口才。

2.未必视角。所谓未必视角,是指对那些约定俗成的说法或似是而非的论断敢于提出质疑,不随波逐流,不轻易相信,努力发现事物背后存在的多种可能性。在与对方论辩中,运用未必视角可有效反击对手的论断,取得主动。同时,这种探索事物多种可能性的思维方式,也可使你的讲话深刻、锐利,富于表现力和创新性。

希波克拉底是古希腊的医学之父,有一次,他与某人进行了一场辩论,那人说:
"如果医药能解救人的生命,那么人为什么还得死呢?这说明医药是不起作用的。"

希波克拉底反驳说:
"未必。医药不是长生的符咒,它只为活着的人解除痛苦,如果你认为医药没用的话,你当然可以不就医"。

那人说:
"如果我不就医的话,要医生有什么用呢?"

希波克拉底说:
"你是你自己,其他人未必和你想的一样。"

希波克拉底在这段谈话中,巧妙地使用了"未必视角",他把那种以偏概全、以个人代替所有人的荒谬论点,用一个"未必"就轻而易举地驳倒了。"未必视角"的好处在于使我们发现事物的多种属性,不拘泥于某种成规定论。当我们面对一个观点时,我们要多说几个"未必",不要让自己成为一个随波逐流、人云亦云的人。

口才的创意思维训练

1.请用逆向思维的"肯定视角"思考下列事物和观念,说出它们积极的方面,说出的项目越多越奇特越好。

(1)世界性经济不景气;
(2)公司产品的市场占有率逐年降低;
(3)自己的孩子今天逃学;
(4)自己刚买的一只漂亮花瓶摔碎了;
(5)在商场丢了500元钱;
(6)工厂发生了火灾;
(7)自己碰到车祸受了伤。

2.请用逆向思维的"否定视角"思考下列事物和观念,说出它们消极的方面,说出的项目越多越奇特越好。

(1) 自己的孩子考上了大学；

(2) 自己的工资增加了一倍；

(3) 天下太平,盗贼绝迹；

(4) 日用品价格降低；

(5) 摸奖得了一台洗衣机；

(6) 你从科长被提拔为处长。

3.请用逆向思维的"否定"和"肯定"两种视角,思考下列事物和观念,说出它们的好处和坏处、积极因素和消极因素,说出的项目越多越奇特越好。

(1) 全球性气候变暖；

(2) 拆除所有国家的国界；

(3) 每个人都可以挑选任何一种职业；

(4) 废除所有的死刑；

(5) 全国范围普降大雪；

(6) 你获得了一种魔力,想要什么就有什么；

(7) 学校给小学生发工资；

(8) 各级官员由抽签产生。

4.用逆向思维的"非我视角",思考下列有关个人方面的事物和观念,特别要说出其中的合理性与不合理性,说出的项目越多越好。

(1) 烟酒不是毒品；

(2) 吃生大蒜有好处；

(3) 路见不平,拔刀相助；

(4) 生命诚可贵,爱情价更高。

5.用逆向思维的"非我视角",思考下列有关团体方面的事物和观念,特别要说出其中的合理性与不合理性,说出的项目越多越好。

(1) 少数服从多数；

(2) 自己的职业有值得夸耀的地方；

(3) 逆境出人才；

(4) 经常"跳槽"的人有本事。

6.请想一想做以下事情时该用哪种思维方式,说哪些话,说出的项目越多越奇妙越好。

(1) 让吵闹的孩子安静下来；

(2) 迫使化工厂搬出居民区；

(3)使敌人走进伏击圈;

(4)让朋友主动归还借你的钱。

7.同一种现象可以由无数种原因造成。请调动多种思维方式,说造成出下列现象的各种可能的原因,说出的项目越多越奇特越好。

(1)总经理上班迟到了;

(2)街对面的霓虹灯不亮了;

(3)两个国家突然打起仗来;

(4)盛夏时空调大减价。

8.请用发散思维的"往日视角"思考以下的事物和观念,并不需要寻找真实根据,只需追溯得越遥远越好。

(1)海底的蚌壳;

(2)时间的概念;

(3)钟表的来历;

(4)第一个发财的人是个什么样的人?

(5)神话传说的起源;

(6)人类最古老的谈话方式;

(7)面具的由来;

(8)金字塔的建造过程。

9.请用发散思维的"来日视角"思考以下的事物和观念,不要求拿出真实根据,想得越远越好。

(1)宇宙的最后三分钟;

(2)人类会长生不老;

(3)面对一个会辩论的机器人;

(4)太阳将失去能源;

(5)核战争爆发了;

(6)恐龙再次出现;

(7)孩子不再要学校里的集体式教育。

10.请用质疑思维中的"假如视角"表述下列问题,表述得越奇特越好。

(1)假如我是秦始皇……

(2)假如人类不需要睡眠……

(3)假如每个人都能活到200岁……

(4)假如某些动物比人还聪明……

(5)假如你在镜子里看到自己的两副模样……

(6)假如我们每只手都长着6个手指……

11.请用质疑思维的"未必视角"批驳下列事物或观念,不要求提出真实证据,批驳得越彻底越好。

(1)核战争对人类没有威胁;

(2)自然界的矿产资源取之不尽,用之不竭;

(3)战争是不可避免的;

(4)癌症不可克服;

(5)物价上涨是一件坏事;

(6)多吃水果有益健康。

12.请用创意口才的多种思维技巧,对下面一些问题提出自己独到的观点和看法。

(1)人不为己,天诛地灭;

(2)儒家思想是解救21世纪人类发展的良方;

(3)中国社会缺乏契约精神;

(4)科学是社会进步的唯一源泉;

(5)影视艺术会代替话剧艺术;

(6)艾滋病是病毒问题,不是社会道德问题。

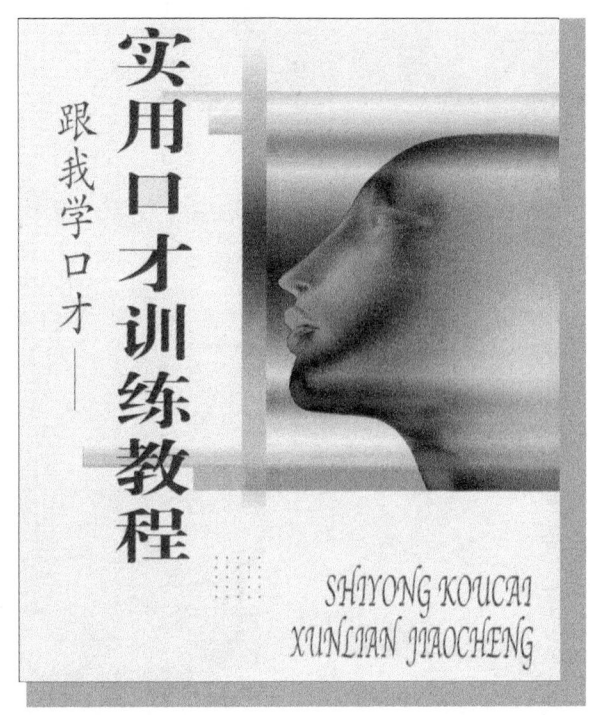

第四篇　口才综合训练

▶ 第13章　演讲训练

▶ 第14章　辩论训练

▶ 第15章　求职、就职、述职训练

第 13 章

演讲训练

演讲的能力是成名的捷径,这种能力使一个人受人瞩目,鹤立鸡群。而一个说话得人心的人,大家对他能力的评价往往超过他真正的才华。

————● 戴尔·卡耐基 ●————

林肯的演讲

1858 年,林肯在竞选美国上议院议员的时候,在伊利诺依州南部地方进行演说。那时,当地人野蛮异常,在公共场所也要腰挂短枪,下插利刃。尤其是蓄养黑奴的奴隶主们,他们平时对废奴主义者就非常仇恨,当然对林肯到此作反对奴隶制的演说,更是恨之入骨,并立下誓言,只要林肯敢来演说,就置他于死地。

但恫吓并没有吓倒林肯。他说:"只要他们给我说几句话的机会,我就可以把他们说服。"

在和当地官员会面后,林肯心平气和地开始了他的演说:"南伊里诺依州的同乡们,肯塔基的同乡们,密苏里的同乡们——听说在场的就有些人要下决心和我作对,我实在不明白为什么要这样做。我也和你们一样是个爽直的平民,我为什么不能和你们一样有发表意见的权利呢?好朋友,我也是从苦难的环境中挣扎出来的。我认识你们,你们认识我应该更清楚一些。如果真的认识了我,你们就知道,我来这里并不想做对你们不利的事。当然,你们也绝不想做出对我不利的事。同乡们,让我们大家以朋友的态度交往。我是立志要在世上

> 做一个最谦和的人。我现在对你们诚恳要求的是,请你们允许我说几句话。你们是勇敢而豪爽的人们,我这个愿望一定不会遭到拒绝吧?现在就让我们诚恳地讨论一下严重的问题,看看如何?"

林肯这几句话竟把即将发生的敌对怒涛转变为大声喝彩。一开始他就力挽狂澜,创造了良好的演说氛围。令人想不到的是,在场的大部分人后来竟成了林肯的朋友,他能当选为总统据说是得到了这帮粗野群众许多热烈的支持。这就是演讲的魅力。

一、演讲的类型与特点

自有演讲开始,就存在着多种多样的演讲类型。有人将演讲分为社会政治演讲、学术演讲、法庭演讲、社会生活演讲和宗教神学演讲五类;有人将演讲分为娱乐性演讲、传授性演讲、说服性演讲和鼓动性演讲四类;还有人将演讲分为叙事性演讲、抒情性演讲和议论性演讲三类。

以下重点介绍前两类分类方法下的演讲。

第一,社会政治演讲。社会政治演讲是针对当前有关社会政治问题、经济问题、文化教育问题、伦理道德问题、风俗习惯问题等所做的公开演讲。这类演讲一般从当前正在发生或即将发生的社会重大事件出发,有针对性地提出社会生活中某一方面的迫切任务,并十分明确地表示要为此项任务的实现而努力。因此,在这类演讲中,常常含有种种建议和鲜明的提示或解决问题的方法,使演讲成为听众行动的指南。例如:在对"三个代表"的宣讲演讲中,用生动的例证讲解各地党组织运用"三个代表"思想带领群众深入改革,走向富裕的过程,就使更多的基层组织找到了前进的方向。这类演讲具有鲜明的思想倾向性、清晰的思维连贯性和强烈的鼓动感召性。

第二,学术演讲。学术演讲是就科学领域中的学术问题进行分析、研究,向相关人员传授或汇报学术研究成果、发表学术见解的演讲。这类演讲应以透彻的论证、严密的逻辑推理、严谨的语言风格及运用必要的专业术语为特点。例如:各学科学会的年会及各种学术讨论会,均给与会者发表学术见解的演讲机会,而讲述的效果如何,主要取决于演讲者对以上要点的把握。一项新的科研成果的传播和应用,很大程度上来自于学术演讲的成功,这种例子是不胜枚举的。

第三,法庭演讲。法庭演讲是演讲艺术中最古老的类型之一,包括检察官的起诉演讲、律师的辩护演讲等。这类演讲在事实清楚的基础上,大多具有评判的性质,并具有以追求道义上和法律上的认定为目的的特点。客观、充分的论据和详尽的旁证,是这类演讲获得成功的必要条件。

第四,社会生活演讲。社会生活演讲主要指祝词、贺词、开幕词、闭幕词、宴会、联谊会上的即兴演讲、祝酒词以及祭文或悼词等。社会生活演讲反映人与人之间一定的社会关系,这些社会关系同时又反映一定的社会生活和早已形成的风俗风尚及民间传统。在这类演讲中,体现出人与人之间的和谐友好,亲密的礼尚往来,相互的鼓励关爱是至关重要的。例如,学校毕业典礼上校长的祝贺演讲,对毕业生的一生都会有积极的影响。再如,一段为某个患绝症的贫困儿童募捐的演讲,在打动听众的同时,又得到了捐款,挽救了绝望中的生命,其演讲的价值是不可估量的。

第五,宗教神学演讲。宗教神学演讲也是一种古老的演讲类型。神父布道是宗教神学演讲的基本形式。以宗教法典为依据,进行宗教知识和伦理道德方面的说教和训诫,这是它的典型特点。

第六,娱乐性演讲。娱乐性演讲也被称为饭后闲谈,主要是给人以轻松愉快之感,听众无须记住演讲者所说的事情。中心议题由一连串幽默话题组成,偶尔也涉及一些现实中的严肃话题。

第七,传授性演讲。传授性演讲也叫讲解性演说,演讲的主题应该是非争议性的,要避免听众与演讲者发生争论。

第八,说服性演讲。说服性演讲是为了说服一些持有反对意见或者态度冷淡的听众赞同自己的观点,因此要特别注意演讲时的感染力,要说服听众,使之最终接受自己的观点。

第九,鼓动性演讲。鼓动性演讲是要激励人们行动起来,说服人们为实现某种信念而奋斗。这类演讲的有效性在于听众与演讲者的观点基本一致,演讲中通常充满非常激动人心的话语。

第十,点评性演讲。点评性演讲是近年来十分常见的演讲活动,多见于电视台专题节目嘉宾对某一话题在现场的口头评论。这些嘉宾多是某一领域的学者或权威人士,他们学识渊博,社会知名度高,口才优秀。他们能在很短的时间里即兴地对同时发生的重大事件或文体表演做出准确的判断和评价,利用他们的专业知识及深刻见解给观众带来启发,使观众获得精神上的愉悦感。

二、演讲的基本特征

演讲主要有现实性、个性化和艺术性等基本特征。

(一) 现实性

演讲的现实性表现在两个方面。一方面,演讲属于现实的社会活动范畴,不属于艺术创作和表演的活动范畴。另一方面,演讲主要不是出于审美的需要,而是主要用于满足现实的需要。演讲的内容大都是现实问题,即使涉及历史的或艺术的某些材料,也是为了解答现实的问题。演讲不朽的生命力就在于它与社会和时代节拍是同步的,是随着人们对演讲的需要应运而生的。演讲者之所以要当众演讲,主要不是以艺术欣赏为目的,而是以解决现实问题为目的。即使一位作家或艺术家登台演讲,他有可能在表达上艺术性较强,但他的行为主要还是现实的宣传教育和自我表现,而不是艺术创作活动。演讲的现实性就是指演讲要始终把握时代脉搏,紧跟时代脚步,捕捉时代气息,在演讲的现实性主题和现实性内容上下功夫,用自己对现实生活的体验和思考向听众传递自己最感兴趣或最关注并对现实最有意义的信息。

纵观历史上那些著名的演讲,无一不是因其强烈的现实意义而名垂青史的。例如,林肯的《葛底斯堡演说》,是闻名于世的伟大演说,文稿早已铸成金字,至今仍存放在牛津大学,成为英语演说的典范,供人们欣赏。它之所以在历史上占有崇高的地位,主要是因为它在当时具有伟大的现实意义。再如,第二次世界大战中,丘吉尔以他铿锵有力的演讲,一次又一次地激励和鼓舞着英国军民乃至全世界人民同仇敌忾,共赴危难。在那最黑暗的年代,年近七旬的丘吉尔用激情洋溢的演讲吹响了自由的号角,力挽狂澜,具有巨大的感召力量。当年瑞典皇家文学院曾这样评价丘吉尔的演说:"丘吉尔成熟的演说,目的敏捷准确,内容壮观动人,犹如一股铸造历史环节的力量。拿破仑的碑铭体宣言十分鼓动人心,但丘吉尔在自由和人性尊重的关键时刻的滔滔不绝的演说,却另有一番动人心魄的魔力。也许他自己正是以这伟大的演说,建立了永垂不朽的丰碑。"丘吉尔演讲中强烈的使命感和时代精神正是演讲现实性的体现。

(二) 个性化

演讲的重要特征是演讲者用自己的话表达自己的意愿,表达自我的思想情感和性格特征,这也是演讲区别于其他当众讲话的本质属性。讲课、做报告、一般的会上发言,大都不是个性化很强的表达方式,也不一定要表现个性,而演讲的内容和表达方式则是需要个性化的,这是演讲的基本风格。

演讲是性格的外化形式,因而不同的演讲家具有不同的演讲风格。列宁的演讲旗帜鲜明、富有鼓动性,像高擎的火炬点燃群众的战斗热情;孙中山的演讲庄重大方、情理交融,既有优雅谦和的文化修养,又有立志救国的革命气概……现实生活中,我们耳闻目睹到的演讲也是因人而异,各有风格:有的激昂顿挫,犹如战鼓催征;有的鞭辟入里,令人警醒;有的娓娓道来,如绵绵细雨,沁人心田;有的旁征博引,引人深思;有的质朴无华,真实感人……总之,一切成功的演讲者无不是用自己的语言表达着自己的意愿,无不打上各自性格的烙印,从而显示出演讲风格的丰富多彩,妙趣横生。

演讲的风格是一个人性格的反映,这就要求演讲者不仅要有出众的口才,而且要有敢想敢说的勇气和独立自主的真知灼见。要么不讲,要讲就要露真心,讲真话。鲁迅说过:"人家开会我绝不去演说。硬要我去,自然也是可以的,但须任凭说我要说的话。否则,我宁可一声不响,算是死尸。"鲁迅就是这样对待演讲的,他绝不"先意承志",为人所用。

此外,在演讲风格上一定要自立门户,自成一家,切忌一味模仿别人,鹦鹉学舌。只有心态坦诚,思考独特,才能讲出自己的真情实感,表现出个性的风采和魅力,使演讲具有感召力和征服力。在演讲中,一定要尽全力表达自己的爱憎、所思所想、所有异于别人的独到见解和个性风格,给听众一个全新的、赤诚的、完整的自我。这些的总和就是演讲的个性化。

(三) 艺术性

既然叫演讲,就不能离开"演"字,就是说演讲不能没有艺术性。演讲中的艺术性不属于艺术创作或表演的范畴,而是一种实用的艺术,如同时装、美食、装饰、园艺等一样,是为了满足某种需要而显示的物质实用艺术。演讲的"演"不同于演艺人员扮演角色或演节目的艺术表演,而是真实自然地表现自己的本色、性格和气质、修养以及思想情感。这里的"演"只是在某些地方借助表演的技巧,将各种技巧与自己的内心感受自然结合,融为一体,使演讲更精彩、更具吸引力。

演讲的艺术性主要表现在:

1.语言运用的艺术性。演讲的语言要求精练、优美和新颖,不能像平常说话那样随便、零散和芜杂。演讲语言的艺术性是在准备演讲稿时就要充分体现出来的。无论是选取题材、提炼主题,还是筛选材料、编排结构、遣词造句,都要追求艺术性,即把演讲稿作为一篇饱含艺术性的美文来写,而不是一篇大白话、流水账或汇报稿。演讲稿的文体可以多种多样,如书信体、对话体、政论体等;表达方式有夹叙夹议型、直抒胸臆型、客观白描型等;叙述角度也有多种选择,如第一人称式、第三人称式等。无论是哪种外在形式,都要严格遵循文体文风的规范标准,符合公认的艺术水准。

语言的艺术性还表现在演讲时语言的规范程度上,即是否有口头语、废话、粗话甚至错话等语言杂质含在其中。很难想象一位"这个、那个、反正、就是"之类碎词不断的演讲者会受到听众的欢迎。语音语调、气息节奏的运用也是语言艺术性的要领,若吐字归音符合普通话标准,气息舒缓自然,节奏有张有弛,听众会感到舒服亲切,容易被演讲的内容所吸引。

2.仪表体态的艺术性。演讲既是口语艺术的集中体现,也是演讲者的仪表着装、面部表情、手势动作、身体姿态等非语言形式的总体展示。口语主要作用于人的听觉,而体态风度主要作用于人的视觉,只有二者兼备俱佳,才会有引人注目的魅力,才能达到完美的境界。演讲者仪表体态的艺术性包括服装服饰的大方得体、面部表情的自信从容、手势动作的和谐自然,以及演讲过程中调动其他辅助材料及与听众交流时的协调统一。而这些艺术性的实现则需要提前策划与设计,从穿着打扮与演讲内容的有机结合,到一举手一投足的恰到好处,都要有事先的构想和设计,而不是盲目、随意、信手拈来的。

3.即兴发挥的艺术性。演讲是现场的艺术,其中的临场发挥、即兴创作是演讲成功的重要因素。在很多时候,演讲者是在没有充分准备的情况下就发表演讲的。在很短的时间内,演讲者不仅要组织好自己的语言,清晰、生动地表达出自己的观点和感受,还要有效调动起听众的情绪和兴奋点。这种即兴发挥对演讲者的能力和素质要求很高,做起来不是件容易的事,但这也正是演讲的魅力所在。

尽管演讲是一个人讲大家听,但双方的关系绝不是简单的"一言堂"式的,而是彼此呼应、相互交流的。其中的主动者当然是演讲者本人。所以,演讲即兴发挥的艺术性不是等来的,而是要靠演讲者对听众情绪的调动和营造现场气氛来达到的。

三、准备演讲稿——施展演讲口才的基础

进行一次成功的演讲,需要先制定好周密系统的计划,准备一篇优秀的演讲稿,这是通向成功演讲的必由之路。戴尔·卡耐基说过:"最成功的演讲家,他们的成功也就在于此:他们在特殊的时刻里绽放,如罕开的玫瑰,不多时便又凋谢不见;可是听众享受到的愉悦却是绵绵不绝的。"那么,如何使自己的演讲稿达到这样的境界呢?

(一)选择题目

演讲者通常所面临的第一个问题就是:"我要讲什么?"

选择一个题目,并根据题目所规定的内容进行演讲,这是每一个进行演讲的人首先应明确的。进行演讲的情况很多,在许多人看来,只有那些学识渊博的有识之士才会被邀请去演讲,但在现实生活中,每一个人都有参加演讲的机会,因为一般的演讲活动,演讲者往往是在一个非本专业的范围中选择题目的。除了在大领域、大主题方面有所限定外,演讲的题目都是由演讲者自己决定的。也就是说,演讲的题目会十分丰富宽泛,这就要求演讲者在选择题目上费一番脑筋。

1.选择的题目应当适合听众的需要,使听众能够获得教益或娱乐。无论你是初学演讲的人还是职业演讲家,都应该首先分析你的听众,了解听众想听什么。你必须要以听众为中心,而不是以自我为中心。要明白演讲的成败不是由自己决定,而是由听众的心灵与情感决定,因而要采用适合他们需要的题目,必须使听众觉得你所要讲的东西对他们很重要、很迫切,而不是你自己觉得有必要说出来。

2.要到现实生活中去寻找最适合你的题目。演讲中的情感激发离不开生活基础,要想把自己融入演讲中,就要用真情实感来讲述你自己被感动的故事。你不只是要对自己的话题怀有热烈的情绪,还要把这种情绪传达给你的听众。

3.选择具有普遍意义又促人思考、令人折服的题目。如果你的演讲属于说服、劝诫性质的演讲,就应该选择那类由社会生活提炼出来的、普通百姓都关注但又都感到困惑不解的具有社会性的题目。这类题目对演讲者的要求较高,需要演讲者有居高临下的眼光,有调查研究的材料,还要有理论联系实际的分析能力。

(二)确立主题(中心思想)

演讲选题确定后的首要任务就是确立主题。主题是演讲的灵魂,只有主题确立了,才能进行其他的步骤。"意犹帅也,无帅之兵,谓之乌合。"确定主题是表明你在演讲中所要达到的特定目标,你所阐述的要点越鲜明,就越容易达到预定的目的。

所谓演讲的主题,就是要讲些什么内容,要告诉听众什么事情,要传达给听众什么信息。一旦明确了要把什么样的中心思想传播给听众,演讲的主题也就形成了。

确立演讲主题一般要考虑这样两种情况:

一是已经给了确定主题的范围,演讲者根据已给的范围确定主题。比如参加演讲比赛。这类演讲主题的确立,需要演讲者依据所给出的主题范围大量查阅资料并结合自己的亲身感受、体验来确定演讲的主题。例如,2002年北京检察院系统掀起"学习检察长方工的活动",为此举办了"方工就在我身边"的演讲比赛。参赛者多是检察院的人员,他们联系自己的实际情况并搜集方工的优秀事迹,以"人民检察长为人民""鞠躬尽瘁克己奉公是人生"等主题进行了演讲,从而给听众留下了深刻的印象。

二是有感而发的主题。这类演讲大多是针对社会上的某种现象或某种事物、人物有感而发所做的演讲。演讲者在日常生活中,面对某些社会现象,有所感悟,有所思考,觉得应该对听众讲一讲,以起到匡扶正义、弘扬正气、鼓舞士气、鞭挞丑恶、针砭时弊、揭露罪恶等作用。这类演讲的主题往往是演讲者在感性材料的基础上通过提炼形成的。

分清以上两种情况,所确立的主题才能更有意义和价值。无论是哪种场合哪类主题,都必须要观点明确,旗帜鲜明,决不能模棱两可,含糊不清。所有好的演讲都必须做到目的清楚,即主题明确。

怀有明确主题的演讲者就如同一个有目的的旅行者,他首先要确定旅行目的地,然后拿出地图,选定路线,计算所需要的时间,确定在什么地方停下休息、吃饭和给汽车加油,计算好旅行所需费用以及携带哪些衣物。同样,有了明确主题的演讲者也会制定出有目的的、系统的计划。有了明确的主题,为了达到它,就会明确地思考:应该确定哪些观点？搜集哪些材料？哪些材料应该忍痛割爱，略去不用？

在听众中寻求你所期望的特殊反应，是演讲成功非常重要的一步。只有对听众有启发的主题，对听众有价值的主题，才是听众欢迎的主题。

那么，怎样选择主题才是最有意义的呢？

1. 选择现实生活中人们普遍关注又急需知道答案的主题。每一个历史时期都有群众普遍关注的问题。例如：20世纪90年代的国企改革和职工下岗主题；21世纪初的反腐倡廉主题；中国加入世界贸易组织之后的经济发展主题；北京2008年奥运会定会举办成功的主题；等等。这些都是人们关心和希望得到答案的主题。选择主题时，要有针对性地帮助听众解决他们心中的疑惑，回答其迫切想知道的问题。

2. 选择自己有真知灼见，有把握讲好的主题。人们都希望从别人的话里听到自己不知道的事情，懂得一些自己不懂得的道理，希望能有"听君一席话，胜读十年书"的收获，而不愿浪费时间去听那些自己早就明白的道理。演讲者不可对自己选择的主题似是而非，还处在一知半解时就急于发表演讲。要选择自己熟悉又有发言权，经过反复思考，能提出真知灼见的主题。若没有新鲜的、独到的见解，对听众不能有启发和帮助的主题，就不要急于演讲。

3. 选择的主题要符合听众的心理。由于不同的听众在年龄、知识、职业、阅历等方面差异很大，在心理上也会有所差异。同一个主题，老年人爱听，年轻人就不一定爱听。凡此种种，在选择主题时都必须考虑。要了解听众，熟悉听众，因人而异地选择演讲的主题。

4. 选择主题要单一。一次演讲的主题最好只有一个，集中说深说透为最好。有的演讲者愿意面面俱到，包罗万象，想把自己想到的都告诉听众，结果只能是蜻蜓点水，一个主题都说不透。另外，演讲是受一定时间限制的，如果主题太多，势必讲不清楚。所以，演讲主题一定要单一，千万不可贪多求全。

演讲是一种宣传人、教育人、鼓舞人的社会实践活动，演讲者面对的是人，是听众。演讲者的思想、品德、情感在有意与无意间影响着听众的思想、品德、情感，因此，演讲者必须要具有高尚的思想修养，其演讲主题才会更具有说服力，才会让听众心服口服，这就是演讲者的人格魅力。如果演讲者是一个思想高尚、品德优秀的人，那么他的演讲主题肯定在人们接受他本人的同时也就被接受了。很难想象一个思想卑微、道德低下的人的演讲会受到听众的欢迎。

（三）搜集资料

在你明确了自己的特定目的和为实现这一目的必须确定的主题之后，就要努力搜寻材料，使之为阐明你的主题服务。如果说主题是演讲的灵魂，那么材料就是演讲的血肉。为了使演讲丰满,在确定了演讲主题之后,要撒开大网,广泛搜集演讲时将会使用到的材料。一位演讲者,要想使自己的演讲精彩、生动,必须占有大量的资料,必须在日常生活中做一个有心人,随时随处搜集、保存日后用得着的材料。

美国前总统林肯在日常生活中,随时将他认为有用的材料记录抄写在一些碎纸片、旧信封、破包装纸上,他把它们装到自己常戴着的一顶高帽子里,以备空闲时拿出来整理。林肯就这样日积月累地储备了大量的材料,当演讲需要时,可以信手拈来地使用。林肯历次演讲的成功,与这一好习惯不无关系。

既然占有材料对演讲成功如此重要,那么通过什么途径去搜集材料呢?一般来说,演讲中所使用的材料可分为三大类:直接材料、间接材料和创意材料。

1.直接材料的搜集。所谓直接材料,就是演讲者在日常的工作、交往、生活及社会活动中的所见、所闻,是演讲者亲身经历或耳闻目睹的一些事件、言论、感受,也就是演讲者自身通过对社会的观察、体验、感受、调查、研究所得到的第一手材料。每一个人都生活在大千世界、芸芸众生之中,上至国家大事,下至亲朋琐事,随时随处都可以见到、听到令我们悲哀、喜悦、愤怒、忧伤的事情。只要我们注意观察总结,留意记忆,就一定会建立起一个丰富生动的第一手材料库,里面的材料会是最生动、最鲜活、最真实、最具体、最独特,也是最有说服力的。这些直接材料是演讲获得成功的最宝贵的素材。

2.间接材料的搜集。所谓间接材料,指演讲者从报纸、杂志、书籍、广播、电视、网络等媒体上搜集到的材料,也可称为第二手材料。所有的演讲者都生活在一定的社会时空中,都会受到时间、空间的限制,不可能事事都亲身体验、经历。大量的材料只能从各种传播媒体中获得。间接材料的优点是范围广、内容丰富,它避免了个人经历的狭窄、不足,而且间接材料多是经人加工整理过的,是一些比较成形的材料。但间接材料也有其缺点,即带有加工者的主观色彩,所以在搜集使用间接材料时要做好去粗取精、去伪存真的鉴别工作,使其为我们所用。

支持我们观点的间接材料要形象化和通俗易懂,可用统计数字、专家证言、名家名句、格言警句等。要小心判断你已经掌握的每一特殊的事实、数字、格言和例证是否真的能使你的演讲真实生动,行之有效的方法是把每一条条事实或一个个例证分别记在一张卡片上,当你最后定稿时,再反复推敲,决定取舍。当你记下每一条论证材料时,要尽量做到数字精确,内容真实。你所记录的材料若不是相当精确,那就需要做些查询核实工作,以提高资料的精确性。

3.创意材料的整理。所谓创意材料,是指演讲者在大量的直接材料和间接材料的基础上,经过归纳、分析、研究所获得的材料。创意材料是演讲者思考的结果,带有很强的主观色彩,但同时也更具有新颖性和独特性。

虽然创意材料是在我们头脑中形成的,但仍然需要搜集。不能指望演讲需要的时候它自然会在头脑中出现,因为人的许多思想火花和艺术灵感是一闪即逝的。如果我们不将其牢牢记住,那些闪烁着思想火花和艺术灵感的结晶就不会第二次出现。我们只有不失时机地把它们记住,才能在演讲时充分应用。

(四)筛选事例

使用生动的实例可以使我们的演讲更具有说服力。筛选事例的要领有如下方面。

1. 要选择能反映主题的事例。有了丰富的材料库,并不是所有的材料都可以入选。这就要求我们在写演讲稿时,对所搜集到的材料进行有目的的筛选。要选择那些最能说明主题、最能支持主题、最能反映主题的材料。而那些不够典型、不够生动、不能紧贴主题的材料要剔除出去。

为了突出主题,在选择材料时,一不要滥竽充数,二不要不忍割爱。有的演讲者觉得自己掌握的材料很好,不用太可惜,硬把它塞进演讲稿中,结果往往是牵强附会,有害无益。

2. 要选择具有典型意义的事例。所谓典型意义的事例,就是指具有规律性、普遍性,能说明问题的事例。在选用演讲事例时,不要选择那些个别的、特殊的事例。这类事例,对说明主题不起太大作用,反而会给人留下偏颇、极端的印象。

典型事例不一定都是轰轰烈烈的大事,也并非都是载入史册的名人伟人的事例,那些平凡的普通人的事迹,往往更能说服人,打动人,也更具典型意义。

3. 要选择真实可信的事例。写演讲稿不是搞文学创作,演讲稿中所使用的事例、材料必须是真实的、可信的,来不得半点杜撰,也不允许利用联想和想象去丰富那些本来不存在的细节。演讲的事例不允许虚构,它必须是经得起论证、推敲的,是不怕事实、时间检验的。人物事迹演讲更是如此。演讲中的事迹必须确有其事,演讲中的人物必须真有其人,千万不要将一些道听途说、似是而非的事情写进演讲稿中,否则会产生恶劣后果。20 世纪 80 年代,演讲家曲啸的《心底无私天地宽》的演讲之所以打动了成千上万的听众,就因为他的演讲真实地反映了他及他这一代人的生活、思想、感悟。真实性是演讲区别于文学创作的重要标志,也是演讲这种艺术形式赖以生存的生命线。

4. 要选择新鲜的事例。事例越新,时代感就越强,离听众的现实生活也就越近,就越容易引起听众的兴趣。这是因为越新鲜的事物越具有吸引力和可听性,谁愿意去听那些陈年老账呢? 未知世界总是值得探索的,求新是人们的共同心理。比如:我们要讲爱岗敬业的主题,从古到今,模范榜样举不胜举。如果你选择当代的榜样人物就比选过去的榜样人物效果要好,如选钟南山、王晶等抗"非典"时期医护人员的奉献精神,可能就比20世纪60年代的先进人物更具有时代感,更容易让现在的年轻人接受。

应当强调的是:要收集尽可能多的材料。演讲者应该占有的材料要远远超过演讲时所需要的材料。头脑里应该把你所要讲的东西装满,确信自己已经掌握了所要讲的全部内容。记住,一位经验丰富的演讲者在准备演讲材料时,面临的困难不是使用哪些材料,而是删掉哪些材料。

你应该努力去创造这种理想的局面:演讲中所使用材料的实际数量与你所掌握的材料的多少成正比,正如冰山浮在水面上的大小与其沉在水下面的大小成正比一样。

(五)拟定结构

结构对于演讲就像骨骼对于人体一样,人的骨骼长得好,整个人看起来就身体匀称;结构又像大楼的框架,框架搭得好,大楼的整体才会坚实。演讲稿的结构好坏,直接影响到演讲的质量和效果。

所谓演讲稿的结构,就是演讲者为了充分表现演讲的主题,把一些散乱的、零碎的、无序的材料按照事物发展的内部规律,有机地、巧妙地组织安排起来,由此形成的一个框架体系。

那么演讲稿的结构有哪些特点呢?

第一,结构要清晰明白。演讲稿与写文章一样要讲究结构。开头怎样写、中间怎样写、结尾怎样写、怎样承接、怎样转折,都和写文章相似。而演讲稿更要求结构的清晰与逻辑的严密。因为演讲是以声传意的,演讲者是借助声音来向听众传达自己的思想感情的,如果演讲稿的结构不够清晰,那么听众听起来就如坠入云里雾里,听不出个头绪。这样的演讲也只能以失败告终。因此,在安排演讲稿的结构时,首先要考虑的是结构一定要清晰,层次感要强,要让听众一听就能明白你讲了些什么事情,你的问题是如何提出的,你是怎样进行分析的,最后又是如何解决问题的。只有如此,你的演讲才能达到预期的效果。

第二,演讲稿结构的特殊模式。演讲稿作为一种特殊的文体,它除了具有文章结构的一般模式外,还有其自身的特点,在结构上有其特殊的模式。演讲在文体上更近似论说文,因此有论说文的文章结构,即开头提出问题到主体分析论证问题至结尾处总结归纳问题。此外,演讲稿还需要有一个开头语和结束语。演讲者登台演讲与听众见面时总要先打招呼,演讲结束时也要致谢和说几句告别的话,这又形成了演讲稿与论说文不同的文体结构模式。

第三,要紧扣主题。因为演讲的时间有限,在安排演讲稿结构时,最好紧扣主题,不枝不蔓。演讲中可能以议论为主,也可能以叙述为主,更可能夹叙夹议,但无论是论证还是抒情,无论是叙事还是说理,无论是运用事例材料还是观点材料,绝不可"下笔千言,离题万里"。演讲稿的结构一定要紧紧围绕中心展开,结构完整,论证严密,不可东拉西扯,自由散漫。

第四,要层次分明。层次和条理的分明是演讲稿结构的主体。拟定演讲稿主题的中心观点后,把中心观点中的各论点进一步细化为几个自然段落,每一论点之中又有它的分论点和最贴切的论证材料,每个分论点又分为若干层次。把论点和论证材料的程序按一定的逻辑关系排列好,拟定先后的层次顺序,就可以开始考虑一个出色的开头和结尾了。

第五,逻辑性要强。说服人、教育人历来离不开逻辑的力量。面对公众进行演讲,要说服、教育、鼓动一个群体,没有逻辑的力量更是难以做到的。因此,我们在构架演讲的结构时不能忽略了它的逻辑性。一篇优秀的演讲稿,必须充满睿智,具有严谨的逻辑性。随着演讲的层层推进,主题就在严密的逻辑推理中得到了有力揭示和证明。

第六,结构上要跌宕起伏。演讲的成功不仅依赖于演讲的思想正确、观点鲜明、材料生动,还在于演讲的结构活泼、跌宕起伏,使人愿意听、喜欢听,容易被吸引和被感染。因此,在结构演讲稿时,一定要注意使其高潮与平缓相间,叙事说理与升华议论交叉结合,只有这样,演讲才会多姿多彩,深得人心。

(六)锤炼语言

演讲者任何一种思想或情感的表达都是靠语言完成的,因此,演讲稿的语言是演讲的生命线。未经过深思熟虑和锤炼的语言不能写进演讲稿中。演讲语言的一般要求有以下方面。

1.准确、明白。演讲语言要准确、明白,就是要使遣词造句能够确切地表情达意,如实反映客观事物的真实面貌。演讲要有科学性和逻辑性,离开了准确的语言,科学性和逻辑性就成了一句空话。很难想象一些模糊不清和模棱两可的语言能在听众的心目中留下清晰的印象,缺少准确性的语言只能给听众带来混乱、疑惑和不解。清晰的语言在演讲中非常重要。听众需要在很短的时间内抓住演讲人的思路,对于语言混乱、思路不清的演讲,听众会失去耐心。准确无误的演讲词会强化你的可信度,并使听众更容易接受你的信息。

2.简洁、精练。无论哪一种演讲,在时间上都是有要求的。要想在一定的时间内表达最丰富的内容,传达最大的信息量,只有提高单位时间内的效率,而这个效率不能靠语速来解决,只能用最简捷、最精练的语言来表达最丰富的内涵。培根说过:"冗长的话语是最乏味的东西,很少有人会聆听它们。"演讲的好坏并不取决于演讲时间的长短,只要充分表达了主题思想就完成了演讲任务。很多简短的演讲同样能给人留下深刻的印象。例如:闻名世界的林肯的《葛底斯堡演讲》,全文只有10个句子,500多字,却成了载入史册的演讲名篇。美国人把这篇演讲词作为中学生的必读课文,就是因为它言简意赅,用最短的时间传递了尽量多的信息,用最少的语言说明了最重要的道理。

3.通俗、易懂。演讲的语言必须通俗、易懂。令听众费解、困惑的语言,是演讲时必须要回避的。要使演讲的语言通俗易懂,需注意以下几点:

第一,多用口语化语言。正如口语与书面语存在着区别一样,听演讲与读文章也是有区别的。有些话,写出来别人可以看懂,而说出来别人就不一定能听懂。演讲要像平日与人聊天一样,说家常话,用生活中常用的语言,即要口语化。口语化还表现在多用简短明快的句子,多用音节清晰、不生歧义的词,多用成语、俗语、谚语、歇后语及生活中新出现的流行语等听众喜闻乐见的语言。

第二,多用自己的语言。演讲者在演讲中多是以现实中的"我"的面貌出现的,所要表达的也是现实中的"我"的思想感情。演讲的这一真实性特点,就要求演讲者应多用自己的语言去演讲,在演讲中尽量保持和发挥自己平日说话的特点和风格,"用我口说我心",这样演讲的内容和思想感情才具有真实性和亲切感。

第三,推敲锤炼语言。通俗不等于庸俗,易懂不同于浅薄。语言通俗平易正是为了让听众借助于浅显易懂的语言,领会演讲者寓于其中的丰富内容和深刻道理。历史上许多著名的演讲家的演讲名篇无不是他们深思熟虑、反复推敲的结果。我们要做到用最平易的语言,表达最深刻的概念。越是大家,就越追求"深入浅出"的语言,那种"浅入深出"的表达方式是最令人厌烦的。

4.生动、形象。生动形象的语言是演讲语言的必然要求。演讲中的口语绝不是生活口语而是经过艺术化的语言。它去除了生活中的啰唆、重复、语病甚至脏话等语言杂质,追求的是更精彩、更凝练、更生动、更形象的语言。如:使用充满人性化的语言,充满细节描述、模拟化、视觉化的语言等,可以将听众引领进演讲者描述的场景和人物故事中去,可以启发听众的想象力和联想力。这样的语言既能够帮助听众理解演讲的内容,又可以避免演讲枯燥乏味。

四、演讲常用口才技巧

(一)确定风格、基调的技巧

演讲前,确定采用什么样的风格、基调,是非常必要的。内容上,是歌颂,以正面弘扬为主?还是鞭挞,以反面揭露为主?表达风格上,是慷慨激昂般的高亢?还是江河奔流般的深沉?或是涓涓细水般的娓娓道来?这一切都要根据主题的确立、材料的掌握和演讲人的语言风格来确定。风格、基调确定了,才能使演讲从内容到形式浑然一体,相映成趣,演讲也才能达到最佳效果。

1.从内容上,演讲的风格、基调可以分为三种

第一种是以颂扬为主的演讲。这类演讲多是对英雄事迹的赞美和歌颂,或以弘扬爱国主义、民族精神为题。

第二种是以批判、揭露、谴责为主的演讲。这类演讲多用于对社会丑恶现象、事物、人物的批判。

第三种是反思型演讲。这类演讲多是颂扬与揭露并存,通过对一类社会现象、社会事实、社会人物的反思,从而提出问题、分析问题、解决问题,引发听众思考,给听众以启迪。

2.从结构特点上,演讲的风格、基调也可分为三种

第一种是慷慨激昂式。这类演讲气势恢宏,演讲者多用情感充沛的语言,慷慨陈词,滔滔不绝。演讲中,喜悦与愤怒都溢于言表。这类演讲鼓动性强,号召力大,极具战斗力。

第二种是深沉凝练式。这种基调的演讲既有情感的抒发,更有理性的分析。最大的价值在于演讲者对事情鞭辟入里地加以剖析和判断。这是现实生活中最常见的一种演讲风格,多用于反思型的演讲内容。

第三种是涓涓流水式。这类风格的演讲,演讲者以自然流畅的语言向听众倾诉心中的话语,如小河流水般,慢慢地渗入听众的心田。这样的演讲能起到"润物细无声"的功效。这类演讲的特点是平等和谐,亲切温馨,多用在平和的生活环境中,与听众交流某种情感或思想,给人以清新自然的感觉。

(二)语音语调的技巧

演讲者语言的声音美在语音的音色、声调、语调等多方面都有所体现。其中最主要的是语调的美。

所谓语调,是指说话时声音的高低、轻重、快慢、停顿的变化。这种变化对于表情达意具有重要作用。无论是高兴、喜悦、难过、悲哀、犹豫、坚定等各种复杂情感都能通过语调的变化表现出来。语调的变化还可以造成声音的多样化,使听众乐于接受,获得听觉上的美感。演讲语调的运用有以下几种技巧:

1.语调的轻重变化。由于表情达意和创造特殊表达效果的需要,演讲时有的话要讲得轻一些,音量小一些,有的话则要讲得重一些,音量大一些。一般说来,整篇演讲重音多,轻音少。而重音又分为语法重音和逻辑重音。语法重音只符合语法结构的需要,不表示特殊的情感。而逻辑重音才最体现说话的目的和表情达意的需要,既能突出演讲中某些关键的词语和段落,强调某种思想感情,又能加强语言的色彩,吸引听

众,所以在演讲时应格外重视。

2.语调的快慢变化。人的说话声音正如人走路一样,有时快一点,有时慢一点,只有快慢相间,变化有致,才能给听众带来动态的美感。假若演讲的语速就像机器的运转一样,总是一个速度、一个节奏,就会令听众感到枯燥呆板,索然无味。

语调的快慢变化,要根据思想感情的需要进行调整。在表达一般内容时,语速可以适中;当表达热烈、兴奋、激动、愤怒、紧张、呼唤的情感时,出言吐语就要快速;讲到庄重、怀念、悲伤、失落的情感时,语速则要缓慢一些。

语速的变化应当是自然顺畅的,只有快慢有致,才能有效地传情达意,才能使听众感到优美入耳。

3.语调的高低变化。演讲时要根据思想感情表达的需要,出现高低抑扬的语调变化,即随时调整语音中调值的升降。同一个语句如果做不同的调值升降的处理,就会使表达的思想感情出现很大的差异。在整个演讲过程中,语调既不能一味地高,声嘶力竭地喊,也不能一味地低,有气无力地吟,只有使语调的高低随情而变,随意而变,才能达到最佳的演讲效果。

4.语调的停顿变化。停顿就是说话时的间歇。文章中的间歇是用标点符号来表示的,说话时的间歇表现为语句之间的短暂停顿。这种停顿既是说话换气的需要,也是表达思想感情的需要。因为它可以把某种相对独立的意思同另一种意思分开。听众听演讲时也是需要停顿的,因为从耳到脑,要有传递的时间,总要在头脑中停顿一下才能心领神会。假如演讲时没有停顿,像"连珠炮"一样,那无论对演讲者还是对听众,都是难以忍受的。

停顿不仅是演讲内容的需要,还是一种表达艺术。在某些特殊情况下,演讲者可做较长时间的停顿,给听众一个消化、接受的过程。演讲者运用停顿艺术会使整个演讲听起来抑扬顿挫,起伏跌宕,令听众享受到演讲语言的节奏美。

(三)营造高潮的技巧

演讲要求节奏鲜明,张弛有度,要有波澜起伏的段落和引人入胜的高潮。成功的演讲者总能掀起几次高潮,把听众带到心潮澎湃、热血沸腾的佳境。

营造演讲高潮需要技巧,需利用一定的修辞手法和精彩的语言。具体技巧有:

1.以重复形成高潮。重复就是在演讲中将某一句、某几句和某一段话紧接着重复一遍或者数遍,这样的重复,不仅是为了让听众听清一些重要的词句,更重要的是在重复时通过有声语言的变化,加强语气,强调观点和升华感情,从而增强语言表达的效果。演讲中的重复会把演讲者的思想感情表现得淋漓尽致,把听众的情绪推向高潮。

2.以排比形成高潮。根据演讲内容的需要,运用排比的修辞手法把演讲推向高潮,这就是排比高潮法。排比句结构匀称、排列整齐和谐,读起来朗朗上口,利于激烈情感的宣泄和重点语句的强调,是形成演讲高潮的有效手段。

3.结尾时形成高潮。结尾高潮指演讲者在演讲过程中一句比一句有力量,一层比一层有气势,演讲的感染力自始至终呈直线上升的趋势,直到结尾时把演讲推向高潮。这样的结束语给听众的感觉是一浪高过一浪,使听众精神不得涣散,心理不得喘息,思维和情感始终由演讲者牵着向上攀登,直到整个演讲的最高峰。

(四)演讲开头的技巧

能在最短的时间里吸引听众的演讲开头就是好开头。

演讲的开头在演讲中起着至关重要的作用。历来著名的演讲家都煞费苦心,希望在演讲的开头就能牢牢抓住听众,为自己的演讲奠定成功的基础。

1.开头在演讲中的重要作用

(1)演讲的开头是演讲者与听众之间建立起的第一座情感桥梁,演讲者的开头语给听众留下的印象最为深刻。听众是被吸引继续听下去还是产生反感,表示冷漠,很大程度上取决于演讲的开头。一切成功的演讲者都试图找到一句或一段最能表达自己情感、最能让听众接受、最易引起听众注意的开头,以期先声夺人,为以后的全篇演讲奠定与听众沟通的感情基础。

(2)一个好的演讲开头,可以为全篇的演讲定下基调。演讲采用什么基调,一般是从一开头就奠定下来的。好的演讲开头,犹如鸣锣开道,一开始就起到了奠定基调的作用,使听众对整篇演讲的基调一目了然,从而做好心理准备。

(3)好的演讲开头,能引起听众的兴趣。演讲的开头忌落俗套,忌用假大空的套话和陈词滥调,这是因为所有的听众都喜欢新鲜时尚的生活和新颖别致的语言。只有开头新颖别致,有创意,才能吸引听众的注意力,使听众自觉自愿地跟着演讲者的思路听下去。

(4)一个好的演讲开头,能点明主题,引领下文。任何一个演讲开头,都是与演讲整体密不可分的,是演讲的重要组成部分,决不能游离于演讲内容之外。好的演讲开头,会起到开宗明义、点石成金的作用。它的价值不仅在于点明题旨,还要能引领下文,牵动全文,使整个演讲自然顺畅地进行下去,一直达到完成主题、升华主题的效果。

2.常见的演讲开头

(1)设问式开头。设问式开头就是演讲使用设问句开场。设问式开头的优点是入题快捷,避免了拖沓,并且容易引起听众的注意。所提问题,可以吸引听众带着问题继续听你演讲,充分调动听众的听讲兴趣。

设问句开头应注意的是,一定不要无疑而问,不要为了设问而设问。

(2)悬念式开头。悬念式开头创造的效果是"要知结果如何,且听下回分解"的作用。它与设问式开头的不同之处是:设问式开头,在提出问题后,很快就会作答,不会把答案留在演讲结束时回答。而悬念式的开头,用扣人心弦的故事或触目惊心的事实制造悬念,产生吸引力,会令听众在脑海里产生一连串的疑问,这些疑问会令听众急切地希望你讲下去。直到演讲的最后,疑团才被解开,悬念才有结果。这种开头的优点是扣人心弦,吸引力强。

悬念式开头要注意的是,不要故弄玄虚,否则容易弄巧成拙。

(3)开门见山式开头。开门见山直切主题,这是许多演讲家常用的方式,也是较容易掌握的一种开头方式。这种开头方式的优点是,直接点明主题,有利于听众一开始就把握住演讲的主旨,而且节省时间。

开门见山式开头的缺点是,如果不加修饰,容易使开头显得直白,缺少韵味。

(4)说明题目式开头。演讲者在演讲的开头部分,重点对自己演讲的题目予以解释,这就是说明题目式开头。这种演讲的题目,往往是寓意深刻或令人费解的,演讲者通过对演讲题目的解释,说明自己的观点或用此题演讲的原因。这类演讲开头的优点是衔接自然,演讲顺畅,生动有趣。

说明题目式开头的缺点是,如果设计不好,容易给人画蛇添足或哗众取宠的感觉,因此,使用此种开头一定要考虑演讲题目本身是否适合。

(5)抒情式开头。演讲是一种信息沟通活动,也是一种情感交流活动。抒情式演讲开头的优点是,很容易在感情上打动听众,与听众建立起情感交流的通道。

抒情式开头的缺点是,如果设计不当,容易给人造成空洞无物和无病呻吟的印象。所以,采用抒情式开头,一定要感情充沛,当抒则抒。

(6)叙述式开头。这种演讲的开头方式,就是用叙述的口吻,向听众叙述一件事情。其优点是,故事性强,自然亲切,易于引人入胜,为下面的演讲奠定基础。

叙述式开头的缺点是,如果叙述不当,容易给听众造成平铺直叙、平淡乏味的感觉,因此,采用这种形式开头时,重要的是选择好叙述的事例。

(7)诗词格言式开头。这是演讲者采用诗词或名人的格言、警句进行开头的一种演讲方式。这种开头方式的优点是,演讲者借助名人伟人的话开口说话,有利于其演讲主题的直接表达,增加权威性和说服力。应用得好,它可以起到言简意赅、画龙点睛的作用,极具说服力。

这种开头方式的缺点是,使用不好,容易给听众留下卖弄知识的嫌疑,而且还很难把握演讲的基调。所以在使用时,应找到恰当确切的诗词、格言、警句,千万不要信手拈来、滥竽充数,不要为了用诗词而用诗词,否则会弄巧成拙、漏洞百出。

除以上开头方式外,还有亲热赞扬式、道具展示式、新闻导入式、忠告劝诫式、幽默玩笑式等开头方式。这些方式都要根据演讲的内容和主题确定,不可随意选择、盲目使用。

(五)演讲结尾的技巧

演讲的结尾,是演讲结构中的重要部分。好的结尾,可以使演讲意味无穷,为演讲增添光彩。演讲决不可虎头蛇尾,而要有一个坚实有力的"豹尾"。成功的演讲者,都希望结尾时再给听众留下一个精彩的印象,都会在结尾处狠下功夫,否则演讲可能会功亏一篑。

1.演讲结尾在演讲中的作用

(1)收束全篇,完成演讲。演讲的结构,是由开头、主体、结尾三部分构成的,如果缺少结尾,演讲就是不完整的。演讲内容基本完成以后,必须有一个结尾收束全篇,完成演讲,给听众善始善终的印象。

(2)揭示主题,强化效果。一次完整的演讲,由于时间的流逝,听众难免有遗忘的地方。为了帮助听众对演讲主题能牢牢把握,有必要在演讲的结尾再一次点明主题,帮助听众回忆遗忘了的内容,强化听众对主题的理解。

(3)鼓舞情绪,促进行动。成功的演讲者往往在演讲的结尾处把听众的情绪推向新的高潮,使听众被某种思想所引导,被某种情绪所感染,被某种鼓舞所激奋,并决心为演讲者描绘的目标而努力奋斗。这正是演讲结尾所担负的使命。

2.常见的演讲结尾

(1)总结式结尾。这种结尾方式是演讲者在分析论证了问题之后,以其精练的语言,对整个演讲的观点总结概括,进一步突出主题的一种结尾方式。这种结尾方式的优点是结构完整,给听众留下的印象清晰,有利于听众对演讲主题进行把握。

总结式结尾的缺点是,如果使用不好,容易给听众造成重复、枯燥的感觉。

(2)号召式结尾。号召式结尾最能体现演讲的目的,即鼓励听众按演讲中所倡导的精神去努力,去拼搏。号召式结尾最突出的优势就是充满激情,给人一种蓬勃向上的力量,让听众产生跃跃欲试的热情。

号召式结尾的缺点是,如果使用不当,容易给听众造成假大空的感觉。

(3)抒情式结尾。演讲离不开情感,演讲的结尾同样离不开情感。演讲者被自己所讲的人或事打动时,在演讲的结尾处,这种感情就会达到高峰。这是抒情式结尾的前提。

这种演讲结尾的优点是,感染力强,容易与听众产生感情上的共鸣,也利于把演讲推向新的高潮。

抒情式结尾的缺点是,若使用不当,会给人留下矫揉造作的印象。因此,使用这种演讲结尾,一定要情之所至,有感而发,不要凭空抒情,更不要无病呻吟。

(4)决心式结尾。决心式结尾,就是演讲者在演讲的结尾以表示决心为主。这种演讲结尾的优点是,充满力量,给人信心。

决心式结尾的缺点是,若使用不当,容易变成口号,变成一种公式化的东西。

(5)诗词、格言式结尾。人们大多喜欢优美的诗词,喜欢富有哲理的格言警句。美好的诗句和名人伟人的格言警句,都是演讲结尾的好材料。这种演讲结尾的优点是,可以使演讲在凝练、生动、经典的语言中结束,而且极富节奏感,可以增加演讲的艺术感染力。

在使用诗词、格言结尾时,切忌为用诗而用诗,为用典而用典。若使用不当,会给人留下画蛇添足的印象。

(6)祝愿式结尾。祝愿式结尾常常运用在一些晚会、聚会、开业庆典仪式等场合中,演讲者将自己美好的祝愿送给听众,送给所崇敬的人和事。这种演讲结尾的优点是感情真挚,亲切自然,容易给会场营造一种欢乐的气氛,也容易使演讲达到又一个高潮。

当然,使用祝愿式结尾,也要注意祝词不要流于空洞,以免给听众留下虚情假意的印象。

(六)演讲中的应变技巧

演讲时,常常会出现一些意想不到的事情,比如忘了演讲词、讲了错话、听众被其他的突发事件干扰而不再听你的演讲,或对你的演讲不满意、不感兴趣等。面对这样的状况应该怎么办?这就需要具有灵活机智的应变技巧,做到处乱不惊、转危为安,从窘迫的困境中解脱出来,使演讲继续进行下去。下面几种简单的应变技巧,也许能帮助你顺利渡过难关。

1.演讲中忘词了怎么办?演讲中出现忘词是很令人尴尬的,台上台下几百双眼睛盯着你,等着听你的演讲,你却忘了词,卡在那里,说不下去,怎能不难堪、不着急?其实,登台演讲中出现忘词现象是很正常的,特别对初学者就更常见。有的演讲者一遇到忘词情况就不讲了,走下台去,这不是好办法。避免忘词的最好办法当然是熟悉演讲内容,克服怯场心理,但是在现场出现了忘词情况还是要有应对的技巧。

忘词时,千万不要紧张,不要惊慌失措,而是要快速地回忆演讲中的忘词部分。几秒钟后还是回忆不起来,就应该立刻放弃回忆,否则听众就会乱起来,不好控制了。这时，你要抛开那些忘记了的内容，而接着讲你没有忘记的内容，用这些新的内容稳定自己的情绪，重新吸引听众。如果忘记的内容在讲的过程中又想了起来，那就要看这部分是否重要，若不重要，就没必要再补充上，若这部分内容很重要，就可以见机行事，在适当的时候把这部分内容重新补充进去，这样你的演讲就完整了。

2.演讲中说错了话怎么办？正如谁都会说错话、办错事一样，演讲中由于一时疏忽或紧张，出现失误也是正常的。说错的话如泼出的水，想收回是不可能的，想不理不睬，只当听众没听见也是不负责任的。最好的办法就是说错了话后，立刻纠正，毫不迟疑。这种纠正并不是要你向听众检讨一番，说我刚才如何讲错了，也不必向听众申明哪句话错了，这样会打乱演讲的整体氛围。只要你再用正确的话重复一遍刚才的内容即可，听众就会听明白你的正确意思了。

3.听众精神不集中怎么办？演讲中经常碰到的问题就是现场听众精神不集中，特别是参加演讲比赛或演讲大会时，如果你的演讲顺序排在后面，大部分演讲者都已讲完，时间已经很长，听众的兴趣已经下降，注意力开始分散，精神也感到疲劳，台下已经出现了交头接耳、随意走动甚至退场的现象。面对这种不利情况，千万不要着急，不要有埋怨心理，也不要上台后立刻开始演讲。你可以采取一些吸引听众的措施，比如先给大家讲一个与自己演讲主题有关的新闻信息、小故事或小笑话，以引起大家的注意。当听众被你的讲话吸引而重新集中精神时，就可以开始正式演讲了。

4.现场出现突发事件怎么办？所有的突发事件都是让人始料不及的。演讲者正讲得情绪饱满，听众也被强烈吸引、兴致盎然之时，突然停电了，全场漆黑，台下开始混乱；或突然有人旧病复发，当场晕倒，旁人大喊"抢救"……这时演讲者要立即作出判断：面对突发情况，我的演讲已经变得不重要了，重要的是维护好现场秩序，保护好所有人的安全，对于病人更要立即采取抢救措施，不可怠慢。这时演讲者可以利用自己身上的话筒大声讲一些安慰的话，以平息现场的紧张气氛，帮助疏导人群，提醒大家遵守秩序，使工作人员能在混乱中顺利到位，解决出现的问题。因为这时只有你的声音才能传遍全场。这样的应变也许使你丧失了一场演讲，但你的品格，你的风度，特别是你对他人的关怀会赢得所有听众的心。

五、演讲评分标准

说明：

• 此演讲评分标准根据美国霍克斯塔大学语言艺术科学系教授朱丽安·M.考夫曼的"演说评分指南"修改而成。

• 此演讲评分标准以100分统计，每项10分，各有4个档次，即1~3分，4~6分，

7~8分,9~10分。

(一) 题材的选择
- 题材是否新颖独特,是否适合时宜,是否适合听众的接受水平。
- 题材是否能引起听众的兴趣。
- 题材是否符合当前时势(时代发展、国情、民情等)。

(二) 观点的确立
- 观点是否鲜明、准确,不模棱两可。
- 观点是否乐观、健康、积极,给听众以启发和教育。
- 对所讲主题是否有独到的见解和判断。

(三) 演讲的内容
- 是否对所讲的内容作过调查研究。
- 演讲内容表达的事物是否超过听众已知的相关事物。
- 是否提供了权威的例证、引文、图示、统计数字、切身经验(或他人经历)及其他手段来确立、证实自己的见解和主张。

(四) 信息容量
- 提供的信息容量是宽泛多彩还是狭隘窄小。
- 提供的信息内容是新鲜宽广还是陈旧单薄。
- 演讲的视野、角度是否表达了多元化的文化意识。

(五) 结构层次
- 演讲是否有完整的引言、论述和结尾。
- 演讲的思维是否开阔、活跃,思维角度是否有新意。
- 论述部分的论点、论据和论证是否表现出严谨的逻辑性。

(六) 词汇语句
- 所用的词汇语句是否能为听众理解并有益于阐明主题。
- 所用词汇语句的难易程度是否恰当合宜(过文或过俗),符合听众的接受水平。
- 是否强调了关键词语以帮助听众理解演讲内容。

(七) 口齿发音
- 发音是否准确,能否自如运用普通话。
- 吐字是否清晰,无含混不清之处。
- 在发特殊语音时是否给听众带来理解上的障碍。

(八) 音量效果
- 演讲是否声音洪亮,足以使每一个听众听清。

- 演讲时的声调、语气、情感处理是否妥当。
- 演讲是否有抑扬顿挫、起承转合的节奏感。

（九）情态表达

- 演讲时是否精神饱满,具有震撼力和感染力。
- 是否运用了有助于听众理解演讲内容的姿势和手势。
- 演讲的速度是否不快不慢正适于听众接受。

（十）仪表着装

- 衣着装饰是否得体大方,符合特定的演讲场合。
- 演讲的体态是否表现出了积极、自信、沉着的个性。

演讲前的自我训练

1.详细了解演讲规则,分析你的听众,按演讲规定的时间熟悉演讲稿。

毫无疑问,你的演讲(无论是指派的还是被邀请的)是有时间限制的。因此,预讲要尽可能接近实际。如果演讲需要的时间太长,就必须将材料压缩;反之,如果演讲需要的时间太短,就应该增加些材料。总之,最好要进行一到两次与实际时间相当的预讲。

2.反复阅读经过修改的演讲稿,直到能熟练掌握其中的观点、逻辑、结构和段落。

不一定要背诵全稿,而是要掌握演讲的布局和要领。记诵讲稿会限制你临场的感情调度,难以抓住听众的心,也难以达到与听众间的顺利交流沟通,显得缺乏应变能力。

3.训练中可配合自然的手势和表情,但切不可人为地设计动作,尤其不能作表演状。

4.了解演讲的场地环境和听众的人数,确定自己的音量和语气。

5.准备的着装与服饰要符合演讲的主题,要大方得体。

要意识到着装绝不是你个人的事,它直接影响到别人对你的印象。

附录1

首都师范大学纪念改革开放40周年暨77级、78级校友入学40周年大会上的演讲感言

首都师范大学政教系77级校友、第29届北京
奥运会组委会执行副主席 蒋效愚

尊敬的母校各位领导、各位老师，亲爱的77、78级同学们：

40年前，伴随着改革开放的春风，中国恢复了中断十年的高考制度。我们作为首批学子——历史上一代绝无仅有的特殊大学生，有幸进入了母校——北京师范学院学习，从此，我们有了自己的专属名称："77级、78级"大学生。40年后的今天，我们重回母校再相聚，见到面貌一新的首都师范大学，依稀可辨的校园主体，陌生而又熟悉的老师身影，当年同窗之友红颜青涩已成华发古稀，不禁感慨万分，心中想说的话很多，简练成这样几段：

首先感恩时代

77、78级学生主体是20世纪40年代、50年代出生的人，大的1945年生，小的60年代生，可以说是共和国的同龄人。我们一起经历了共和国的成立、建设、改革岁月，直到今天的新时代。历史把我们和共和国的命运紧紧联系在一起。"文革"十年，把国家和民族推向动乱的深渊、崩溃的边缘。邓小平同志说，不改革开放，中国只有死路一条。是党的改革开放政策让中国重新焕发勃勃生机，重新走上发展复兴之路。回想当年，1977年延续"文革"招收工农兵学员的旧办法已经开会通过，是邓小平同志当机立断：延迟开学，恢复高考。于是出现了共和国历史上从未有过的冬季新生入学的情况。小平同志站在时代的前沿，用深邃的历史眼光，做出了关系党、国家和民族人才未来的关键决策。这一决策改变了共和国的命运，也改变了我们77、78级这代人的命运，改变了千百万同我们一样渴望学习的后辈青年人的命运。我们是改革开放的受益人，见证人，也是奉献者，建设者。从40年前我们入学的那一刻起，直到今天，我们个人的人生命运与轨迹，都没有离开过改革开放时代大潮的旋律。因此，我们感恩这个时代，感恩我们党的改革开放政策，感恩邓小平同志！

其次感谢母校

我们77、78级学生是一个特殊的群体，这个群体有着许多的"特殊"：一是年龄特殊，一个班里大的学生年龄三十好几，小的才18、17，年龄相差一代人的距离；二是身份特殊，有应届的高中毕业学生，有政府公务员，有工人，有农民，有教师，有待业青年，

也有处级干部,五花八门、各行各业;三是经历特殊,有上过山下过乡的插队知青,有兵团战士,有当过兵的,有蹲过"文革"监狱的,有当过记者的,有干过乌兰牧骑的,有娶妻生子的,也有刚满18岁还没谈过恋爱的……;四是才干特殊,学生当中藏龙卧虎、人才济济,数学、物理、外语、政治、体育、文艺、管理……学院的各项记录不断被刷新,不断有学生要求跨级跨界考研、转系……虽然我们有许多特殊,但77、78级有一条是不变的共性定律:那就是我们热爱学习,我们珍惜时光,我们追求真理!面对这样一批特殊的群体,我们的老师付出了额外的艰辛和努力。你会看到老师们精心备课,斗室里灯光彻夜不熄;你会看到他们面对小龄同学谆谆教导,促膝谈心;你会看到他们与大龄同学平等交流、共同分享着改革春风的沐浴。你也会看到未婚的班主任、辅导员面对孩子已上小学、长自己多岁的大龄同学,究竟是在做他们的思想工作,还是在交流生活的经验和人生的阅历。我们的老师是多么不容易!面对百废待兴、人才断档的困局,他们肩负起时代的重托,人民的期许,把培养国家民族栋梁之材的重任扛起!为了祖国的当下,为了民族的崛起,他们为我们照亮了前程,他们燃烧了自己!因此,我们感恩母校,感恩老师,感恩那些教过我们的、没教过我们的,今天在场的、没有在场的,现在还健在的和那些已经过世的所有母校的老师们。师恩难忘,我们终生铭记!

再者感念同学

亲爱的同学们,改革开放的春风让我们走到了一起,形成了77、78级特殊的班集体。在校时,我们学习生活在一起,一起上课、一起复习;一起打球、一起去图书馆抢座椅;一起关注真理标准大讨论,一起参与海淀区人民代表的民主选举……同学们在一起有平等交流,也有争论不已。同学们虽山南海北、习惯不同,但相处4年,最终还是姐妹兄弟。毕业后,大家天各一方,工作在不同领域,虽不能时时相见,但仍会时时传递着彼此的消息。谁结婚了,谁做了父母,谁提职了,谁获得了奖励……大家相互惦念,这就是珍藏在同学间的一份宝贵情谊。77、78级同学身上有着我们民族不朽的优秀素质和鲜明的时代痕迹,他们勤奋刻苦,他们果敢坚毅,他们包容大度,他们淡泊名利;平凡中他们低调踏实,风浪时他们担当奋起。在他们身上铭刻着中华民族优秀文化的烙印,传承着革命先辈的红色基因,凝聚着当代中国人民昂扬向上的蓬勃生机。

40年来,我们默默地坚守在祖国各条战线上,像一颗颗的螺丝钉,永不生锈而又光彩熠熠。40年来,我们奋力拼搏在共和国一座座不同的大厦里,像砖、像瓦、像构建起大厦脊梁的钢筋水泥。今天,我们已是华发古稀,但我们的心依旧是青春热血、沸腾不熄!

今年是改革开放40周年,今年是77、78级入学40周年。历史注定,我们和改革开放时代同命运共呼吸。40年的历史证明:我们无愧于这个时代,我们无愧于母校和老师,我们也无愧于青春和自己!

看到今天在座的还有在校在读的小辈同学们,我想对你们也多说两句。一代人有一代人的历史使命,一代人有一代人的时代机遇。改革开放40年,共和国面貌翻天覆地,中华民族在世界东方巍然耸立。未来40年,现代化强国的重任、民族复兴的中国梦大旗将交付于你。如何挑起时代重任?如何扛起复兴大旗?希望你们牢记使命、开拓进取、勤奋刻苦、脚踏实地,为祖国成才,为人民奉献,为新时代中国特色社会主义奋斗到底!

亲爱的同学们,回首40年,岁月沧桑,我们已过花甲古稀,垂垂老矣;回望40年,在同学眼里:你还是当年同桌的你。人生酸甜苦辣,命运起伏高低,我们不变的是:初心不忘,青春无悔,同学间永存的真挚友谊。

让我们再次感恩时代,感谢母校,感念同学,衷心祝愿大家健康第一、幸福快乐,十年后——当77、78级入学50周年时再相聚!

最后衷心祝愿母校和老师们:明天更美丽!

谢谢!

附录2

国外经典演讲:马丁·路德·金的我有一个梦想

马丁·路德·金(1929~1968):美国黑人律师,著名黑人民权运动领袖,浸礼会牧师。生于牧师家庭,曾获神学博士学位。1954年参加美国有色人种协进会活动。1955年率先抵制种族隔离制度。1963年领导了25万人参加的"向华盛顿进军"的示威游行集会。1964年获诺贝尔和平奖。1968年被种族主义分子枪杀。

马丁·路德·金是出色的演说家,被誉为"黑人之音"。美国《展示》杂志将他列为近百年世界最具有说服力的演说家之一。本篇演说发表于1963年,全文猛烈抨击种族歧视政策。通篇演讲感情激昂,文字优美,极富感召力。"我今天怀有一个梦想","让自由之声响彻山冈",这些佳句成为激励黑人进行斗争的座右铭。

我有一个梦想

(1963年8月28日)

今天,我高兴地同大家一起,参加这次将成为我国历史上为了争取自由而举行的最伟大的示威集会。

100年前,一位伟大的美国人——今天我们就站在他象征性的身影下——签署了《解放宣言》。这项重要法令的颁布,对于千百万灼于非正义残焰中的黑奴,犹如带来希望之光的硕大灯塔,恰似结束漫漫长夜禁锢的欢畅黎明。

然而,100年后,黑人依然没有获得自由。100年后,黑人依然悲惨地蹒跚于种族隔离和种族歧视的枷锁之下。100年后,黑人依然生活在物质繁荣瀚海的贫困孤岛上。100年后,黑人依然在美国社会中向隅而泣,依然感到自己在国土家园中流离漂泊。所以,我们今天来到这里,要把这骇人听闻的情况公之于众。

从某种意义上说,我们来到国家的首都是为了兑现一张支票。我们共和国的缔造者在拟写宪法和独立宣言的辉煌篇章时,就签订了一张每一个美国人都能继承的支票。这张支票向所有人承诺——不论黑人还是白人——都享有不可让渡的生存权、自由权和追求幸福权。

然而,今天美国显然对他的有色公民拖欠着这张支票。美国没有承兑这笔神圣的债务,而是开给黑人一张空头支票——一张盖着"资金不足"的印戳被退回的支票。但是,我们决不相信正义的银行会破产。我们决不相信这个国家巨大的机会宝库会资金不足。

因此,我们来兑现这张支票。这张支票将给我们以宝贵的自由和正义的保障。

我们来到这块圣地还是为了提醒美国,现在正是万分紧急的时刻,现在不是从容不迫悠然行事或服用渐进主义镇静剂的时候,现在是实现民主诺言的时候。现在是走出幽暗荒凉的种族隔离深谷,踏上种族平等的阳关大道的时候。现在是使我们国家走出种族不平等的流沙,踏上充满手足之情的磐石的时候。现在是使上帝的所有孩子真正享有公正的时候。

忽视这一时刻的紧迫性,对于国家将会是致命的。自由平等的朗朗秋日不到来,黑人顺情合理哀怨的酷暑就不会过去。1963年不是结束,而是一个开端。

如果国家依然我行我素,那些希望黑人只需出出气就会心满意足的人将大失所望。在黑人得到公民权之前,美国既不会安宁,也不会平静。反抗的旋风将继续震撼我们国家的基石,直至辉煌灿烂的正义之日来临。

但是,对于站在通向正义之宫艰险门槛上的人们,有一些话我必须要说。在我们争取合法地位的过程中,切不要错误行事导致犯罪。我们切不要吞饮仇恨辛酸的苦酒,来解除对自由的饥渴。

我们应该永远得体地、纪律严明地进行斗争。我们不能容许我们富有创造性的抗议沦为暴力行动。我们应该不断升华到用灵魂力量对付肉体力量的崇高境界。

席卷黑人社会的新的奇迹般的战斗精神,不应导致我们对所有白人的不信任——

因为许多白人兄弟已经认识到:他们的命运同我们的命运紧密相连,他们的自由同我们的自由休戚相关。他们今天来到这里参加集会就是明证。

我们不能单独行动。当我们运动时,我们必须保证勇往直前。我们不能后退。有人问热心民权运动的人:"你们什么时候会感到满意?"只要黑人依然是不堪形容的警察暴行恐怖的牺牲品,我们就决不会满意。只要我们在旅途劳顿之后,依然被公路旁汽车游客旅社和城市旅馆拒之门外,我们就决不会满意。只要黑人的基本活动范围只限于从狭小的黑人居住区到较大的黑人居住区,我们就决不会满意。只要我们的孩子被"仅供白人"的牌子剥夺个性,损毁尊严,我们就决不会满意。

只要密西西比州的黑人不能参加选举,纽约州的黑人认为他们与选举毫不相干,我们就决不会满意。不,不,我们不会满意,直至公正似水奔流,正义如泉喷涌。

我并非没有注意到,你们有些人历尽艰难困苦来到这里。你们有些人刚刚走出狭小的牢房。有些人来自因追求自由而遭受迫害风暴袭击和警察暴虐狂飙摧残的地区。你们饱经风霜,历尽苦难。继续努力吧,要相信:无辜受苦终得拯救。

回到密西西比去吧;回到亚拉巴马去吧;回到南卡罗来纳去吧;回到佐治亚去吧;回到路易斯安那去吧;回到我们北方城市中的贫民窟和黑人居住区去吧。要知道,这种情况能够而且将改变。我们切不要在绝望的深渊里沉沦。

朋友们,今天我要对你们说,尽管眼下困难重重,但我依然有一个梦,这个梦深深植根于美国梦之中。

我梦想有一天,这个国家将会奋起,实现其立国信条的真谛:"我们这些真理不言而喻:人人生而平等。"

我梦想有一天,在佐治亚州的红色山冈上,昔日奴隶的儿子能够同昔日奴隶主的儿子同席而坐,亲如手足。

我梦想有一天,甚至连密西西比州——一个非正义和压迫的热浪逼人的荒漠之州,也会改造为自由和公正的青青绿洲。

我梦想有一天,我的四个小儿女将生活在一个不以皮肤的颜色,而是以品格的优劣作为评判标准的国家里。

我今天怀有一个梦想。

我梦想有一天,亚拉巴马州会有所改变——尽管该州州长现在仍滔滔不绝地说什么要对联邦法令提出异议和拒绝执行——在那里,黑人儿童能够和白人儿童兄弟姐妹般携手并行。

我今天怀有一个梦想。

我梦想有一天,深谷弥合,高山夷平,崎路化坦途,曲径成通途,上帝的光华再现,普天下生灵共谒。

这是我们的希望。这是我将带回南方去的信念。有了这个信念,我们就能从绝望之山开采出希望之石。有了这个信念,我们就能把这个国家嘈杂刺耳的争吵声,变为充满手足之情的悦耳交响曲。有了这个信念,我们就能一同工作,一同祈祷,一同斗争,一同入狱,一同维护自由。因为我们知道,我们终有一天会获得自由。

到了这一天,上帝的所有孩子都能以新的含义高唱这首歌:

我的祖国,

可爱的自由之邦,

我为您歌唱。

这是我祖先终老的地方,

这是早期移民自豪的地方,

让自由之声,

响彻每一座山冈。

如果美国要成为伟大的国家,这一点必须实现。因此,让自由之声响彻新罕布什尔州的巍峨高峰!

让自由之声响彻纽约州的崇山峻岭!

让自由之声响彻宾夕法尼亚州的阿勒格尼高峰!

让自由之声响彻科罗拉多州冰雪皑皑的落基山!

让自由之声响彻加利福尼亚州的婀娜群峰!

不,不仅如此,让自由之声响彻佐治亚州的石山!

让自由之声响彻田纳西州的瞭望山!

让自由之声响彻密西西比州的一座座山峰,一个个土丘!

让自由之声响彻每一个山冈!

当我们让自由之声轰响,当我们让自由之声响彻每一个大村小庄,每一个州府城镇,我们就能加速这一天的到来。那时,上帝的所有孩子,黑人和白人,犹太教徒和非犹太教徒,耶稣教徒和天主教徒,将能携手同唱那首古老的黑人灵歌:"终于自由了!终于自由了!感谢全能的上帝,我们终于自由了!"

第 14 章

辩论训练

尽力培养一种能力,这就是让别人能够看到你的脑海和心灵。学着在个人面前,在人群当中,在大众之前清晰地传达你的思想和意念。在你这样努力去做而不断进步时,你便会发觉,你正在人们心目中塑造一种前所未有的形象,产生前所未有的雷击。

———— ● 戴尔·卡耐基 ● ————

关于海伦的辩论

海伦是希腊传说中斯巴达王的妻子,为绝世美女,后受特洛伊城的王子帕里斯的诱惑,出走到特洛伊,因而引起了双方漫长的战争。因此,海伦在希腊被看成一个不贞的女人。

消息传到了雅典城邦,所有的人都在广场上谈论这件事情,只有一个叫高尔吉亚的辩论家认为:海伦是无辜的,海伦是受害者而不是害人者。

高尔吉亚就此问题与全城邦的人辩论,他提出了四条理由:

1.海伦的出走是神的旨意,如果说神是万能的,就不会让海伦离家而去,引起浩大的战争。如果海伦私自出走,引起战争,那就等于承认神不是万能的。

2.海伦的出走是暴力所劫,一个手无寸铁的女人,面对一个强壮的王子,她是没有能力反抗的,如果她能反抗,她就不是海伦。

3.海伦的出走,是做了爱情的俘虏,如果说爱情是无辜的,那么海伦就是无辜的。如果不原谅海伦,那就等于承认爱情是罪恶的。

> 4.特洛伊战争不是由海伦引起的,它是由斯巴达人与特洛伊人长期的仇恨所致。如果说战争是由海伦引起的话,那就等于承认斯巴达人与特洛伊人之间过去是友好的。
>
> 高尔吉亚的四条理由,驳倒了全城的辩论家。直到今天,人们仍在接受高尔吉亚的论点。甚至可以这么说,高尔吉亚维护了海伦的名声,使她仍作为古希腊美女的形象存在下去。

这是美国作家爱伦·坡在一篇文章里提到的故事,他在偶尔翻开史书的时候,看到了高尔吉亚的这一论点,他认为高尔吉亚是古希腊最优秀的辩论家之一。

爱伦·坡说,辩论的目的在于获求真理,而不在于简单的智慧上的取胜。我们今天在看这段话时,仍然能从中获得启发。

一、辩论的目的与功能

说到辩论,人们会想到古希腊,在希腊文里,"辩论"一词的意义是"对真理的共同探讨"。在那个时代里生活的学者,每个人都广收弟子。如果一个问题两个学者的看法不一样的话,他们就会在某一天把对方约出来,带领着弟子在广场上公开进行辩论,在限定的时间内,由弟子和旁观的人群投票决定胜负。弟子们并不是都投自己老师的票,包括围观的人们,他们也都尽量以一种科学、客观的态度去评判。按照当时的规矩,辩输的一方要带领全体弟子拜赢的一方为师。正是这种对科学的探索精神和没有门户之争的公正,使古希腊的思想在人类史上独一无二,奠定了欧洲文明的基础。

由此可见,自古以来,辩论作为一种判断真伪、探求真理的口头交流方式,在人类社会生活中具有重要的作用。

第一,辩论有助于辨别事物真相,认识真理,推动文明进步。

古希腊辩论家苏格拉底曾经说过:如果有一面盾牌,它的正面是金的,它的反面是银的,一个人站在正面说,这盾牌是金的,站在反面的人说这盾牌是银的,他们双方对事物的认识都是极端化的,是以偏概全的。如果他们俩都站在盾牌的中间,由于角度不同,一个人说银比金要多一些,另一个人说金比银要多一些,那么这个问题就有可辩的价值了,因为他们双方都在为真理而辩。也许他们双方碰撞之后,就会知道金银是相等的。

辩论虽然有多种类型,但其根本目的在于使人们明辨真假、是非、优劣,达到认识真理的目的。真理总是同谬论相对立而存在、相斗争而发展的。正是由于人们的认识不统一,才会产生辩论。而通过辩论,就可以使人们认清事物真相,比较各种认识的利弊、得失，在新的基础上统一人们的认识。

第二，辩论有助于开发智力，激励新思想的产生。只有在智慧和智慧的碰撞中，才会产生熠熠的灵感火花。参加辩论的人在辩论过程中，可以使自己眼光敏锐，头脑灵活，对问题的反应迅速，考虑事物深入、全面。在思维方面，辩论者不仅要求思维严谨周密，更要运用多层次多角度的思维方式，无论是形象思维还是抽象思维，都要更活跃、更积极；在创意思维方面，辩论者也往往是最勇敢的实践者。在辩论中，为了坚持己方论点的正确和驳斥对方论点的错误，人们会竭尽全力地调动自己的智慧和心力。久而久之，他们观察问题、分析问题、解决问题的能力就得到了提高，智力也得到了最充分的开发，新的思想和新的创意也就随之产生了。

第三，辩论有助于培养竞争意识。辩论是一种竞争，是认识能力的竞争，是智力的竞争，更是精神意志的竞争。一个人要想在辩论中取胜，就必须有不甘退让、不屈不挠、坚定不移的毅力和决心。辩论的过程是培养一个人心理承受能力和应变能力的过程，而这些能力是一个人面对社会竞争时所必备的。那种一遇对方反驳就畏缩不前或慌乱失措、语无伦次的人不仅不可能取得辩论的胜利，也很难成为事业上的成功者。

第四，辩论可增长知识，提高口才能力。辩论的过程是信息交流的过程。对一个问题展开辩论，辩论双方就要收集整理各种相关材料，这本身就是一个增长知识的过程。在辩论中，各方把自己所得到的信息传递给对方，相互开启心智，这又使双方都得到了许多新的知识。辩论是口头语言的最高形式，是辩论双方面对面的唇枪舌剑，它对参加者的口才有着极高的要求，只有在思维、表达、知识等多方面均有优秀的表现，才能在辩论中取胜。因此，辩论是培养口才能力的重要锻炼方式。

二、辩论的类型与原则

（一）辩论的类型

辩论的类型一般可分为三大类：日常辩论、专题辩论和模拟辩论。

1.日常辩论。日常辩论指的是在日常生活、工作、学习和人际交往中，因各方对某一事物的看法不一致而产生的辩论。这种辩论往往并不是大是大非的原则问题，只是看法与做法不一致而产生的辩论。我们将生活中的一些模棱两可的、似是而非的"两难"问题挖掘出来讨论，目的就是要把这样的问题弄个水落石出，以便当人们遇到相类似的问题时，即能做出好与坏的判断。比如：家庭中夫妻对教育孩子的方法持不同意见而产生的辩论；同事间对某一件事情的处理方法有不同主张而导致的辩论；同学间在学业中对某一知识点的理解有分歧而引起的辩论；等等。这些都属于日常辩论。

2.专题辩论。专题辩论指的是在重大问题上观点不一致而产生的辩论。这种辩论往往具有宏观的、大是大非的原则性。在专题辩论中，持不同观点的往往不是一两个人,而是不同的国家,不同的民族,不同的政党、派别,或是相当数量的人所组成的团体、群体或阶层。他们的辩论代表着团体或群体的利益或权利,辩论的内容也多是与社会动向有关的重大问题或与哲学有关的理论问题。比如:中世纪时欧洲对"地心说"的辩论,"先有鸡还是先有蛋"的辩论等等,都属于专题辩论。又比如:"艾滋病是社会问题,还是道德问题","人性本善还是人性本恶"这一类的选题,都属于双向的。艾滋病既是社会问题,也是道德问题;人性既有善的一面,也有恶的一面。但其中哪一种占的比重更大一些呢?这是专题辩论的目的。

3.模拟辩论。模拟辩论指的是为了辩论而进行的辩论。模拟辩论的目的是在辩论中总结辩论的技巧和方法,以促进辩论这一交流活动的活跃、发展和辩论技巧的提高。至于辩论的观点,往往并不苛求,甚至不辨别是非,只追求辩手的现场表现。许多辩论比赛中的辩论,就是模拟辩论。这种辩论一般选取比较开放的题目为辩题,辩题的正反双方均有道理可循、有实践可依,辩论时只看哪方能据理力争、自圆其说即可。

(二) 辩论的原则

辩论的原则是辩论双方在辩论各阶段都必须遵循的总的根本性的要求和规律。围绕辩论原则会派生出许多辩论的技巧,而技巧只是方法和战术,它们在辩论过程中是多变的。但无论采取何种方法和战术,都只能为原则服务。由此可见辩论原则的重要性。

1.非你即我性。这是由辩论的对立性决定的。辩论双方的观点是矛与盾的关系,是对立的、冲突的,彼此往往以对方论点的彻底失败作为己方论点生存的前提,来不得半点含糊和游移。在辩论中,中间状态是没有的,中庸观点是多余的。非你即我,你死我活,旗帜要始终鲜明,立场要始终坚定,不能给对方一点可乘之机。己方观点正确与否,能不能站得住脚是辩论成败的基础,也是对方进攻的焦点;反之也一样。这就决定了辩论中攻多守少,甚至只攻不守的风格。

2.知己知彼性。这是由辩论的针对性决定的。在一般交谈中,对对方的观点掌握不准确,或是对对方观点的缺乏科学性、推理过程不够严密等方面没有察觉,可能对交谈目的不会产生决定性影响;而这些在辩论中却都是致命的,是绝对不允许的。辩论要求双方做好充分的准备工作,不但己方要准备充分,还要在对方的观点上下功夫,要了解对方观点的准确含义,要尽量掌握该观点产生的背景和支持该观点的诸多因素等。绝不能对对方的观点"知其然,不知其所以然","知己知彼,百战不殆"的古训在辩论中尤为适用。

3.严防死守性。这是由辩论的对抗性决定的。在辩论过程中,绝不允许辩论的一方对对方立论的根本观点表示任何赞同。辩论与其他的交谈方式不同,后者允许对对方的观点表示理解甚至接受,而在辩论中,若对对方的观点表示赞同就等于否认了己方的根本观点,站到对方的立场上去了。这种自相矛盾的做法会导致己方的不战自败。要严守阵地,不可有丝毫的退让或动摇。当然,辩论过程中允许对对方的非根本观点表示局部的同意,这一般是出于战术性的需要,与严防死守的原则并不矛盾。

三、辩论的特点

(一) 辩论是知识的较量

一场有价值、能给人以启迪的辩论,一定具有较高的文化水平,相当的理论深度,缜密的逻辑结构和翔实丰富的事实资料。这就要求辩手具有完整、严谨的知识结构,对所涉及的学科领域有一定广度和深度的了解。因此,即使是一个训练有素、经验丰富的辩手,也只有在做了充分的准备之后才能登台亮相,只有在掌握了足够丰富的知识之后,才能达到高屋建瓴、深入浅出、挥洒自如的境界。

1.知识的丰富性和广泛性。一场精彩的辩论,无论是正方还是反方,就辩题所涉及的知识是相当广泛、丰富的。如果辩题来自真实的现实生活,关系到大多数人的日常生活,就会涵盖更加宽泛的知识面。例如,"艾滋病是医学问题还是社会问题"的辩题,需要辩论者了解的学科大致有哲学、伦理学、历史学、社会学、民俗学、宗教学、生命科学、医学等。那些知识面狭窄、知识结构不完备、文化底子薄弱的人是不可能成为好辩手的。参加辩论的过程,也是学习新知识的过程。辩手要了解所涉及的学科领域的历史、现状、主要学派、代表性学者及其各学派的主要论点、主要学术成果以及社会反响;要阅读大量教材、专著,查阅和收集大量资料,这是一个不仅要积累知识,还要能够融会贯通,恰当运用,完成学习、消化、实践的过程。

2.知识在辩论中的实用性。辩论中的知识准备不同于学术上的做学问,它更需要的是实用性。对辩论所涉及的学术领域应区分轻重缓急,有的要学深、学透,做到"不仅知其然,还要知其所以然";有的只需提纲挈领知其要点;有的则略知概貌即可。这其中的区别与分寸都取决于辩论观点的需要。只有十分明确这种实用性,辩论前储备知识时才能做到有的放矢,详略得当,为我所用。

(二) 辩论是思维和论辩能力的较量

辩论中的思维形式主要包括发散性思维、聚合性思维和应变思维三个方面。

第一,发散性思维指的是辩论时能打开自己搜索论据的视野,从多方面、多角度,采用生动的事例说明问题,以使自己的观点在力求突破常规、富有创见的基础上,达到形象化、生活化和明朗化。其手法大致有演绎推论、动物拟人、寓言夸张等。复旦大学辩手在首届国际大专辩论会上和对手讨论"人性本善"辩题时提出:"狼是不可教化的",用的就是演绎推论。发散性思维可以将本与辩题风马牛不相及的事例通过比喻，与己方观点串联起来，用发散出来的事例作为自己论点的佐证，形成立体的思辨体系，从而达到事半功倍的效果。但发散性思维切忌的是偏题，无论举什么事例，哪怕再精彩，如若与己方观点没有一种内在的、有机的结合，也势必会引火烧身，自寻苦恼。

第二，聚合性思维与发散性思维恰好相反。如果说发散性思维是从"一"想到"多"，从"点"想到"面"，那么聚合性思维则是从"多"想到"一"，从"面"想到"点"的收敛型思维方式。由于发散性思维的随意性，致使有些辩手在使用时会弄巧成拙，表面上活跃，实际上论点已游移，给己方观点的确立造成困难。针对有可能出现的这些情况，需相应地制定聚合性思维的思辨体系，即将偏题或走题的发言迅速收拢，将思维集中在论点的针对性和指向性上，使辩论沿着既定的明确目标发展，在继续坚持己方观点的基础上实现辩论的成功。

第三，应变思维就是急中生智，也叫急智、随机应变，是辩论者必须具备的思维形式。辩论不同于写作，写作可以随处找灵感，或静下心来慢慢构思，写错了还可以改；而辩论是被一定的时间和空间所限定的一种竞技，它的妙处就在于参辩者在一瞬间对一系列的论点做出迅速的分析和判断，并进行相应的语言反应。辩论场上的形势往往是变幻莫测的，优劣势的转换介于倏忽之间。所以，辩论时强调应变思维，就是要求参辩者力争在最短的时间内做出反应，依靠灵敏的思维，灵活应对，迅速调整辩论的内容和方式，把握时机，掌握主动权。

辩论中的论辩能力主要表现在以下几方面：

第一，正确的思想认识能力。辩论者要使自己的论辩具有强大的威力，首先要对论题具有全面、深刻、正确的认识。只有高瞻远瞩，总揽全局，才能明察秋毫，不为诡辩所惑，将辩论引向胜利。

第二，严密的逻辑推理能力。论战中严密的逻辑推理能力表现在两个方面：一是论辩者自己论述的逻辑性，应条理清楚，论证严密，具有雄辩的逻辑力量；二是善于敏锐地发现对方论述中的逻辑错误，从逻辑论证的角度，进行富有逻辑力量的驳斥，驳倒对方。

第三，准确捕捉战机的能力。辩论中应在对方露出破绽之时，准确地抓住时机，发起有力的攻击。这就要求辩论者具有高度的语言敏锐性，能及时发现对方论辩中的疏漏与失误，并通过敏锐的思考，提出有力的反驳。

第四，迅猛实施攻击的能力。辩论中，一旦捕捉到有利于实施攻击的战机，就要以迅雷不及掩耳之势，展开迅猛、强大的攻击。要坚决果敢地直扑论敌虚弱的要害之处，以充分的事实、雄辩的论述，击败对方。这一攻击能力，首先来自语言的准确与鲜明，攻击对手时一方面语言不要模棱两可、含含糊糊、吞吞吐吐，另一方面还应适当运用修辞手法,加强语言的生动性,提高语言的攻击力和论辩色彩。

(三) 辩论是智谋的较量

辩论是一种竞技,要有胜负之分,要想战胜对手,赢得辩论场上的胜利,若不开动脑筋思考对策,那绝对是行不通的。中国人习惯用"斗智斗勇"来概括参与竞技时的方法,斗智是智慧的较量和谋略的碰撞,而斗勇则是和对方比气势、比意志、比信心。斗智和斗勇在任何一种竞技项目中都是不可或缺的。我们所推崇的辩论智谋,其实和军事上所讲究的兵法有着很多的共同点。《孙子兵法》的精华之处在于兵不厌诈、出其不意,辩论智谋的良效也不外乎如此。

辩论智谋主要体现在根据对方的实力周密地设置对策和根据现场变幻莫测的各种可能性制定出高效的思辨体系。辩论智谋主要表现技巧有随机应变术、反驳论证术、精神助产术、以谬制谬术、以柔克刚术、顺水推舟术、请君入瓮术、釜底抽薪术和暗度陈仓术等诸多方面。如果参辩的双方都能为某一个辩题充分地发挥其辩论智谋,那么这场辩论赛必定是开启心智、妙趣横生的。

(四) 辩论是心理、意志的较量

辩论一开始就要先声夺人,居高临下,气贯长虹,要始终在气势上压住对方。气势源于自信,靠意志来支撑。

心理素质主要包括人的情绪、感觉、知觉、记忆、意志、注意力等方面。情感活动的控制,是心理活动的主要内容。辩论者的心理素质主要包括意志与感觉两方面。意志是指人的内在精神力量,而感觉则是指场上的兴奋度和竞技状态。

意志是靠人的斗志、气度和信念反映出来的。心理素质强的辩手,在辩论场上首先会在意志上压倒对手。主要表现在他有顽强的斗志,临危不惧的气度和非胜不可的信念,所以,他遇到任何强手都能做到从容不迫。如果未等辩论开始,就两腿发软、额头出汗、心跳加速、呼吸急促,那么就无异于自己先打败了自己。到辩论进行到白热化时,就只能是语无伦次、闪烁其词了,以这种心理状态参辩,必定会失败。

造就良好的临场感觉,也是提高辩论者心理素质不可或缺的一环。有了良好的感觉,即可调动起亢奋的情绪,把顾虑和压力置之度外,把沉重的思想包袱甩给对方。因为有不少辩论的终极目的并不是为真理而辩,它是人的思辨能力和语言技巧的综合较量。所以,在辩论时,辩手应尽量地扩展自己的思维领域和知识视野,让自己的心理活动进入到最佳状态。这样,就能让你的思辨力量像利剑一般,从对方的阵线中,"顽强地寻找哪怕是极小的缝隙,钻进去,把它撕大,作为攻击的缺口"。

此外,辩场上的心理素质好的另一个重要表现,就是情绪的调控。一个辩手临场的情绪反应,可直接带动他的声调、风度乃至辩词发挥的效果。有了良好的意志和感觉,再调动起激昂的情绪,既可使辩词表达能够回肠荡气,也能由此带动他人的情绪,将辩论推向高潮。

(五)辩论是语言艺术的较量

辩论对语言的运用要求很高,语言运用的好坏关系到辩论的成败。在辩论语言的使用上,要特别注意以下几点:

1.在掌握语言方面,首先应当注意的是语言的语速问题。辩论的语速一般来说较演讲和朗诵要快,要尽可能在有限的时间内表达出较多的信息,但要注意的是,语速要快得适宜、得当。如果快到像"扫机关枪",让人听不清说些什么,那么将"欲速则不达"。在咬文吐字清晰的前提下,语速可快一点;沉稳、理性的语言,语速可慢一点;关键字眼可一字一顿加以突出;反击进攻的语速可快一点,以示锋芒。此外,在一次辩论中语速也应有变化,要配上音调,达到抑扬顿挫的效果。

2.对语调的把握要注意语音、语调、语速三者的协调统一。陈词说理要慷慨激昂,以示力论基础之扎实;反击进攻要坚决有力,以示信心和力量;调侃幽默时语速、语调可以有大的起落变化,以渲染气氛,调动观众情绪。在把握不大、暂避对手锋芒或不得不应对时,语速可快一点,语调要干脆利落、吐字吐词要果断,不能显露出犹豫或无把握。

3.辩论的语言要严谨、准确。辩论语言所要求的准确严谨有两方面的含义:一是语言逻辑本身要严谨准确,不能词不达意或自相矛盾;另一个是要从具体的场合和对象出发,有针对性地选择辩论的措辞和表达方式,使人容易理解,乐于接受。此外,在强调语言准确严谨的同时,还不能忘记释义的灵活,说话要留有余地,该精确的地方精确,该模糊的地方模糊,要恰当地掌握语言表达的具体性和针对性。

辩论语言还要措辞得体,且有许多忌讳要注意。如:得理时要讲理,不能使用挑衅性语言,更不允许人身攻击等。

4.辩论语言的幽默诙谐也很重要。辩论是激烈的语言交锋,气氛紧张热烈,适当的插入一些幽默诙谐的话,不仅可以舒缓气氛,而且也显现出辩手的智慧。但需指出的是,幽默不等同于逗笑,更不是哗众取宠,幽默是机智的自然流露,要紧扣辩题,富有哲理,耐人寻味。

四、辩论的层次

香港哲学博士梁鸿宾曾把辩论的基本层次归纳为音乐的音符体系,使其贯穿于辩论的全过程。现在我们来介绍一下。

第一,论辩的开始是1(dou 都),这是一个平稳的音。它没有任何火气,它的声音在地下运行,就如同你在听对手发言一样。不要想他是你的对手,而要想他是你的朋友,忘掉偏见认真地去听。

第二,2(rui),这是一个渐渐苏醒的声音,它产生于对方的观点与你心中的想法有碰撞的时刻。你要将它记住,并在思维中寻求它的合理性,如果寻找不到的话,那就要把它归入你的反驳之中。

第三,3(mi 咪),这是一个蓬勃向上的声音,在对方的观点即将发表完的时候,你已经跃跃欲试了,并且要在思维中理清自己的逻辑层次。

第四,4(fa 发),这是通向高音的途径,它要求你冷静下来,将自己要使用的主要概念理清,任何模糊的词汇,宁肯不用,也决不给自己的观点设置障碍。

第五,5(sou 搜),这是一个嘹亮的音,你要先将对方与自己有差异的地方讲出来,不要有火气,不要有偏见和不公正,如果他的观点本身就站不住脚的话,你只要着重把它重复一遍,它就会不攻自破。

第六,6(la 拉),这是个欢畅的音,它要求你使用幽默和机智的语言,轻松地陈述你的观点,这时候也不要想着句句都在驳斥对方,如果你的观点是合理的话,那就把它详细地说出来。不要在驳斥中浪费过多的时间。因为对方不可能在很短的时间内改变观点,你也不要希望他有这种转变,你的观点是说给听众听的。

第七,7(xi 西),这是一个完美的音,它要求你十分干净利索地结束你的陈述,进入批判的阶段。你的论证只要是清晰有力的就不必过分向对方追究下去,因为情绪激动往往会带来出言不慎的恶果。

第八,i,这是一个辉煌的半音,如同一个乐队指挥向听众鞠躬致意一样,你要向听众表示你对他们的尊敬,因为追求真理绝不是你个人的问题,听众是真正的上帝。

梁鸿宾的关于辩论的音符体系是极有科学道理的,它完美地体现了辩论的精神境界。当然,在辩论层次这个问题上,各人有各人的选择,这一套音符体系仅供参考。

五、辩论的常用技巧

下面我们介绍几种辩论的基本技巧。

(一)反驳论证术

论敌为其错误的论题辩护,往往要列举出一定的论据来证明其论题成立,这就要运用一定的论证方法。当论敌运用错误的论证方法为其谬误辩护时,要反驳对方,可以通过指出其论证方法的错误,指出论据与论题之间没有必然联系来达到目的,这就是反驳论证术。

让我们来看看下面一段辩论中不同的人所使用的论证方法:

在意大利的都灵大教堂内珍藏着一件圣物,相传是耶稣遇难后包裹尸体的细亚麻布。600多年来,信徒们一直就它的真伪问题争论不休。某年,神学院的5名学员来到这里,他们看了这块裹尸布后,各自发表了自己的见解。

甲:我认为这件圣物是真的。如果是假的,它就不可能在600年内一直被我们的教友所敬奉。

乙:我也认为它是真的。耶稣钉死在十字架上,死时手腕与大腿流了不少血,现在我亲眼看到它上面有斑斑血迹,可见它是真的了。

丙:我认为它是假的。专家研究认为,细亚麻布直到2世纪才出现,而耶稣是在公元1世纪受难,可见这块细亚麻布不可能是圣物。

丁:我说不上它是真还是假。最好用"碳14同位素"测定一下它的年份,如果确实是公元1世纪的织品,那就可以肯定它是圣物了。

戊:我同意乙的看法。另外再补充一点,最好能够用仪器测定一下上面血迹的年份,若与耶稣遇难的年份相近,那就更有说服力了。

从论证的角度分析,以上5人的议论中,只有丙的论证方法是正确的,而其余4人都是错误的。他们使用的是条件推演的方法,但甲的条件命题的前提是假的,而乙、丁、戊使用的则是条件推演中的肯定后件的错误形式。比如:

如果是圣物,上面就有血,

它上面有血,

所以,它是圣物。

这种论证方法显然是错误的。

我们要达到反驳对手的目的,可以直接指出对方推论的错误,也可以模仿对方的错误推论形式,推出令对方感到难堪的结论,这就能有效地达到揭露谬误、反击对手的目的。

有位美国参议员对美国逻辑学家贝尔克里说:

"所有的共产党人都攻击我,你攻击我,所以,你是共产党人。"

贝尔克里当即反驳道:

"你这个推论实在妙极了,从逻辑上来看,它同下面的推论是一回事:所有的鹅都吃白菜,参议员先生也吃白菜,所以参议员先生是鹅。"

参议员先生论辩中使用的是中项不周延的错误三段论形式,贝尔克里模仿这种推论形式得出了"参议员先生是鹅",这种令对方难以接受的结论,这样就使对方推论的荒谬性暴露无遗。

(二)精神助产术

古希腊哲学家苏格拉底同别人辩论的时候,往往采取一种特殊的形式,他不像有的智者那样称自己知识丰富,而是说自己一无所知,对任何问题都不懂,只好把问题提出来向对方请教。但当对方回答他的问题时,苏格拉底又表示不满意,对对方的答案进行反驳,弄得对方错误百出,最终只得承认自己错了。这样反复多次,最后通过启发,诱导对方把苏格拉底的观点说出来。但苏格拉底却说这个观点不是自己的,而是对方心灵中本来就有的,只是由于肉体的阻碍,才未能明确地显现出来,他的作用不过是通过提问帮助对方把观点明确而已,这正像苏格拉底的当助产婆的母亲一样,虽然年迈体弱已不能生育,却能助产接生,因此,他将自己的这种辩论术称为"精神助产术"。

下面我们举例来说明苏格拉底是怎样施行精神助产术的。

一次,尤苏戴莫斯(以下简称"尤")告诉苏格拉底(以下简称"苏"),像欺骗、偷窃之类都是不正义的。于是他们之间展开了一场辩论。

苏:"如果在作战时欺骗敌人,怎么样呢?"

尤:"这是正义的,不过我说的却是我们的朋友。"

苏:"如果一个将领看到他的军队士气消沉,就欺骗他们说,援军就要来了,因此制止了士气的消沉,我们应该把这种欺骗放在哪一边呢?"

尤:"我看应该放在正义的一边。"

苏:"又如一个孩子需要服药,却不肯服,父亲就骗他,说这种东西很好吃,而由于用了这种欺骗的方法竟使孩子恢复了健康,这种欺骗的行为又应该放在哪一边呢?"

尤:"我看应该放在正义这一边。"

苏:"又如一个人因为朋友意志沮丧,怕他自杀而把他的刀剑一类的东西偷去或拿去,这种行为应该放在哪一边呢?"

尤:"当然,也应该放在同一边。"

苏:"就是说,就连对于朋友也不应该在无论什么时候都坦率行事了?"

尤:"的确是这样。如果你准许的话,我宁愿收回我已经说过的话。"

苏格拉底在与尤苏戴莫斯的一问一答之中,反复运用启发诱导的方式,终于使对方放弃了他原来的观点,取得了统一的认识,从而获得了辩论的胜利。

苏格拉底的"精神助产术"这一辩论方式在我们今天的辩论中,仍具借鉴意义。

(三) 以谬制谬术

为了驳倒一个错误论题,先假设它是正确的,然后以此为根据,用语言或行为合乎逻辑地推出下一个明显是错误的结论,以便对方从这个结论中能很自然地反推到自己论题的错处,从而使对方的观点随之被驳倒。这种人为制造谬论,用以反驳对方谬论的方法,叫作以谬制谬术。以谬制谬术的关键之处在于能够洞悉论敌错误论点中隐蔽的荒谬点,然后扩大其范围,加深其程度,强调其性质,将其推向极端,使其荒唐性暴露无遗。

伦琴射线的发明者收到一封信,信中说:

"我胸中残留着一颗子弹,须用射线治疗。请你寄一些伦琴射线和一份怎样使用伦琴射线的说明书给我。"

伦琴射线是无法邮寄的,这样的要求不仅无知,而且带有戏谑成分。求人帮忙,却不庄重,居然开玩笑,按照常规,伦琴应该狠狠教训他一下,阐述一下射线的原理,但伦琴没有这样处理,而是回信道:

"请你把你的胸腔寄来吧!"

再来看下面一个例子。

传说古代印度有位国王病了,卡布尔是医生的仇人,医生便对国王说,只要让知识渊博的学者卡布尔弄来公牛奶,国王喝下公牛奶,病就会好。国王听信了医生的话,让卡布尔去弄公牛的奶。卡布尔接到国王的命令,回家后冥思苦想,无计可施。他女儿听到此事后,却胸有成竹地说:"爸爸,您别急,我来帮助您!"

第二天半夜时分,卡布尔的女儿带了些旧衣服,来到宫殿附近的河边,在靠近国王卧室的窗下洗起衣服来,并且弄出很大的声响。夜深人静,这洗衣声吵得国王心烦意乱,无法安眠。国王大怒,派卫兵把那女孩押到面前,怒气冲冲地责问:"你知罪吗?三更半夜在这儿洗衣服,吵得我觉也睡不好!"

女孩装作十分害怕的样子说:"民女知罪,请陛下饶恕。我是不得已才在夜里洗衣服的。今天下午,我爸爸突然生了个小孩,我一直在忙这件事。家里连件孩子穿的干净衣服都没有,我只能现在出来洗衣服。"

"什么?"国王大声喝道:"你这不是在愚弄我吗?谁听说过男人生小孩?"

"噢,如果陛下可以下令叫人弄公牛的奶,那为什么男人不能生小孩呢?"女孩子不慌不忙地答道。

国王听到这话后,笑了笑说道:"你一定是卡布尔的女儿,回去告诉你父亲,他可以把他弄来的公牛奶留给他生出的小孩吃。"

就这样,卡布尔的女儿帮助父亲避免了一场灾祸。

很显然,伦琴射线无法邮寄,同样,一个活人的胸腔也无法离开人的身体而邮寄过来,伦琴以谬制谬,取得的效果显然比怒斥对方一通要好得多。

在第二个例子中,国王叫卡布尔去弄公牛奶显然是荒谬的,于是卡布尔的女儿便以她爸爸生了小孩来回答;国王认为男人不可能生小孩,自然也就得收回他叫卡布尔去弄公牛奶的命令。卡布尔的女儿使用的也是以谬制谬术。

面对论敌的谬论,我们有时可以用确凿的事实、严密的论证去反驳,但以谬制谬术却并非如此,它是用跟论敌同样荒谬的言论来反击对手,这同样可以达到制服论敌的目的。

(四) 否定问句式

是非问句是使用语气词"吗"的问句,提问者把一件事情的全部说出来,要求对方做出肯定或否定的回答。但是值得注意的是,当这类问句中带有否定词的时候,简单的回答肯定或否定,就往往会造成歧义。比如:

"你不是日本人吗?"

若回答"是",可以理解为表示肯定含义,是"日本人",也可以理解为表示否定含义,"不是日本人"。若回答"不",可以理解为"不是日本人",也可以理解为是对"不是日本人"的否定,得出"是日本人"的结论。

在论辩的某些场合,巧妙地利用这种含有否定词的是非问句所构成的歧义,往往可以使论辩对手不知不觉落入我们设置的语言陷阱中,从而陷于被动,导致失败,这种技巧称之为否定问句式。

一天,一位学者与他女儿苏珊发生了争论。

苏珊:"你是一个大骗子,爸爸,你根本不能预言未来"。

学者:"我肯定能!"

苏珊:"不,你不能。我现在就可证明它。"

苏珊在一张纸上写了一些字,折起来,压在水晶球下。她说:"我写了一件事,它在下午三点钟前可能发生,也可能不发生。请你预言它究竟会不会发生,在这张白卡片上写下'是'或'不'字。要是你写错了,你就答应今天买辆赛车给我,不要拖到以后好吗?"

"好,一言为定。"学者说着在卡片上写了一个"是"字。

三点钟时,苏珊把水晶球下面的纸拿出来,高声读道:"在下午三点钟以前,你将写一个'不'字在卡片上,可你写的是'是'字,你预言错了! 因为'在下午三点以前,你将写一个'不'字在卡片上,这一件事并未发生。"

"如果我写一个'不'字就好了。"学者说。

"如果你写一个'不'字,同样你也是错了,因为写'不'字就表示预言卡片上的事不会发生,但它恰恰发生了! 不管怎样你都是错的! 爸爸,我要买一辆橘红色的赛车,今天就给我买吧。"

这位学者显然落入了女儿为他设置的语言陷阱之中。他女儿使用的就是否定问句式技巧。她提出一个包含否定词的是非问句:"你下午三点钟之前会在卡片上写一个'不'字吗?"要求对方做出肯定或否定的回答,但不管对方是肯定还是否定,都难以逃脱窘境。

(五)乱而胜之法

所谓乱而胜之法,就是辩论一方故意混淆某些概念或提出某些相互矛盾的命题,使对方思维陷于混乱,之后浑水摸鱼,乘机取得辩论主动权的方法。

我们来看下面这个例子。

苏格拉底领了一个青年,到智者欧底姆斯那里去请教。欧底姆斯为了显示自己的本领,给这个青年一个下马威,便劈头提出这样一个问题:"你学的是已经知道的东西,还是不知道的东西?"这个青年回答说:"我学习的当然是我不知道的东西。"于是欧底姆斯就向这个青年提出了一连串的问题:

"你认识字母吗?"

"我认识。"

"所有的字母都认识吗?"

"是的。"

"教师教你的时候,是不是教你认识字母?"

"是的。"

"如果你认识字母,那么,他教的不就是你已经知道了的东西吗?"

"是的。"

"那么,是不是你并不是在学,而只是那些不识字的人在学?"

"不,我也在学。"

"那么,你认识字母,而你又在学字母,就是你学你已经知道的东西了。"

"是的。"

"那么,你最初的回答就不对了。"

再来看一个例子。

某苏丹爱马,一日,他获悉一大臣家里有7匹安达路西亚马,于是便绞尽脑汁地想把它们弄到手。不久,他向全国发出了命令:

第一,具有安达路西亚马的人,必须立即申报;

第二,每一匹马要缴纳100第纳尔的税钱;

第三,持有5匹以上的按五匹申报;

第四,不准谎报马的匹数。

大臣获悉后,就叫管家支付500第纳尔的税钱,但管家忠告他说:"主人,我觉得不妙,要是按5匹申报,你就违背了命令的第四条,弄不好马就有可能被全部没收了。"

大臣听了后说:"那就报7匹吧,支付700第纳尔的税钱。"

管家又说:"这又违背了第三条。"

最后,大臣在管家的劝说下,决定把3匹马分给儿子,然后分别以3匹和4匹申报,这才使苏丹的计谋落空了。

第一个例子中,欧底姆斯就是利用了乱而胜之法获胜的。"我学习不知道的东西"是指学习前不知道的东西,"我学习已经知道的东西"是指学习后已经知道的东西,这个智者故意混淆这两者之间的区别,从而把这个青年弄得昏头昏脑,承认自己的失败,甘愿拜智者为师。

在第二个例子中,苏丹想利用乱而胜之法来占有大臣的马匹,他使用自相矛盾的命令,企图使对方陷入混乱,但最终被聪明的管家揭穿而告失败。

乱而胜之法往往含有较多的诡辩成分,但在辩论中不失为一种锐利的武器,特别是在激烈的言语碰撞中,往往可以使对方陷入被动,从而赢得辩论的胜利。

(六)釜底抽薪术

古语有云:"抽薪止沸,剪草除根"。说的是要想"止沸",最根本的方法就是"抽薪","剪草"最重要的就是"除根"。釜底抽薪术是指在辩论中,抓住对方论据的纰漏,然后将其论点中的支柱猛然击塌,使对方猝不及防而导致失败的辩论技巧。运用釜底抽薪术辩论时,应注意以下两点:

第一,要找出对方观点或言词中的纰漏,这是在"釜底"下"抽薪"的突破口。

第二,"釜底"的"薪"可能很多,也就是说,支持对方观点的论据很多,辩论者要抓住其主要的、本质的论据下手,而不能面面俱到,否则会失去威力。

下面是一个运用釜底抽薪术的例子。

秦宣太后守寡时与大臣魏丑夫有暧昧关系,临死前,她命令要魏丑夫殉葬。大臣庸芮去为魏丑夫说情。

庸芮问太后:"人死以后还会有知觉吗?"

太后回答说:"当然没有知觉。"

"既然如此,为什么还要把生前所喜爱的人,活活埋到坟墓里和死人葬在一起呢?更何况,要是死人还有知觉的话,先王对您的积怨也一定是很深的,太后到了阴间请罪都来不及,还有什么空闲与魏丑夫约会呢?"

太后听了无言以对,只好放弃了原来的打算。

秦宣太后之所以最后收回命令,是因为支持她论点的论据"人死后可以继续生前的生活"被庸芮从正反两方面彻底摧毁,最后的结论是,无论人死后有知觉还是没有知觉,都不应该要魏丑夫殉葬。

(七)以柔克刚术

在辩论中,面对咄咄逼人、气势汹汹的强敌,应避开不利条件下的正面冲突,巧妙周旋,见机行事,以柔克刚,折服对手,这就是辩论中的以柔克刚术。

"柔"相对"刚"而言,有其独到之处。刚强之物,形可碎而不可变,坚而不韧,强而易碎。而柔软之物,随势变形,柔而耐久,富有韧性。在辩论中,有时避强守柔,看似怯弱,实为克刚之术。辩论中运用以柔克刚术,要注意以下两点:

第一,不能感情用事,要处变不惊,受辱不怒,沉着应付,外柔内刚。

第二,在软磨滥缠中寻找突破口。以柔克刚并不是只靠一次交锋就可取胜的,往往要在多次的磨和缠中发现进攻的机会,这就需要时间,需要一定的过程。

以柔克刚术适用于当对方处于主动地位,自己处于被动地位的辩论局势,在这种情况下,必须避免正面冲突,做暂时的退让和忍让,借机寻找对方的薄弱环节加以利用,以柔克刚,最终取得辩论的胜利。

(八)暗度陈仓术

"暗度陈仓"这一成语指作战时在正面迷惑敌人,从侧面突然袭击敌人的战略。暗度陈仓术运用在辩论中,是指辩论中制造假象蒙骗对方,进而出奇制胜的一种辩论技巧。

运用暗度陈仓术,必须注意以下方面:

第一,要制造假象,蒙骗对方,假象要逼真,用于转移和牵制对方的思维。

第二,"度"要巧妙,要把自己的观点悄悄地渗入对方的思维领域,使其在逐渐明白你的真正目的时已无法悔改。

暗度陈仓术的特点是,藏而不露,出奇制胜;表面上不露声色,但在暗中紧张地思考对策;言此而意彼,巧用智谋取胜。

(九)顺水推舟术

顺水推舟术是指辩论者抓住对方的话茬儿,顺着说下去,让其向着有利于自己的方向发展,从而使对手折服。在辩论中,顺水推舟术是借敌胜敌的技巧之一,其特点是,借他人之力,为自己所用,从而达到预期的目的。

运用顺水推舟术辩论,即在论敌的攻势面前,把握其意图和要害,表面上顺从,实际上是以"四两拨千斤"的手法,借敌力为我力,引诱对方孤军深入,一直将其引向荒谬的极端;然后,出其不意地突然逆转,集中火力杀回马枪,使对方在原先暗自欣喜的境况下猛受当头棒喝而晕头转向,如坠万丈深渊而失去招架之力。

运用顺水推舟术的关键在于处理好"顺"与"推"之间的转换关系,并能抓住对方关键性的话语。

在莎士比亚的《威尼斯商人》中,曾记述鲍西娅巧用顺水推舟辩论术战胜夏洛克的故事。

安东尼奥借了夏洛克3 000金币,夏洛克为了报复安东尼奥,提出条件:如果到期还不起,就从安东尼奥身上割下一磅肉,狠毒的夏洛克还要安东尼奥立下借据。

借期到了,安东尼奥无力偿还夏洛克的钱,夏洛克执意要从安东尼奥身上割下一磅肉,并告到法院。

这时,鲍西娅扮成律师为安东尼奥辩护,她先是稳住对方,站在夏洛克的立场上表示支持他按借据行事,然后轻描淡写地对夏洛克说:

"你得请一位外科大夫,免得他流血过多,送了命。"

夏洛克非置安东尼奥于死地不可。他说:"借据上没有这一条。"

鲍西娅说:"这借据上写的是给你一磅肉,可没有给你一滴血,这说明割一磅肉时不能出一滴血。夏洛克,你就准备割肉吧,可你当心别让他流出一滴血来。还有,你割的肉,不能超过一磅,也不能少于一磅,要是你割的肉比一磅多一点或是少一点,那就按威尼斯的法律,判你死罪,财产充公。"

要做到割一磅肉而不流一滴血,并且斤两要不多不少,是办不到的,聪明绝顶的鲍西娅为制服夏洛克,并未与他正面抗衡,而是顺着夏洛克的思路推进下去,终于使夏洛克彻底失败。

六、辩论八忌

一忌以势压人。真理面前,人人平等。长辈与晚辈,领导与下级之间进行辩论时,辩论双方,特别是长辈与领导者,应心平气和,坚持以理服人,切不可起高腔,发脾气,耍权威。

二忌歪曲事实。事实胜于雄辩,任何辩论,都应以事实为依据,论辩中涉及的事实是一种不以辩论双方意志为转移的客观存在,是无言的证人。凡是不尊重客观事实,妄图靠主观臆断、肢解事实、隐瞒实情、制造假象等手段进行辩论的,无一不以失败告终。

三忌揭人之短。有些辩论是为了澄清是非而进行的,不管这种辩论有多么激烈,辩论中不能揭人之短,不能搞人身攻击。凡是把一些与论题无关的内容,如论敌的隐私或生理缺陷等拿来,当作攻击手段,往往会搬起石头砸了自己的脚,既失掉了听众的信赖,也使自己的辩论变得庸俗和无战斗力。

四忌争吵不休。古人云:"大辩不争"。辩论中能否沉着、冷静,直接关系到论题的表述和辩论的成败。因此,在辩论中万不可让理智做了感情的俘虏,冒出粗俗的废话,甚至于大吵大嚷、面红耳赤或说粗话。

五忌转移论题。在一般情况下,一次辩论的论题只有一个,不可有意无意地转移论题。因为论题的随意转移,将使辩论成为扯皮。如果发现论敌在理屈词穷之后,故意偷换论题,应当立即指出,免得浪费唇舌又无益于事实的澄清。

六忌独占论坛。在众人参加的辩论中,要让每个人都有讲话的机会,决不能搞一言堂。

七忌前后矛盾。辩论中,尽量避免引用事实、论据、数字、寓言等前后不一,甚至出现矛盾的现象。辩论中,任何事实、数据以及逻辑推理等方面出现矛盾或错误,都是授论敌以把柄,都将导致辩论的失败。要避免这一点就需要事先进行深入细致的调查研究,准确无误地掌握有关事实和数据,掌握语言、逻辑等方面的知识。

八忌结论连篇。正确结论是在摆事实、讲道理、分清是非的基础上才能得出的。只有结论而无辩论过程的辩论,不但不能说服听众,反而会使听众越听越不耐烦。

辩论口才训练

1.分析下面这段故事的错误之处。

历史上有名的大瘟疫和伦敦大火在英国发生之后,下议院组成了一个委员会调查灾祸的起因,发现那原来出于上帝的旨意,因为上帝被激怒了。委员会最后判定:主要是无神论者霍布士的著作惹怒了上帝,于是宣布禁止他的书在英国出版。这个补救办法看来非常有效,因为自此以后英国再没有发生过大瘟疫或大火了。

答案分析:"神旨说"在辩论中是一种无效的解说,这种论调只能扮演事后诸葛亮的角色,如果没有瘟疫和伦敦大火,持此论调者就会说:"这是上帝的旨意。"如果发生了瘟疫和伦敦大火,持此论调者也会说:"这是上帝的旨意。"但是在事前,却无法预测"上帝的旨意"是怎样的,因此,"神旨说"不具备论证的资格,只能用来放"马后炮"罢了。

"神旨说"其实是一种伪赝说明。这类说明并无说明的实质,只有说明的假象,即利用"因为""由于"等字眼来造成假象,其对事物的"解说",恰似"X之所以如此,是因为X是X"这种说法所能提供的"解说"一样廉价。比方碰到"为什么拿破仑在滑铁卢打了败仗"这个问题的时候,假如仅仅要求一种廉价解说的话,那就可以这样去说明:"哦,这是因为拿破仑是拿破仑。如果拿破仑不是拿破仑而是威灵顿,他就不会在滑铁卢打败仗了!"

2.读下面这段文字,分析亚里士多德的错误之处。

古希腊著名学者亚里士多德在给学生德奥夫拉斯特和欧德谟斯上课。他在黑板

上写了以下文字:

　　黑板上有三个句子错了,请你指出是哪三个?

　　(1)苏格拉底是埃及人。

　　(2)芝诺是智者。

　　(3)《理想国》是柏拉图的作品。

　　(4)苏格拉底与柏拉图是师生关系。

　　(5)逻辑不研究推理问题。

答案分析:(1)与(5)错了,由于亚里士多德要求学生寻找三个错误句子,而(1)~(5)中,只有两个是错误的,所以很多学生就不知所措了。如果我们仔细观察一下的话,我们会发现亚里士多德发出的命令:"黑板上有三个句子错了,请你指出是哪三个?"这句话本身就是错的。黑板上的话里,包括命令在内,的确是错了三句。

　　语言可分为对象语言与元语言等不同层次。所谓对象语言,就是被研究、被认识的语言;所谓元语言,就是用来研究对象语言的语言。比如,在我们周围存在着各种各样的事物对象,有花、鸟、树……我们的语言要反映这些事物对象,可以用"花""鸟""树"等词语去指称它们,这种用来指称这些事物对象的词语,我们可以说它们是对象语言;我们认识对象语言的语言就是元语言。比如,我们可以说"'鸟'是一个汉字","'鸟在飞'是一个句子"等,这些语句反映的不是一般的客观事物,而是以认识客观事物的对象语言为反映对象,这就是元语言。我们必须注意对象语言与认识对象语言的元语言之间的区别,如果混淆了它们之间的区别,就往往会产生错误,出现逻辑矛盾。

　　以上面这个论辩为例,黑板上所写的那5个句子是对象语言,而"黑板上有三个句子错了,"则是对对象语言加以研究的语言,是元语言,它们属于不同的语言层次。可是,亚里士多德混淆了它们之间的区别,这就难免导致谬误,出现矛盾。

　　3.就下列论题,自由组成小组进行辩论训练。

　　(1)阿Q精神不应全面否定。

　　(2)大学生相处的原则应以合作为主,竞争为辅。

　　(3)找异性朋友应以性格接近为好。

　　(4)老人再婚儿女不该干预。

　　(5)轿车进入普通家庭的喜与忧。

　　(6)夫妻之间该有隐私吗?

　　(7)鸡头凤尾你选择谁?

　　(8)中国的传统节日会逐渐被人们淡忘吗?

(9)治愚比治贫更重要。

(10)当今社会男人累还是女人累?

(11)女人一定要生孩子吗?

(12)中学生男女分校利弊谈。

(13)大学生结婚对身心健康成长利弊谈。

(14)再论干得好不如嫁得好。

(15)引进外国影片是配音好还是配字幕好?

(16)学生喜欢麻辣教师吗?

附录1

2014年京津冀高校外国留学生汉语辩论邀请赛方案

一、比赛时间

2014年3月至6月。

二、邀请对象

北京市16所高校,天津市2所高校,河北省2所高校,受邀高校组队参赛。

三、比赛地点

在各参赛队所在校轮流举办。

四、设计思路

1.赛制:根据前四届辩论赛的比赛特点和选手特点,依据去年的赛制规程,今年仍将按照"理论陈词—陈述说明—半自由攻辩—自由辩论—结辩"等五个环节依次进行比赛(详见大赛附件)。

2.赛题:贴近当代留学生生活、与汉语学习相关的话题。

3.赛前会议

(1)赛前说明会:3月28日(周五)。

参会人员:各参赛院校领队老师。

会议内容:详细说明本届辩论赛赛程赛制;抽取辩论赛初赛赛题。

(2)赛前培训会:4月3日(周四)至4日(周五)。

参会人员:各参赛院校领队老师、辩手,中国陪练队队员。

会议内容:由评委老师对参赛人员在语言表达、实战技巧、逻辑训练等方面进行指导;进行测试选拔、现场模拟辩论等。

4. 赛程:预赛、初赛三地各自组织选拔,采取淘汰制的原则,北京选拔4所高校,天津、河北各自选拔2所高校进入复赛。

北京预赛:16进8,8场比赛;时间:4月19日至20日。

北京初赛:8进4,4场比赛;时间:5月10日。

复赛:津冀4所高校和北京晋级复赛的4所高校,8进4,4场比赛;时间:5月17日;地点:北京高校。

半决赛:4进2,2场比赛;时间:5月24日;地点:北京高校。

决赛:2进1,1场比赛;时间:6月7日(暂定);地点:北京电视台。

注:天津市和河北省高校参赛人员可参加培训会并观摩比赛。

五、奖励和荣誉

1.凡参赛选手都将由三地教育主管部门颁发荣誉证书及纪念礼品。

2.凡进入复赛、半决赛、决赛的选手,都将获得不同等级的荣誉证书及奖品。

3.凡进入复赛的高校代表队,都将获得优秀组织奖。

六、北京赛区组织步骤

1.自3月开学后,即根据拟邀请名单,向留学生人数多,以及在历次北京市汉语竞赛活动中表现突出的院校发出邀请,确定参赛队名单。

2.3月5日(周三)发通知、赛程赛制文件后,各校开始组队及内部准备。

3.3月中旬左右确定各级比赛辩题。

4.计划3月28日(周五)组织所有参赛院校的带队老师进行赛事说明,通过抽签确定比赛参赛队对手及辩题。

5.计划4月3日至4月4日(周四至周五)组织所有参赛院校带队老师、辩手、中国陪练队队员进行指导培训,并现场测试选拔、模拟辩论。

6.4月19~20日,连续进行预赛(8场),胜出队(8所学校)进入第二轮比赛,当即抽签确定各队的对手及辩题。

7.5月10日,进行初赛(4场),胜出队(4所学校)进入复赛,当即抽签确定各队的对手及辩题。

8.5月17日,津冀4所高校和北京晋级复赛的4所高校进行复赛(4场),4个胜出队进入半决赛。

9.5月24日,进行半决赛(2场),2个胜出队进入最终的决赛。

10.6月7日,决赛(暂定)。

11.所有参赛队在自身赛程完成时即颁发证书及奖品。

大赛附件：

比赛规则及注意事项

一、赛制

1. 每场4人对4人团体辩论(代表队均设6人、场上队员4人、领队1人、候补队员1人,其中华裔留学生不得超过1人)。

2. 时间:每场50分钟左右。

3. 辩论赛题目由主办方提供。

4. 对抗双方赛前同时抽签确定辩题及立场、比赛场次。

二、辩论赛程序(由辩论赛本场主席执行)

1. 宣布辩论赛开始;

2. 请参赛代表队入场做出场表演和自我介绍(学校、国别、姓名、角色);

3. 介绍辩论赛规则及到场评委;

4. 宣布当场辩题及各队所持立场;

5. 辩论比赛全程;

6. 观众自由提问;

7. 每场比赛结束后3位评委当场给出结果并点评赛况,每位评委点评用时不得超过3分钟;

8. 宣布比赛结果(本场胜方、最佳辩手等);

9. 当场颁发本场比赛(结赛队)的证书及奖品;

10. 宣布本场辩论赛结束。

三、辩论赛程序及用时表

附后。

四、辩论赛规则提示

(一)时间提示

1. 攻辩阶段,攻方用时满时以钟声终止提问,辩方回答问题总时间剩余10秒时,记时员以一次短促的铃声提醒,用时满时,以钟声终止发言。

2. 自由辩论阶段,每方使用时间剩余30秒时,记时员以一次短促的铃声提醒,用时满时,以钟声终止发言。

3. 其他阶段,每方队员在用时尚剩30秒时,记时员以一次短促铃声提醒,用时满时,以钟声终止发言。

4. 终止钟声响时,发言辩手必须停止发言,否则作违规处理。

(二)辩论环节提示

1.立论陈词(双方一辩,各1分30秒,共3分钟)

(1)建议在规定句式中完成立论陈词:首先—其次—再者,用三个基本观点说明本方立场。

(2)提倡激情陈词,有感而发,反对背诵成文;可手持卡片引经据典,但要运用准确恰当;道理简单明了,举实例论证,不做理论探讨。

2. 陈述说明(双方二辩,各2分钟,共4分钟)

(1)对话由反方二辩开始。

(2)双方二辩各讲一个证明我方观点正确的具体生动的事例。

(3)事例要与辩题有紧密关系并能证明本方立场的正确性,不可偏离主题和本方观点。表述清晰、生动,具有感染力。

3. 半自由攻辩(三辩与对方四名辩手,攻方提问40秒,辩方回答2分钟,共5分20秒)

(1)攻辩由正方三辩开始接受攻辩挑战,正反方交替进行。

(2)先由反方三辩提出一个问题,提问不超过10秒,正方三辩必须就反方三辩提出的问题做出正面回答,而后反方其余三名辩手均可向正方三辩发问,每人最多提一个问题,每个提问时间不超过10秒,正方三辩必须在每个问题后对反方辩手提出的问题做出正面回答,正方辩手回答反方四个问题的总时长不超过2分钟;接下来由正方三辩提出一个问题,提问不超过10秒,反方三辩必须就正方三辩提出的问题做出正面回答,而后正方其余三名辩手均可向反方三辩发问,每人最多提一个问题,每个提问时间不超过10秒,反方三辩必须在每个问题后对正方辩手提出的问题做出正面回答,反方辩手回答正方四个问题的总时长不超过2分钟。

(3)攻辩双方必须正面回答对方问题。攻方提问要有鲜明的针对性,有能维护本方立场的时间、地点、人物、事件的具体描述,不提倡使用文言文发问。辩方要正面回答攻方提出的问题。攻、辩双方要求语言简洁明确。重复提问和回避问题均被扣分。

4.自由辩论(双方辩手,各方4分钟,共8分钟)

(1)自由辩论由正方开始,正反方交替进行。

(2)正反方辩手自动轮流发言。发言辩手落座为发言结束,即为另一方发言开始的计时标志,另一方辩手必须紧接着发言;若有间隙,累积计时依然进行,同一方辩手的发言次序不限。如果一方时间已经用完,另一方可以继续发言,也可向主席示意放弃发言。自由辩论提倡积极交锋,紧扣观点,思维清晰,用事实说话。反对偏离观点,空话连篇,揪住不放或不知所云。

5.结辩(双方四辩,各2分钟,共4分钟)

(1)结辩由反方四辩开始。

(2)反方四辩先针对辩论双方全过程的整体态势进行总结陈词,用时1分钟;再以饱满激情朗诵一段证明本方观点正确的诗歌、散文,或讲述一个笑话或小故事,以此为结辩。正方四辩同样。

6.观众提问。观众提问阶段正反方的表现不计入比赛成绩。正反方各回答两个问题。一个问题的回答时间不超过1分钟,如一位辩手的回答用时未完,其他辩手可以补充。

五、比赛评判

(一)评委打分

组委会将聘请3位固定的评委对各场比赛进行全程评议打分。每场比赛结束后3位评委当场给出比赛结果,当场点评。

(二)评分标准

1.团体评分,共300分,用于为评委决出胜负做参考。

(1)辩论阶段评分,计200分。

陈词:40分

陈述说明:30分

半自由攻辩:30分(攻方10分,辩方20分)

自由辩论:60分(每个辩手15分)

结辩:40分

(2)综合印象分,计100分。

出场表演:40分(形式、内容、主题、效果)

汉语水平:20分(发音、措辞、句子、逻辑)

风度气势:20分(自信、情绪、着装、仪态)

团队精神:20分(迅速反应、抓住要害、配合默契)

2.辩手个人评分,每场每位选手50分,用于议决每场一名最佳辩手时参考。

个人汉语水平:10分

与团队的配合:10分

个人辩驳能力:10分

姿态美感风度:10分

全场综合印象:10分

每场最佳辩手从当场8名辩手中产生,最佳辩手应是最高得分者。

（三）胜负判断

1.每场比赛的胜负判断,由各位评委给出的辩论阶段评分和综合印象评分之和的高低决定。

2.辩手个人得分只作为个人奖项的评审依据,与判断每场各队胜负无关。

六、关于辩论的几点说明

1.强调参赛者是用非母语的汉语进行,因此所有辩论环节均以此出发,对多年已形成模式的辩论规则必须有较大突破。尤其提倡降低学理成分,减少理论论述,增加鲜活具体的实例论证和生动故事的讲述。

2.为体现留学生汉语辩论的特殊性和北京作为国际化大都市汉语教学的独特性,建议在辩论中注重国际化视角和全球情怀,打开限于中国和北京的视野,体现世界各国留学生的思维和情怀;因是"趣味与参与"的辩论比赛,故强调娱乐性与游戏性;以留学生在中国北京的日常生活为背景,以他们所思所感且有兴趣的内容为话题,提倡以丰富活跃的发散思维,有智慧有相关知识的生动故事,轻松诙谐、幽默调侃的辩论风格完成辩论赛的全程。

3.辩论中,为支持己方观点,不反对引用名人名言,但不提倡引用敏感历史人物及当代现任领导人的讲话,不涉及现实环境下国与国关系的事例,以免引起各种歧义。在举例时,不涉及敏感的政治人物及政治事件。

4.在辩论中,辩手可以使用道具、图表和物品作为辅助手段,以强化自己的陈词,朗诵或讲述时也可配音配乐,但不可离开座位,无须太多表演成分。

5.除辩论开始一辩必须说"主席、评委、大家好",其余皆可省去,提倡辩手根据自己的特点展示最具特性的个人魅力。

6.每场比赛,辩手的辩位不能变动,也不得中途替换辩手。如有特殊情况(如突然生病等),需替换辩手,须由领队提出申请,由组委会研究决定。

7.每支辩论队穿着统一服装上场比赛。

8.各队选手开场时可以有任何形式的自我介绍,但必须与本场比赛辩题相关,且计入总成绩。

辩论比赛程序及用时表见表14-1所示。

表14-1 辩论比赛程序及用时表

序 号	程 序	时 间
出 场	出场表演、自我介绍、入席	每队不超过3分钟
主 持	介绍辩论赛规则及到场评委 宣布当场辩题及各队所持立场	2分钟

续表

序 号	程 序	时 间
1—1 立论	正方一辩 立论陈词	1分30秒
1—2 立论	反方一辩 立论陈词	1分30秒
2—1 陈述说明	反方二辩 讲论据故事	2分钟
2—2 陈述说明	正方二辩 讲论据故事	2分钟
3—1 半自由攻辩	正方三辩 正方三辩接受攻辩挑战	2分40秒
3—2 半自由攻辩	反方三辩 反方三辩接受攻辩挑战	2分40秒
4 自由辩论	正方先开始	双方各4分钟
5—1 结辩	反方结辩（总结陈词+朗诵或讲述）	2分钟
5—2 结辩	正方结辩（总结陈词+朗诵或讲述）	2分钟
6 提问	观众提问、评分退席评议	5分钟
7 点评	三位评委点评	9分钟
8 颁奖	宣布成绩，发放证书、奖品，合影	10分钟
		全程约60分钟

注：比赛环节用时32分20秒（出场6分钟，主持2分钟，辩论24分20秒）。

附录2

2014年京津冀高校外国留学生汉语辩论邀请赛赛题

预赛：

1. 正方：车辆摇号能够解决城市交通拥堵问题
   反方：车辆摇号不能解决城市交通拥堵问题

2. 正方：大学生就业应该选择大城市
   反方：大学生就业应该选择中小城市

3. 正方：假日黄金周的消费利大于弊
   反方：假日黄金周的消费弊大于利

4. 正方：当代社会，"求博"更有利于个人发展
   反方：当代社会，"求专"更有利于个人发展

5. 正方：在校大学生创业利大于弊
   反方：在校大学生创业弊大于利

6. 正方：微信、微博等社交媒体拉近了人与人之间的距离
   反方：微信、微博等社交媒体疏远了人与人之间的距离

7. 正方：人的财富越多越自由
   反方：人的财富越多越不自由
8. 正方：面对现实应该坚持原则
   反方：面对现实应该善于变通

初赛：

1. 正方：宽松式管理对大学生利大于弊
   反方：宽松式管理对大学生弊大于利
2. 正方：经济发展可以避免自然环境恶化
   反方：经济发展不能避免自然环境恶化
3. 正方：：通俗文学比文学名著影响大
   反方：文学名著比通俗文学影响大
4. 正方：网络流行语有益于汉语言的传承与发展
   反方：网络流行语有碍于汉语言的传承与发展

复赛：

1. 正方：大学生就业应以个人兴趣为基础
   反方：大学生就业应以社会需求为基础
2. 正方：跳槽有利于人才发挥作用
   反方：跳槽不利于人才发挥作用
3. 正方：毕业生找工作时，文凭比能力更重要
   反方：毕业生找工作时，能力比文凭更重要
4. 正方：当今时代，应当"干一行,爱一行"
   反方：当今时代，应当"爱一行,干一行"

半决赛

1. 正方：大学学习应该允许选择性逃课
   反方：大学学习应该不允许选择性逃课
2. 正方：成功的影视作品应该拍续集
   反方：成功的影视作品不应该拍续集

决赛：

正方：孙悟空和猪八戒相比,孙悟空更适合当老公。
反方：孙悟空和猪八戒相比,猪八戒更适合当老公。

附录3

2014年京津冀高校外国留学生汉语辩论邀请赛、表演赛正反双方精彩辩词选录

辩 题：
正方：(北京理工大学 四位外国留学生)：社交网络平台上应该添加父母为好友
反方：(北京语言大学 四位中国女学生)：社交网络平台上不应该添加父母为好友

正方观点一：父母是最好的朋友。

父母就像我们的哥们儿、姐妹儿，当我们难过时，我们想跟父母说说知心话，当我们快乐时，我们想在第一时间告诉他们。所以我们需要微信、facebook这样的网络社交平台。

观点二：父母是我们人生的第一个老师、一辈子的老师。

从一出生，我们就从父母身上学到很多东西，而这些往往是从学校和社会中学不到的。我们现在在国外留学，会遇到很多问题，需要父母的建议、把关，而网络社交平台恰恰是我们心灵的桥梁。

父母对孩子是最包容的，而我们在跟父母聊天时也是最不需要保留的，即使我们与父母相距万里之遥，但通过网络社交平台，我们可以及时沟通，永远一路有父母的陪伴。

观点三：使用网络社交平台跟父母联系，能为我们省钱。

我们是学生，是消费群体，本身并不挣钱，我们花的钱也都是父母的。但是我们又需要经常跟父母联系，了解彼此的情况，越洋电话对我们来说简直太贵了，因为我们聊天的时间一般比较长。而网络社交平台，正好为我们解决了这样的问题，沟通零成本，我们何乐而不为呢？

观点四：开阔父母的视野。

我们在中国学习、生活，既可以通过网络视频让父母了解我们在中国的一切生活，知道我们每一天的喜怒哀乐，比如我们参加辩论赛。我们也会去很多地方旅游，通过网络，父母也可以了解世界、了解中国，通过我们而喜欢中国。有时候，到世界各地去旅游也许是父母的愿望，可是他们却可能因为种种原因而不能实现，比如努力工作为我们提供经济保障。而我们可以通过网络帮助他们实现梦想。

观点五：百善孝为先。

正如我方一辩所说，我们在长大，而家长在逐渐老去。微信、facebook等网络社交

平台帮助我们了解父母的生活,给予他们关心。保持和父母的联系和沟通,让我们能在第一时间知道父母的情况,从而弥补因为在海外留学而不能照顾父母的遗憾。

观点六:拉近距离,减少代沟。

我们与父母之间本身就存在代沟,如果长时间不联系,加上距离远,我们彼此的代沟、心理上的距离会更远,那么我们和父母之间的感情怎么来加深?通过网络社交平台,可以加深彼此的了解,解开曾经有过的心结,化解彼此的矛盾,更能表达我们对父母、父母对我们的关心。

观点七:提高父母的生活质量。

通过网络社交平台,一方面让父母学习了高科技,跟上时代的步伐,另一方面,我们与父母分享我们的所学、所见,拓宽了父母的视野,也就提高了他们的生活质量,让他们看到更多、学到更多。

正方一辩(何子龙　哈萨克斯坦　电气工程与自动化专业　本科一年级):

主席、评委,大家好:

我方观点是,在社交网络平台上应该添加父母为我们的好友,下面我将从三个方面陈述我方观点。

首先,父母是我们最好的朋友,更是我们的第一个老师、一辈子的老师。微信、facebook等网络社交平台就是用来和朋友、家人进行沟通的,我们在中国留学,生活、学习上必然会有很多快乐想要和他们分享,有些问题需要他们的指导,我们当然要添加父母为好友了。

其次,微信、skype等网络社交平台为我们与父母的沟通提供了最方便、最实惠的途径。我们需要和家长交流,而我们是学生,我们花的钱也是父母给的,我们当然要选择最划算的联系方式,网络社交平台不需要付昂贵的话费,对我们来说,就是最佳选择。那么我们为什么不添加父母呢?

最后,相信对方辩友一定听过"百善孝为先"这句话,我们在长大,父母在逐渐老去。他们关心我们的生活与学习,我们同样关心他们的一切。网络社交平台上添加父母为好友,恰恰可以弥补远在国外的我们本应为父母做而不能做的事,我们可以经常与父母视频聊天,可以知道他们的生活情况,对他们表达我们的关心和问候,拉近彼此的距离。

正方二辩(李卡德　苏丹　设计艺术学专业　硕士二年级):

讲述故事:我从小就喜欢足球,是个爱踢足球、爱看球赛的足球迷。所有球队的比赛我都会全部看完,而且酷爱电视直播球赛,每到周末我都会迫不及待地打开电视去看欧洲的5大联赛,如英超联赛等。我的家人也一样,所以我们常常一起坐在电视机前看球赛。如果本土的球队在我的家乡踢球,那么我和家人一定会亲临现场。一个星期我至少会看2场联赛。

2011年,我来到中国求学,这里的一切我都很满意,也交了很多朋友,游览了很多名胜。但让我遗憾的是,看不到家乡球队的比赛了,也不能和家人一起看比赛了。苏丹本地的球赛没有实况转播,常常是知道了比赛结果以后,才能在网络上看到。一些大的比赛,虽然能看到电视直播,但没有家人一起,球赛也显得不那么丰富、有气氛了。

2012年,网络社交平台开始流行,2013年,我发现了这个神奇的联络方式,使用微信、skype等既可以语音,也可以视频。我帮父母也注册了一个账号,告诉他们怎么使用。从那以后,每当爸爸妈妈到现场观看本地球赛时都会开着视频,我就像亲临现场一样,和他们一起欢呼。国际比赛的电视直播,我们也可以通过视频一起看、一起评论。我觉得太温暖、太幸福了。

有了这样的网络社交平台,我觉得我从来没有远离他们。因此,我们在社交网络平台上一定要加上父母。

正方三辩(查尔斯　卢旺达　生物医学工程专业　硕士二年级):

半自由辩论时反方三辩可能会提出的观点及正方三辩的反驳词:

反方三辩观点:父母会干涉自己。

父母通过社交平台对我们的行为、语言、交友等加以干涉。加了父母以后,我们时时刻刻都处在父母的监督之下,觉得不自在。比如,在朋友圈上亲密留言被父母看到会造成一定的误会。甚至,父母可以通过网络社交平台的追踪定位查到我们的具体位置,使得我们行动不自由、交友不自由,我们自己会觉得不自在。

正方三辩:"可怜天下父母心",就是因为父母关心我们、担心我们,才会时刻关注我们。父母想知道我们的位置还不是因为父母担心我们的安全?如果你真出了什么事情(比如车祸、爬山遇险等),那这不正是快速找到你、帮你脱险的有效手段嘛!如果你真想保护你的隐私,相信社交网络平台有方法可以屏蔽。

反方三辩观点:怕增加父母对我们的担心和忧虑。

对方辩友说到"百善孝为先",是的,既然说到孝心,我们在网络平台加上父母,他们了解我们的近况,岂不是会更增添他们的担心和忧虑?为了让父母别再担心我,我不加他们了。

正方三辩:父母为我们担心是正常的、永远的,我们完全可以通过网络平台的方式让他们知道我们的近况,减少他们的担忧。社交平台如微信朋友圈可以及时分享信息,每次发布的照片、心情都有时间点,能够让父母充分了解我们的现状。对方辩友,你觉得父母什么都不知道的忧虑多还是知道具体情况、因此不胡思乱想的忧虑多呢?

反方三辩观点:父母不习惯使用智能手机以及网络社交平台。

父母老了,思想相对保守,不喜欢高科技,玩不会、用不来、打字慢,对高科技的接受程度不如我们。即便有用的,他们也会因为不习惯而用起来笨拙,如语音说话啰唆。因此,还是不加的好。我们的生活节奏与父母不同步,没必要强迫父母使用并添加社交平台。

正方三辩:不要低估父母的能力,谁说父母就不会用了?现在的孩子"80后""90后"甚至"00后"都用上微信了,孩子年轻,爸爸妈妈也都年轻。他们都会玩,并且玩得很好。即便有的父母不会玩,我们可以教他们呀!你教他们的过程,是促进与父母沟通交流的过程。教会了以后父母也会觉得很有意思,会建立他们自己的社交圈。

反方三辩观点:可以使用其他方式与父母交流。

对方辩友刚才提到,通过免费的视频或者语音可以和家人联系,可是我们一定要用网络社交平台吗?用电脑上其他视频软件不就可以了吗,也是免费的!我们没必要在社交网络平台上加父母了。

正方三辩:的确,电脑网络软件很方便,可是手机端的移动互联网现在已经逐渐替代了传统互联网,这种新型的社交网络平台已经证明更方便、更快捷,跟父母可以随时随地地保持联系。时代在进步,对方辩友,你还生活在过去吗?

正方四辩(欧冰如 土耳其 教育学专业 硕士二年级):

当我遇到一件令人愉快的事情时,我第一个想要分享的人就是我妈妈。我一般都是通过微信把好消息告诉妈妈,做妈妈贴心的小棉袄。那你们四位中国美女对这个怎么看?你们刚才说的可能被父母误会的事情,一句话就可以解释清楚,这个不是借口。首先对方辩友可能忽略了最重要的一点,那就是我方一辩提到的父母对子女的重要作用。父母既是我们最好的朋友,又是我们一生的朋友。难道你能否认父母在我们生活中的重要性吗?答案显然不是。那不添加父母为好友,只能让相互关心的人忍受距离的折磨。中国有句话叫"百善孝为先",作为孩子,我们应该孝敬父母。家人担心我们,这是不可避免的。

最后的集体辩词

四辩:俗话说,良药苦口利于病,忠言逆耳利于行。对方辩友,请听听我们的忠言相劝吧!

一辩:不添加父母,真是百思不得其解,难道你们是一家人还不进一家门吗?

二辩:不听老人言,吃亏在眼前,别嫌父母啰唆,快添加吧,可不要身在福中不知福啊!

三辩:不怕一万,就怕万一,父母老了,总会生病,他们多希望你分分钟的问候啊!添加父母是你应尽的孝心!

四辩:灯越拨越明,理越说越清,过了这个村可没这个店,我们可是苦口婆心地奉劝过你们啦!

一辩:又不是什么海底捞针难办的事儿,动动手指,一分钟搞定,快行动吧!

(齐):添加父母,快行动吧!

(附录1,2,3由北京市汉语国际推广中心、北京汉语网、北京理工大学留学生中心提供)

第 15 章

求职、就职、述职训练

推销自己是一种才华,一种艺术。当你学会推销自己时,你几乎就可以推销任何有价值的东西了。

———— ● 戴尔·卡耐基 ● ————

差 别

两个同龄的年轻人同时受雇于一家店铺,并且拿同样的薪水。

可是一段时间后,叫阿诺德的那个小伙子青云直上,而那个叫布鲁诺的小伙子却仍在原地踏步。布鲁诺很不满意老板给他的不公正待遇。终于有一天他到老板那儿发牢骚了。老板一边耐心地听着他的抱怨,一边在心里盘算着怎样向他解释清楚他和阿诺德之间的差别。

"布鲁诺先生",老板开口说话了,"你现在到集市上去看一下,看看今天早上有什么卖的。"

布鲁诺从集市上回来后向老板汇报说,今早集市上只有一个农民拉了一车土豆在卖。

"有多少?"老板问。

布鲁诺赶快戴上帽子又跑到集市上,然后回来告诉老板一共40袋土豆。

"价格是多少?"

布鲁诺赶快又跑到集上问来了价格。

"好吧,"老板对他说,"现在请你坐到这把椅子上一句话也不要说,看看别人怎么说。"

> 阿诺德很快就从集市上回来了,向老板汇报说到现在为止,只有一个农民在卖土豆,一共40袋,价格是多少多少;土豆质量很不错,他带回来一个让老板看看。这个农民一个钟头以后还会弄来几箱西红柿,据他看价格非常公道。昨天他们铺子的西红柿卖得很快,库存已经不多了。他想这么便宜的西红柿老板肯定会要进一些的,所以他不仅带回了一个西红柿做样品,而且把那个农民也带来了,他现在正在外面等回话呢。
>
> 此时老板转向了布鲁诺,说:"现在你肯定知道为什么阿诺德的薪水比你高了吧?"

同样的小事情,有心人做出大学问,勤想勤听勤问,而不动脑子的人只会来回跑腿而已。别人对待你的态度,就是你做事情结果的反映,像一面镜子一样准确无误,你如何做的,它就如何反射回来。

在人际关系中,我们往往会发现这样一种情况,正如你看重自己一样,别人也同样看重自己,只有双方彼此欣赏,才有可能建立起融洽的关系。具体到求职、就职、述职而言,如何成功推销自己,促成双方彼此的欣赏,是至关重要的。本章所要论述的,就是如何使用口才技巧获得求职、就职、述职的成功。

一、求职的技巧

应聘获得成功是每一位求职者的心愿。但一般来说,竞争同一职位的人肯定不止一个,经过审查阅历然后通知面试的人也不止一个。要想通过面试这一关,口才无疑起着决定性的作用。在求职过程中,面谈是雇主与应聘者之间的会面,其目的是使雇主和应聘者之间进行双向的交流,雇主想看看应聘者对他是否有用,而应聘者则想看看这项职业是否合他的心意。要想获得应聘成功,应聘者在求职前必须做到以下几点。

(一)学会自我介绍

在雇主与你见面之前,他也许已经读过了你的一些资料,也许对你一无所知,但这些都不重要,没有人会对打印出来的年表式的东西感兴趣,他更想听你个人谈一下自己,从谈话中,很多观念就已经在他脑子里成型了。尤其是阅人无数的雇主,他对资料并不感兴趣,他相信自己的直觉和第一印象,因此,自我介绍在求职中占据头等重要的地位。如果这一关过不了,那么,本文以下的部分对你就没什么用处了。在进行自我介绍时,一定要注意以下几个方面:

1.**自我介绍最忌散漫**。你要明确,求职的目的是能获得这个职位。这么简单的道理总有人记不清楚,喋喋不休地去谈那些对目前毫无意义的废话,直到老板把他客气地"请"出去为止。浪费时间是不能忍受的,你如果把自己的情况试着在两三分钟内讲述得清楚明白,老板是不会反感的,他会觉得你干练,说话得体。

2.自我介绍的目的性要强。比如:你到电脑公司去求职,就绝不要谈你对烹调的兴趣,除非老板是个贪吃之徒,也许可能会成功,但这样的概率太小,他一般会客气地"请"你去餐厅试试。所以,你必须清楚你的话里,有哪些对老板录用你直接产生作用,这很重要。

3.自我介绍要有良好的情绪。有很多人在自我介绍时面无表情,声音空洞,像老板欠他钱一样,这种让人害怕的情绪,还是极早抛开为好。但也不能矫枉过正,摆出一副奴颜媚骨的样子,让人瞧不起。更不能拿出决斗的架势来,说话带有挑战意味,把老板吓一跳。自我介绍要得体,既不丧失个人人格,又不能傲慢随意,要非常有礼貌的谈话,尽力保持风度。你可以对着镜子试试,改掉面部无表情或表情过于丰富的毛病,然后再去应聘。

4.摈弃不慎的言语或做作的行为。这些言行会给人一种不佳印象,你必须清楚的了解,并设法避免这些毛病。在一次单独的面谈中,不要装出一副悠然自得的样子,说出"就咱们俩之间""哥们儿""天哪"之类随随便便的话;不要手舞足蹈,分散雇主的注意力,或矫揉造作,虚情假意,让雇主感到不舒服。

5.面试中忌用俚语,忌说粗话。交流时要礼貌待人,体谅他人,避免尖刻、损人的话语。不要借诋毁别人来抬高自己。如果你在未来的雇主面前对先前的雇主或同事说长道短,他会想到你也会这样待他。出色有效的谈话,关键在于用心用脑。

6.面谈中的态度是极其重要的。如果你给人一种未必真有兴趣的印象,你将发现,雇主也会漫不经心。要积极,不要不好意思表达自己对公司及职位的热情。假如你有自己的主见,不同于雇主,你必须自始至终地保持冷静和友好。如果流露出急躁和厌烦情绪,面谈很可能会马上中断。面试你的人也许没有你那样的大学资历,不过你还要尽力合作,尊敬对方,不要表现出优越感。在面谈中除了要陈述一下自己的条件外,对方还要对你的反应做出一个全面的总结。如果在面谈中替对方着想并且尽量地使他轻松自若,他准能对你表示出好感。

(二) 全面展示自己

一位打算雇你的老板,有兴趣听听你对自己工作的态度和价值准则:对一项终身职业你有什么追求?你的内在动力是什么?是雄心勃勃,还是脚踏实地?你想通过自己的工作获得什么?通过发挥自己的才智会有什么样的自我满足?与社会何益?有无荣誉心?是否谋求政治权利?是否打算出人头地谋取财富?是否贪图稳定的职位,等等。

除了搞清楚你的性格和动机,老板还想了解你对工作有关的事情有没有正确的判断。这种素质有时被称为职业才能。老板们知道,要胜任工作,仅仅掌握一定的技术是不够的。他们需要的是那些对工作的复杂性以及所涉及的人际关系都能有比较深刻的了解的人,并且在面临新情况时能够应付自如。

一个具有职业才能的人,深知经验的宝贵,因此能看重自己的经验及雇主的经验,能够敏感地提出现有工作中的失误,善于接受新信息。如果你是这样的人,如果你对工作提出了详细而具体的建议,便具备了雇主所高度赞许的条件。

雇主总是对求职应聘者的特殊才能或独特品质感兴趣——非凡的想象力、创造力和领导组织能力。如果你突出的具备其中的任何一种,就应该使雇主注意到这点;如果你曾在一家公司整顿过一个部门,使之提高了效率,或是取得了与此工作相关的成就,应该把这些作为你与雇主谈话的主要话题。

由此可见,从多个方面展现自己对于引起雇主的兴趣非常重要,没有哪个老板不喜欢知识、才能全面的人才。

(三)对雇主表示好感

你想得到这份工作,当然首先要得到老板的认可。真正的尊重与爱戴是建立在双方的了解之上的,而在老板对你还没有全面了解之前,给老板留下好印象是至关重要的。

你与老板虽然是初次见面,但你不应该像老板对你一样陌生,而要有备而去,带着对他的背景和成就的了解去与他见面。打算雇佣你的老板多半是成功人士,多年打拼的经历使他们有着丰富的经验和能力,他们对自己、对事业都充满了信心,有的还会有几分得意,都希望得到来自社会各方面的赞许和认可。你渴望成为他的下属,在他的麾下一展抱负,就证明了你对他的信服和钦佩。求职时一定要把这种想法和情绪表达出来。要真诚地告诉老板,你对他奋斗历程的敬重,你相信会在他的领导下学到许多东西,会不断增长自己的才干,他是你为人处世和成就事业方面的楷模,也是你要来为他效力的原因。

对老板的赞美并不是虚伪的恭维,而是发自内心的情感。这样做会给雇主留下好感,有利于求职的成功。

小吴大学毕业后决心自谋职业。一次,他在一家报纸的广告里看到某公司征聘一位具有特殊才能和经验的专业人员。小吴没有盲目地去应聘,而是花费很多精力,广泛收集该公司经理的有关信息,详细了解这位经理的奋斗史。那天见面之后,小吴这样开口:

"我很愿意到贵公司工作,我觉得能在您手下做事,是最大的光荣。因为您是一位依靠奋斗取得事业成功的人。我知道您28年前创办公司时,只有一张桌子、一位职员和一部电话机,经过您的艰苦奋斗,才有了今天的事业。您这种精神令我钦佩。我正是奔着这种精神才前来接受您的挑选的。"

所有事业有成的人,差不多都乐于回忆当年奋斗的经历,这位经理也不例外。小吴一下子就抓住了经理的心理,这番话引起了经理的共鸣。因此,经理乘兴谈论起他自己的成功经历。小吴始终在旁洗耳恭听,以点头来表示钦佩。最后,经理对小吴很简单地问了问情况,就拍板说:"你就是我们所需要的人。"

小吴没有像一般的应聘人员那样把自己介绍得完美无缺,没有滔滔不绝大谈过去自己的辉煌历史,而是谈老板的成就,谈自己对将来工作的想法。正是这种口才的灵活运用,使得他能够脱颖而出,给对方留下深刻的印象。

(四)怎样讨论薪金

薪金问题是一个敏感而又不能回避的问题。每一个求职的人都会将此项内容作为自己求职的重要标准之一。在你求职前,就应该想好自己对薪金标准的期望值和最低下限。而这两条界限是根据你对自己学历、专长、工作背景、工作经历、工作经验等一系列状况的清晰分析后确定的。你自定的薪金界限当然要符合社会现行的工资水准和大多数人的收入标准。

如果雇主问你要多少工资,你可以先征求对方的意见,只表示要求与本职务同样资历者的标准工资水平。若雇主提出来的薪金标准高于或接近你的期望值,当然很好,可以立刻答应;若低于你心中的薪金下限,就要表示要考虑一下或问个明白。比如:雇主讲此公司目前正是初创时期,经费少,底子薄,全体员工都在克己奉公地拼搏,相信再过一段时期薪金定会有大幅度调整,连他目前也拿着较少的工资。你若对此公司的业务发展看好,或对这里的工作环境、人员情况以及其他因素有兴趣,当然可以暂时接受较低的薪金,这就全靠你从实际出发作出判断。

在讨论薪金的过程中,要问明试用期的长短,试用期间的工资待遇;转正后薪金标准以及提升薪金的机会和提升的幅度。正式员工除薪金外还有什么待遇,如保险金、医疗费、假期待遇、加班工资、请假扣除工资标准等等,最好都问个明白。如果问及你目前的收入,要准确回答,以给雇主一个坦诚的印象。

(五)怎样结束面谈

第一次面谈结束时就能找到工作,当然是好事,但经常不是这样。雇主在拿定主意雇用你之前还会和其他应聘者进行面谈。有些公司为所有的应聘者组织一些考核,召见人会告诉你什么时候来应试。即使是雇主对启用什么人已胸中有数,所有应聘者各项材料他还都会进行审查。不要催促雇主马上做出决定,说你在下午四点还要考虑到另一家公司应聘。给雇主一些时间考虑你的申请,也给自己留点时间考虑一下这份工作是否合适。在面谈中你也许会发现:你并不能胜任也不想接受对方所描述的职位,那就直说自己不是他们所寻找的人选。若历数其他的机会,说你要"看看行情",或是提出类似的借口,这样做是浪费时间,表明自己缺乏诚意。

下面是一段雇员与老板之间的谈话,请指出其中的错误所在,并予以修正。

雇员:我叫杰姆士,我的简历您看过了吗?

老板:我看了其中一部分……

雇员:那就请您答复我,您认为我能胜任这个工作吗?

老板:这从简历上看不出来,我们需要考察你的能力……

雇员:您的意思是说让我来工作吗?在工作中考察?

老板:不是……

雇员:如果不让我来这儿工作,您有什么资格来考察我?

老板:你听我说,杰姆士。

雇员:我知道我自己的能力,而且我今天下午还要去另一家公司应聘。我的时间很紧张,请您尽快答复我。

老板:好吧,你先去忙你自己的事情吧,我们会考虑的,一有消息就通知你。

杰姆士显然是个急性子的人,如果说他求职失败的话,那完全是因为个人的原因。他甚至没有耐心听老板说完一句完整的话,对老板的意思也没有揣摩明白。实际上老板对他的简历感兴趣,才请他来面谈,这已经是成功的第一步,但杰姆士过于草率地把机会断送了。尤其是他提出还要去另一家公司应聘,老板可以把这句话视为威胁自己的信号,而且老板完全有理由认为,杰姆士是缺乏诚意的。这是一段很简单的对话,其中所犯的错误即操之过急和缺乏诚意却是我们许多人在求职中经常犯的。

二、就职口才的技巧

当新的工作岗位呈现在你面前时,你的新生活便开始了。如何在一个新的工作单位里,利用良好的口才树立起自己的形象,对刚刚来到新的工作岗位上的人来说是很重要的。掌握好这个技巧,就等于迈出了事业成功的第一步。

(一) 明确就职讲话的目的

1.将就职讲话当作一次精彩的亮相。一个企业或一个机构,当有新人加盟时,同事们总会表现出友好的欢迎和进行善意的接待,这时正是你在大家面前亮相的最好时机。初来乍到,你没有朋友,没有熟人,眼前所见都是陌生的人,从此要和他们朝夕相处,亲密合作,当然在一开始就要给人们留下最优秀的印象,而第一印象往往是最重要的,它会给以后你在新单位的人际交往打下良好的基础,这就全凭你第一次出场时的就职讲话来实现了。

2.创造一个融洽的工作环境。新环境、新同事都向你敞开了怀抱,要为自己创造良好的工作空间和人际关系,你就要考虑怎么融入这个新环境,如何为自己建立起融洽的工作气氛。虽然工作的优劣,技术的好坏还有待实践的考察,但如果你很有能力,也很有信心,就要努力与别人沟通,在就职时就争取得到别人的信赖和尊重。必须学会恰当地表露自己,一个自我疏远的人,不懂得真正充分展示自己,从来不爱与别人交流的人,是不会被同事们欢迎的。在就职过程中如何利用口才技巧奠定自己的地位和威信? 这就是就职讲话的目的性所在。

3.寻找新的发展空间。你要为自己的升迁作必要的铺垫吗? 如果你想在此职位上有所发展的话,你的就职讲话就应该表现出更大的抱负和更真诚的期待,但更重要的是要告诉所有的人,你的发展或升迁是与企业的发展、同事们的发展紧密相连的。要表示出与企业和同事们一荣俱荣、休戚与共的信念。这样才会使你的就职讲话达到更好的效果。

(二) 就职口才的基本技巧

1.要讲真诚话。初次见面,要少讲虚伪话,多讲真诚话,在态度上要真情实意,言词上要诚实恳切。讲话中举例子,要符合企业客观实际;谈前景,要适应经济发展规律。你若是一位领导,不要说假话大话,不要开空头支票。要做到这一点,既要了解企业机构的历史,又要了解部属的现状;既要认清过去,又要预见未来。只有讲话前有所设计,有所准备,讲起来才能既中肯,又中听,才能打动人心,收到先声夺人的效果。

2.少讲客套话。初次见面,一般人都爱讲客套话。如说说自己的不足,感谢领导的信任,表示自己的决心,提出今后的希望等等,这样的客套话,应该能简则简,因为这些话不会给别人留下任何印象,应该适可而止。你若是管理类的人才,就职讲话要体现一定的管理目标,体现出专业水准。

3.正确使用"我"的叙述角度。用第一人称"我"来叙述自己的、需要、态度、信念以及思想,是自我表露的最基本的言语技能。例如,"我想……""我觉得……""我相信……"和"在我看来……"谈话中把自己的感觉和思想放进去,意味着对自己的感觉和思想的承认和肯定。当你用"我"来讲话的时候,这说明你所相信和感觉的东西是出自切身体会的,而不是泛泛掌握的事实。用第一人称与他人交流,会给对方直接、亲切和具体的感受,会向对方传递友善的愿望。例如,我们不应该说"凡是了解我的人都认为我应该干这项职业",而应说"我想干这项职业";不要说"我猜想公司的情况不太好",而应该说"公司的情况在我看来并不太好,也许有待整顿"。

4.使用明确具体的语言。就职讲话中不要把你的观点隐藏在模棱两可的语言中,不要用含混的话、过分委婉的词或俚语来搪塞。应该用明确具体的词汇来表达你的观点。

要坦率地叙述必须要说明的事情,不要拐弯抹角地逃避表露自己的态度。要避免使用削弱表露语气的词语。如:不应该说"我没有经验,不知道该怎么说好",而应该大声说"在某个观点上,我需要补充,或者修正"。不要降低自己意见的重要性。

5.要善于理解别人。在就职讲话中,一定要善解人意,善于理解别人。这并不意味着中庸,而意味着参与和关注。当我们理解别人时,能够使其他人对我们产生信任感。当在就职讲话中必须给别人提出建议时,最好以补充说明的方式而不是以告诫的方式。你对对方的赞扬和积极的评价都可以获得很好的反馈。不要说"你能干得了吗",而要说"我相信你干得了";不要说"你为什么要提出这个问题",而要说"你提的这个问题很好,请阐述你的理由"。给予这种肯定回答的表达在就职时是最恰当的。

尽量避免就职时批评和教训别人,说话要留有余地,正面肯定比反面指责效果要好得多。用自己的理解去影响别人,给他人提供建议、补充和说明,在潜移默化中建立与他人良好的人际关系,从而为日后的工作铺平道路。

三、述职的技巧

在工作进行了一段时期后,你将面对部门总管或老板本人的考核,千万不要不自信,要把它作为一个自我展示的绝好机会。要把你的成绩亮出来,谈出你对自己工作的评价及对未来工作的设想,要让负责审核的人了解到你的能力和才干,了解到你在工作中付出了很大努力,取得了成绩。同时,对于批评意见要坦然接受,对于他人对自己的攻击或误会,要"有理、有利、有节"地进行辩解和反击。

(一) 恰如其分地评价自己

评价自己是件很困难的事儿,如说得太谦虚,会让人感觉你无能,太自信了又让人觉得你太狂,总之,把握不住尺度就会前功尽弃。

评价自己最重要的原则是什么呢?应该说是坦诚而有勇气。坦诚决不仅是诚实,它还包括你有勇气面对自己的成功和失败,谈出自己对事业的态度和需求。你要提防夸大其词后别人的妒忌心,也要提防自卑自贱时人们的蔑视,要以公正的态度说出自己的成绩以及你对这项职业的投入,并指出自己的问题所在。有句成语叫"心悦诚服",述职时使听众达到这样的效果,才是述职的最佳结果。

(二) 接受和鼓励别人的批评

有时候我们所做的事会遭到别人的批评,如何对待批评呢?这里有两个办法,第一是承认批评中正确的部分。例如,某人批评你工作效率不高,你可以表示同意,想想看,自己或许有时候是比较慢一点。第二是真心诚意地鼓励别人提出批评,这比接受批评更进一步。鼓励批评有两点好处:其一是当有人指挥不了你而满腹怨气时,你鼓励他把意见讲出来,积怨可以因此消除;其二是一些建设性的批评,能够提供富有启发性的信息,可以促使你不断进步。不管为了哪种意图,鼓励别人提出批评都是表示你热爱这项工作,并希望将工作干好的诚意。

(三)学会表达自己已经完成的工作

你要学会在一段话之内表达自己为某一件工作所做的努力,也许这项任务还没完成,但它并不能影响你的功劳。有的人说话好说半截,缺乏信心。别人的理解能力再好,也难以从你的半截话中理解你的全部意思。他们不是没有能力理解你的思想感情,问题在于你要提供足够的信息。要使用描述性而不是评论性的语言,告诉对方自己做了些什么,而不要掺入你个人的意见。不要说"我认为我对公司的贡献是巨大的",这话要让对方去说,你只要用描述性的主观色彩不浓的词句来表达自己的工作成绩就可以了,这样反而会取得更好的效果。说话时要避免使用恩赐般的、恐吓的、鄙视的、讽刺挖苦的、玩世不恭的或者评头论足式的语言。

(四)通过对对方感觉的反应来表达自己

你对对方的理解可以通过像"我明白了""我理解了"这类清晰的句子来表示,不要轻易地对他说你无法理解他的意思,这就等于你直接否定了他的谈话。要先承认自己和他站在一个立场上,才有可能进行顺利的表达。如果你总是跟对方处在一个敌对情绪上,那么表达就很难进行下去了。所以,对对方的任何观点都有反应,是一种良好的交流过程。述职时尤其需要这种态度。

不要回答没有要求你回答的问题。许多人在述职时往往会超出要回答问题的范围。例如,老板问你科技研究的工作进展得怎么样,你却回答说你费尽了心力,占用了全部的业余时间,以致妻子为此经常和自己发生争吵。这样就会把对方置于一个很尴尬的境地,好像你家庭的不幸都是因他而致。人的耐心是有限度的,不会有人喜欢长时间地听你的抱怨,这在述职时要特别注意。

(五)让对方把话说完

有时候我们会遇到这样的情况,评判你工作的人,由于偏见会导致言谈中有失公允。此时,就算你是对的,你也要等对方把话说完,不要一味地抗议或为自己辩解。要给对方充分表达的机会,让对方说下去,不要在中途打断他,然后再来阐述你自己的理由,这样做的效果会更好。

求职、就职、述职口才训练

1.你被挑选去参加一家待遇优厚的公司的招聘复试。在约定时间前,你坐在办公室外面等候会见。大约15分钟后,又来了一个人,显然也是来参加复试的。时间到了,秘书叫你的名字,你还没有回答,后来的人却跳了起来,向秘书说他很忙,能否先面试,随后就走进了办公室。在这种情况下,下面的三个选项中你选择哪种会比较好呢?

A.你对秘书大声说,你已经等了很长时间了,如果说这个公司的经营管理竟然如此无秩序的话,你就不要这个工作了。然后,一阵风地走出门去。

B.你说你等了15分钟,现在正轮到面试你的时候,你觉得现在应该是你而不是别人同人事经理谈话。

C.你重新坐下,一声不吭,等候秘书再来叫你。

答案: B

答案分析: 在这样的情况下,面对侵犯行为,必须维护自己的权利,但不要以牺牲他人的利益为前提,要尊重自己也要尊重他人。A的做法,显然是以恶报恶,只知道维护自己一时的权利,而忘记了保护自己的长远利益,在表达自己感情的同时却丧失了自己的权利。C的反应显然是无力进行自我辩解,不能维护自己的权利,把握不住自己的机会。这是一种缺乏自信心的表现。许多无力自我辩解者经常向别人让步,并且从来没有因此而感到过惬意。B的反应恰恰处在这两个极端之间,在交往中,他们相信自己并能营造真诚坦率的气氛,别人对他们也常以诚相待,用同样的态度来对待他。因此,在求职中既要保持个人尊严,又要注意应有的风度,这样才能赢得他人的尊重。

2.在一次公司里召开的考核会议中,你作为一个刚进公司几个月的新职员参加了这次会议,或许你已经为公司做了许多有益的事情,然而这次会议的气氛对你却并不友好,与会者已经发表了不少对你的批评意见。等到你发言的时候,会议已接近尾声,你将选择一种什么样的谈话方式来扭转局面呢?

A.逐个反驳对方的观点,在很短的时间内,做一次小型演讲。

B.不发表任何意见,表示接受,然后在私下里与其他人交流。

C.使用设问的方式希望对方能公平地评价自己,然后列出足够的证据证明自己在许多方面其实做得不错。同时,也不要忘了对自己确实不当的地方做出检讨。

D.接受别人的批评,再逐条进行反驳,并阐述自己的工作成绩,直至对方承认为止。

答案: C

答案分析: A的做法会激怒参加考核会议的人,因为这样做,就等于是否定了对方的观点,没有人是愿意被否定的。自我辩解的前提绝不是彻底否定对方以取得口头上的胜利,而是希望促成双方的互相了解,避免一些由于认识上的障碍而造成的误解。B的做法是无力辩解的范例,默认本不属于自己的错误,只会把事情搞得更糟。如果不能在一个公开的场合下,坦白地表露自己,依靠任何的私人谈话,都是很难让人信服的。D的做法会使自己处于一个尴尬的境地,它属于过分的自我辩解。先接受别人的批评,再逐条进行反驳,无异于自己打自己耳光,给人以"伪装真诚"的感觉。C的做法是比较理智的,它没有像A和D一样,处处以自我为中心,也没有像B一样过于怯懦,它能接受对方正确的观点,也表示出希望对方公正评价自己的愿望,这是一种比较坦诚的交流方式,是值得推荐和学习的。

3. 下面是一段求职过程中老板与雇员的对话,请指出其中的毛病,并加以改写。

雇员:我已经来这里试用一个月了,您对我的工作情况满意吗?

老板:当然,我很满意。

雇员:那您决定把我转为正式职员,享受正式职员的各种待遇吗?

老板:暂时还不能。

雇员:为什么?

老板:公司是有规定的,要等到试用三个月后才能转为正式职员,我们在一个月前已经谈好了,不是吗?

雇员:可我工作非常努力,这是大家有目共睹的。我认为规定是死的,可以适当地调整。

老板:对不起,我还没有考虑过改动规定的问题。

雇员:那就是说我还要再熬两个月了?

老板:你当然可以不熬。

改写:

雇员:我已经来这里试用一个月了,您对我的工作情况满意吗?

老板:当然,我很满意。

雇员:也许我能提一个小小的建议,我个人因为经济上的困难,很需要得到正式职员的工资和待遇。有些事情总是搅得我不能安心。

老板:对不起,我们暂时还不能。

雇员:当然,我的建议非常冒昧,这条规定是不能改动的,对吗?

老板:话也不能那么说,我们当然要考虑你的实际情况,规定是死的,但在特殊情况下可以改动。

雇员:算了,那也不必。不要因为我而让其他新来的人感到不公平。

老板：你和他们的情况不一样，你也比他们工作努力，这件事情我是可以考虑的。

答案分析：在第一段中，这名雇员在提出对公司的要求时，不阐述自己的理由，言词过于生硬，谈话中缺乏技巧，忘掉了自己的身份。在被老板拒绝之后，他措辞极为不当，"熬过两个月"会给老板带来一种错觉，认为你是奔着工资来的，对工作毫无热情，这样的谈话只可能带来消极的后果。

在第二段中，雇员很巧妙地采取了试探性提问，并阐述了自己的理由，在被拒绝之后没有继续坚持，而是把话题转到另一个方向上去。这时候老板就不得不主动提出修改规定的意思。雇员又采取了以退为进的方法，替老板担忧，"他不能说服其他的人"。老板当然要证实自己的能力，于是痛快地答应了雇员。表面上看起来很简单的谈话，实际上存在着很高的技巧，如果我们详加分析的话，肯定会从中受益。

4.下面是一个就职者面对同事的一段谈话，请指出它的毛病。

杰克：我来公司已经半年了，总是得不到重视，你们这个公司死气沉沉的，每个人都像是患了懒惰病。

罗伯特：你很精明能干吗？

杰克：当然，我比你们都强。我是真正的哈佛大学的毕业生，在这个公司里，唯有我一个人上过如此正规的专业大学。

罗伯特：你真是当老板的材料。

杰克：当然，我就是机遇不好。

答案分析：杰克的话是不会讨人喜欢的，他是一个明显的以自己为中心的人。"你们公司"四个字就已经伤害了对方的感情，把对方放在了对立的位置。其次，他对自己上过哈佛大学一事津津乐道，这也很容易伤害对方的感情，对方会认为他是无礼、傲慢、让人讨厌的同事。这段话显得有些夸张，但是在生活中，我们往往不自觉地喜欢抬高自己的地位，而忽视对方的反应，这时候你的优势往往会转化为对方攻击你的武器。对对方的不尊重，并不只是说贬低和侮辱对方的话，也包括在心理上给对方造成压力，致使谈话无法在平等的气氛中进行下去。

附　录

肯尼迪总统就职演说

肯尼迪是美国第 35 任总统，也是美国历史上最年轻的总统。第二次世界大战期间参加海军，因功获紫心勋章。1946 年起三度当选联邦众议员。1960 年被民主党提名为总统候选人，在竞选中击败尼克松进入白宫。在总统任内，他推行称霸世界的全球战略,还发动了侵越战争。1963年在美国达拉斯市遇刺身亡。肯尼迪酷爱语言文学艺术,他的第一部著作《美国为何酣睡》成为1940年的畅销书。肯尼迪同时又是一位杰出的演说家,他的《就职演说》被誉为历届美国总统就职演说的精品。"你们要问的不是你的国家能为你做些什么,而是你自己能为国家做些什么"等佳句,更是脍炙人口,常被引用。

就职演说

(肯尼迪,1961年1月20)

首席法官先生、艾森豪威尔总统、尼克松副总统、杜鲁门总统、尊敬的牧师、各位公民:

今天我们不是为一个政党的获胜而奏凯,而是为自由的实现而欢庆。这一天既意味着结束又象征着开端,既体现着延续又标志着更变。因为我已在诸位和上帝面前立下了我们先辈170多年前所设下的庄严誓言。

当今世界已非同以往。人类手中所持的威力既足以把人类的种种贫困一扫而光,也能使整个人类的生存毁于一旦。然而,人的权利不是仁政的恩赐而是上帝的给予这一信念,这一历代先辈为之奋战的革命信念,在全球各地却仍然毁誉纷纭,存亡未卜。

今天我们岂敢忘记我们是那场首次革命的继承者。让我们的誓言从此时于此地传向我们的朋友和敌人:美国的新的一代已接过这一革命火炬。本世纪(20世纪——编者注)诞生、战火中锤炼、冷峻严酷的和平中磨砺、具有悠久传统荣耀的美国一代新人,不会坐视也不会容忍人的权利被蚕食殆尽。对此,我国历来负有不容推辞的责任。今天,我们在全国和世界范围内也同样对此负有不容推辞的责任。

让每一个祝我们吉祥或愿我们遭灾的国家都知晓:我们将不惜任何代价,承担任何重任,迎击任何困难,支持任何朋友,反对任何敌人,以确保自由事业的生存和成功。

以上是我们的誓言——但并不仅限于此。

对那些和我们共享同一精神文化渊源的长期盟国,我们矢志不渝亲密朋友之间的忠诚。只要我们携手并进,共谋百业,我们几乎能无事不成;如果我们一盘散沙,那简直就无事能成。面对咄咄逼人的凌厉挑战,我们怎敢彼此争论不休,各自孤守一隅?

对那些加入自由行列的新兴国家,我们表示欢迎并恪守以下誓言:一种形式的殖民统治的消亡绝不只是为了被另一种更为残酷的铁腕专制取而代之。我们并不期待他们总是支持我们的观点,但我们却期望他们始终不渝地捍卫自身的自由,并且牢牢记住,以前那些愚蠢地骑上虎背谋求权威者,无不以葬身虎腹而告终。

对那些在遍布半球的茅屋棚舍里为挣脱贫困枷锁而奋斗的广大人民,我们保证不遗余力地帮助他们拯救自己,耗时再长也在所不辞。如果自由社会不能解救贫苦的芸芸大众,那也难保安逸的寥寥富豪。

对那些地处我国南面的兄弟国家,我们许下特别的诺言:把美好的语言化为美好的行动,组成一个新的进步同盟去援助自己的人们和自由的政府去砸烂贫困的锁链。

对主权国家的世界联盟——联合国,这一战争机器压倒生产机器的时代里我们最强最后的支柱,我们重申继续支持,不让它沦为仅供彼此互相攻讦的讲坛,加强它对强弱国家的庇护之力,扩展它令行禁止的管辖领域。

最后,对那些立意与我为敌的国家,我们提供的不是诺言而是要求:让我们双方重新迈出谋求和平的步伐,以免科学所释放的恐怖毁灭之火在预谋或偶发的自我毁灭中将整个人类化为灰烬。我们不敢示弱,以防它们铤而走险。因此,让我们重新迈开步伐,双方都应切记,礼让并不是软弱,诚意有赖于实证。让我们共同寻求连接双方的共同点,而不再纠缠于观点迥异的分歧中。

让双方首次认真明确地拟出监察和控制武器装备的建议,把摧毁其他国家的绝对威力置于所有国家的绝对控制之下。

让双方携手共创科学之奇迹,而不是引发科学之恐怖;让我们一起探索宇宙,征服沙漠,消灭疾病,开发海洋,振兴艺术,发展贸易。

让我们联合起来,让希伯来预言家以赛尔的呼唤传遍世界的每一个角落:"砸碎沉重的枷锁……让被压迫者重获自由。"

如果双方的合作能在荆棘中辟开一块安身之地,那么让双方携起手来再做努力,不是去争取获得新的军事均衡,而是创建一个强者公正、弱者安宁、和平持久的新的法治世界。

所有这一切不可能在百日之内一蹴而就,也不会在千日之内大功告成,也并非本届政府所能包揽,甚至耗尽我们在此星球上的有限之年也难以完成。但是让我们就此开始吧。

美国同胞们,自由事业的最终成败不在我的手中,而在你们手中。自从美国创建以来,我国的每一代人都曾被召唤上阵去披露对祖国的赤胆忠心。应召赴命的美国年轻军人的坟墓布满了全球各地。

现在号角又向他们吹响了,但不是号召我们拿起武器,当然武器不能离手;也不是呼唤我们冲锋陷阵,尽管我们正严阵以待;也不是召唤我们承担起一场前程叵测、绵绵无期的斗争的重任,"呈祥则喜,罹难则忍,"去战胜人类的共同敌人:专制、贫困、疾病和战争。

在世界漫长的历史上,只有少数几代人能在自由面临极大危险的时刻被赋予保卫自由的使命。在这一重任面前,我不退缩:我欢迎这一重任。我认为我们中间不会有人愿意与别人或另一代人调换位置。我们从事这一事业的那种精力、信念和献身精神将照耀我们的国家和所有为此出力的人们。这一火焰发出的光芒将真正照亮这个世界。

因此,美国同胞们,你们要问的不是你的国家能为你做些什么,而是你自己能为国家做些什么。

和我们在一起的世界各国公民们,你们要问的不是美国能为你们做些什么,而是我们一起能为人类的自由做些什么。

最后,美国公民们,世界各国的公民们,请在此要求我们贡献出同样求之于你们的巨大力量和牺牲。

让我们率领我们热爱的国家向前挺进吧。

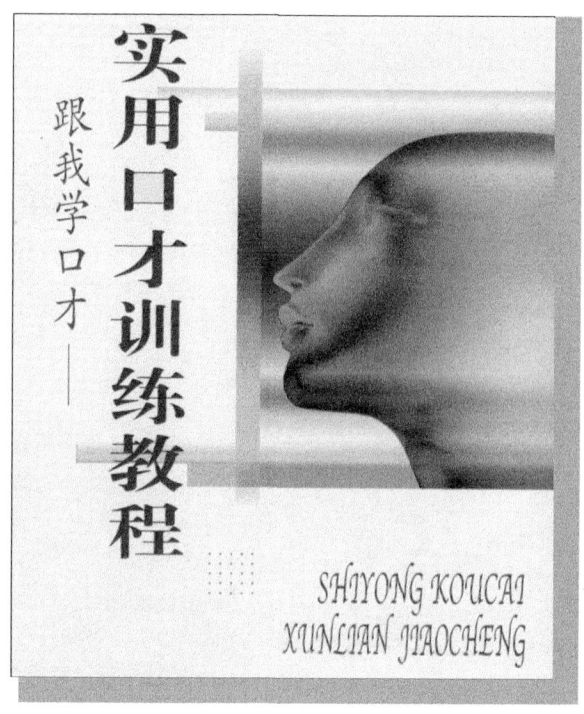

第五篇 职业口才训练

- ▶ 第16章 推销口才训练
- ▶ 第17章 公关口才训练
- ▶ 第18章 教师口才训练
- ▶ 第19章 记者、主持人口才训练
- ▶ 第20章 导游口才训练
- ▶ 第21章 律师口才训练

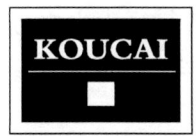

第 16 章

推销口才训练

没有人喜欢被强迫购买或遵照命令行事。如果你想赢得他人的合作,就要征询他的愿望、需要及想法,让他觉得是出于自愿。

———— ● 戴尔·卡耐基 ●————

杰米扬的鱼汤

"好邻居,亲爱的,请呀,请吃呀。"

"我已经吃得很饱了。"

"没有关系,请再吃一盘,瞧,这的确是挺好的鱼汤!"

"我已经吃过三盘了。"

"哎,算它干吗,只要你喜欢,为了健康,再吃完它!多鲜美的鱼汤!多么丰美,上面浮起油油的一层,简直跟琥珀一样。为了叫我高兴一下,亲爱的朋友!请吃一点鱼吧,还有炖肝和鱼片!再吃一小勺吧!喂,老婆子,快出来敬客呀!"

杰米扬这样款待他的邻居福卡,不让他休息,不让他停嘴;福卡早已吃得满头大汗,然而他还是接受了一盆,勉强把它吃完了。

"这样的朋友我才喜欢!"杰米扬叫嚷起来,"那些摆臭架子的人我是受不住的。哎,再吃一小盘,我亲爱的朋友!"

于是这位可怜的福卡,无论他怎样爱吃鱼汤,也难免被弄得那样不幸,他捧着腰带和帽子,神情恍惚地匆匆回家去了,从此以后,他再也不敢踏进杰米扬的门了。

这个故事的寓意是十分广泛的,我们生活中曾遇到很多这种无视别人反应,只顾大肆侃谈、推销自己的人。如果我们把它用到市场推销学上,会得出一个结论,即推销再好的商品,如果在推销过程中语言与行为失去分寸,也必将失败。本章所要介绍给大家的,就是在推销过程中,如何恰当地使用语言。

一、推销的埃达(AIDA)公式

国际推销专家海因兹姆·戈德曼把成功的推销总结成四个步骤,即引起顾客注意——唤起顾客兴趣——激起顾客的购买欲望——促成顾客的购买行为。因为注意、兴趣、欲望、购买四个英文单词的第一个字母分别是 A,I,D,A,所以戈德曼的推销步骤又称为国际推销埃达(AIDA)公式。

(一)引起顾客注意

现代推销学和心理学研究表明,在推销现场,有将近80%的人看了推销员一眼后就不再理会了,即便是继续听推销员讲第二句话或者看推销员做第二个动作的人,其注意力的集中程度也已经大大降低了,这说明推销员的第一句话能否引起顾客的注意至关重要。因此,成功的推销员应始终思考与研究第一句话该说什么?怎样说?第一个动作该做什么?怎么做?

以下是常用的几种"第一句话"的口才技巧。

1.奇言吸引法。即讲出与常人不一样的话,以新奇的语言先声夺人,引人注意。

卢米埃尔兄弟开始发明电影的时候,在草草创就的电影院门口贴出海报,上面写着:"与过去的时间约会"。这句话在很短的时间内传遍法国。这就是句精妙的推销奇言。

2.需求吸引法。即推销开始后的第一句话就指出顾客的主要需求而吸引顾客的注意。

德国西门子电器的推销员有一大特点,他们永远不说自己有什么,而是先问对方需要什么,这就使西门子公司创造出一个"无所不有"的神话。不过使用这个办法需要事先做好调查研究,以求一语中的。

3.奇怪问题吸引法。即提出一个令顾客感到奇怪的问题去吸引顾客注意力的方法。

日本"先锋"电器是战后崛起的新牌子,当时有很多人不信任新牌子,"先锋"公司的推销员在樱花节时组织了一次推销活动,他们问来往的行人一个问题:"您说时代在前进吗?"人们当然回答"是"。然后推销员追问一句:"那人们为什么不相信新的高科技产品呢?"路人的兴趣被调起,推销员于是马上递上一份"先锋"电器的介绍,从而使"先锋"电器获得了市场认同,至今仍畅销不衰。

(二)唤起顾客兴趣

唤起顾客兴趣的基本方法是针对顾客的不同需求,不同动机,分别采取不同的办法。这些办法归纳起来有两大类,即示范类和情感类。

示范类是通过对产品功能、性质、特点的展示以及使用效果的示范表演等,使顾客看到购买产品后获得的好处和利益。情感类主张在引起顾客注意后,从情感沟通开始进行推销活动。推销员先在情感上稳住顾客,使顾客在情感上靠拢自己,然后再遵照情感变化的规律引起顾客对所推销产品的兴趣。这种方法的使用者认为,兴趣本身就是一种情感,是一种积极的情感。推销过程,实质上是顾客情感的变化过程。

投其所好,晓之以理是推销中的一大法宝。如果在推销开始的阶段已经了解到了顾客的爱好和感兴趣的方面,那么,推销员就可以投其所好,在情感与爱好上与其沟通,达到"先做朋友后做生意"的效果。推销员可以从谈话中与顾客积极沟通情感,先顺情说好话,再及时把顾客的情绪引导到对产品的兴趣上来。

(三)激起顾客的购买欲望

顾客的购买欲望取决于对满足其需要的方式的选择,推销员如果不能消除顾客的顾虑,不能改变顾客的消极心态,不能强化顾客对推销员的积极心态,不能坚定顾客的选择,就不能激起顾客对所推销产品的购买欲望。

诱导是用情感激发顾客的购买欲望,而充分说理是用理智去唤起顾客的购买欲望。充分说理就是摆事实、讲道理,为顾客提供充足的购买理由。充分说理的方法有:①提供充分的证据;②详说利益;③提供例证。

(四)促成顾客的购买行为

促成购买,意味着不是坐等顾客自由反应,不是在介绍完产品的优点后就悉听客便。推销人员要不失时机地促进顾客进行关于购买的实质性思考,帮助顾客强化购买意识,进一步说服顾客,促使顾客进行购买。促成购买意味着在完成前面三个推销过程后进行最后的冲刺,或者让顾客表态同意购买,或者虽做不成交易但要暂时圆满地结束洽谈。

顾客产生购买意向时,可以从顾客的语言中发现。如:顾客提出并开始议论有关最快交货时间及限制条件;关于产品的运输、储存、保管与拆装等有关购买问题;关于产品的使用与保养注意事项、零配件供应等;最近答复购买的日期及有关要求;开始讨价还价;要求继续试用及观察;对产品的一些小问题,如包装、颜色、规格等提出很具体的修改意见与要求;用假定的口吻与语句谈及购买等。如果顾客的语言从提出异议问题等转为谈论以上内容时,就可以认为顾客在发出成交与购买的信号了。

二、推销口才的特点

推销员除了需要有事业心和责任感,有从商的经验外,更应具有专业的语言交际能力。推销语言所具有的特点应是推销员必须了如指掌的。

(一)专业性

推销人员在口才方面很重要的一点就是专业性,即各行各业的推销员一定要熟练掌握本行业产品的专业知识,能用最准确、最明白、最简洁的语言向顾客讲解清楚产品的功能及使用方法,使顾客听了心中有数,看了一目了然。对本专业的商品生产情况和市场运营情况,推销员要不断地了解新信息,接受新知识,跟上科技日新月异、飞速发展的形势。只有专业化程度高,才能在顾客面前不说外行话,像个真正的业内人士;才能如行家般引领顾客跟上新潮流,接受新产品。当顾客对推销员的业务水准表示信任和钦佩时,推销产品的成功率就自然会提高了。

(二)诱惑性

这是推销人员口才的基本功。推销员针对顾客迫切寻觅物美价廉商品的心理,要极力说服顾客其推销的商品正是顾客所需要的,诱惑顾客非买不可。例如:在集市上,鱼贩子早晨高叫:"新鲜活鱼,两元一斤",极力突出"新鲜"二字。下午则变成:"快来买呀,一元钱两斤",突出便宜。有些商品的推销口才诱惑性更大,比如:老北京推销食品的商贩往往用悠扬婉转的声调,唱出他所卖的食品的色、香、味,把买主的全部感官调动起来,让人垂涎欲滴,急欲买来尝尝。

(三)夸张性

推销员在推销商品时,为给买主留下强烈、深刻的印象,在不失真实性的前提下,往往不惜口舌,极力把自己商品的成色、质料、特征扩大张扬开来,这就是推销口才的夸张性。一般地说,推销员的夸张,多是在形容商品的功能特点、结实耐用、美观大方等方面。常常采用衬托、比喻、排比、借代等修辞手段,以给顾客留下难以磨灭的印象。

(四)风趣性

风趣性的用意是缩短卖主与买主之间的距离,沟通双方的感情,在笑声中解除买主怕上当的警惕心理,从侧面达到推销商品的目的。这方面的表现多种多样,有的是用插科打诨的叫卖来推销,如:"蚊子药、耗子药,先尝后买,价格不高,哪位捎两包。"有的是打着替顾客着想的旗号,如:"各位都是万元户,出门不能饿着肚。"有的用吉祥祝福话来推销:"如意、如意,保您如意,买个如意,连升三级。"上述说辞,很讲究合辙押韵,说起来顺口,听起来顺耳,呈现出一种风趣美。风趣有时还表现为幽默的自嘲,当顾客对商品不满意决定暂时放弃购买时,推销员不便勉强,只好用自嘲的幽默来缓解气氛,既摆脱了尴尬,也为以后的推销留下余地。

（五）科学性

推销员要推销科技新产品,光有上述的几点远远不够,还必须注重推销语言的科学性。如果推销一种新药,推销员就应该有医药方面的知识,能够说明药的性能,治病的药理、治愈率等,还要附以说明书。推销其他的科技新产品,为了说明问题,还要有准确的数字做依据,决不能马虎行事。不然,是很难吸引那些专业知识很强的顾客的。当然,这些特性都必须以真实性为前提,以公平性为基础,如果以花言巧语来欺骗购买者,推销伪劣商品,如假药、劣质食品、冒牌名优产品之类,那不仅违反了起码的商业道德,而且还是违法犯罪行为。

三、推销口才常用技巧

俗话说:"十分生意七分谈",谈生意主要是一个"谈"字,"谈"就是口才交际过程。下面就介绍几种常见的推销口才技巧。

(一)"诱导语言"技巧

一般说来,推销员推销商品,是在短时间内完成的。在短短几分钟里,如果你的话能留得住顾客并打动他,生意就成交了;留不住,一笔买卖就吹了。在市场竞争中,如何突出自己的商品,把顾客吸引到自己的商品旁边,诱发顾客的消费欲望,需要与众不同的鲜明的语言。所以,这就要求推销人员的话应具有强烈的诱导性和渲染色彩。

推销中进行诱导的方式很多,最常用的有层层诱导和定向诱导两种。

1.层层诱导。这是指推销员根据顾客的购买心理,层层引入推销导向的一种口才艺术。人们逛商店、看商品,有时往往只是兴趣所至,并非一定要购买什么物品。对这类潜在的消费者,如果推销员送上一句"看看吧,买不买没关系"或"试试吧,也许穿上很好看呢"之类的话,就会吸引顾客驻足,此时应立刻将商品递过去,激发顾客的兴趣。正当顾客观看或试穿时,再不失时机地说上几句恰当的夸奖语言:"这衣服太合体了,您穿着年轻多了",顾客很可能就会接受推销员的引导而买下商品。

层层诱导的推销语言艺术,是在不让对方感受压力的原则上,一层一层地推进,把顾客诱入推销的导向,促其完成购买行动。

2.定向诱导。这是指推销员有目的地诱导顾客作定向回答的说话艺术。如卖煎饼的小商贩,常常有这样两种问法,却带来了两种销售结果:

(1)要不要加鸡蛋？

(2)请问,您是加一个鸡蛋还是加两个鸡蛋？

不同发问的结果,鸡蛋的销售量是不同的,第一种比第二种要少得多。第二种发问就属于定向诱导,"要不要加鸡蛋"这一问话的定向是不确定的,而"加一个还是加两个鸡蛋"问法的定向是确定的,而且把顾客诱入了扩大鸡蛋销售的导向。

(二)"激发语言"技巧

当客户产生购买商品的欲望,但又犹豫不决的时候,适当激发对方的好胜心理,促其迅速做出决断,这就是激发语言技巧。

激发语言的技巧要求推销员对顾客有细致入微的观察和活跃的思维,能抓准顾客的心理变化过程,然后确定从哪里打开缺口进行"激发"。一般地说,推销员先要问一句使顾客不会产生戒心的话,这句话看上去无关痛痒,但实则为"激发"埋下伏笔。接着将顾客的视线引向商品,促使顾客接触商品,这时就要从商品的性能出发,讲出此商品如何正对顾客的需求和爱好,顾客买了它的好处是什么,可以获得什么样的特殊意义。讲解中使两者之间的关系越直接越密切越好,直到"激发"出顾客的独特兴趣,顾客最终被说动了心,购买了商品为止。这种攻其一点或投其所好的激发语言技巧是很有效的。

"激发语言"技巧的要领是掌握"激"的火候,不可操之过急,不可强买强卖。要先以询问的方式探明买方的底细,同时用弦外之音表明自己商品的优质,再启发顾客发现自己与商品之间的密切关系,然后循循善诱地感染买方,激化买方,做到恰到好处,推动交易成功。

(三)"比较语言"技巧

俗话说:"不怕不识货,就怕货比货。"推销员在推销商品的时候,常和其他同类产品进行对比,让客户在对比中发现差别,自己判断优劣、选择商品,这样会增加推销的说服力。

任何一种商品都有其优点,也有其弱点,在采用对比手法推销自己的商品时,首先要注意以事实为依据,不能言过其实。推销中对自己商品实事求是的评价,特别是与其他商品比较后对本商品特点的强化,能使顾客看清购买后的直接利益,也可增加顾客对推销员的信任感。

其次,对同类商品的弱点也可以采取从另一角度进行解说的办法,即不大讲特讲同类商品的缺陷,而是用对比的方法讲自己商品在多处有针对性地改进了这些缺陷,多讲改进的原因和改进后的效果,使顾客相信该商品的优越性而决定购买,这样既符合事实,又没有攻击同类产品,还达到了推销的目的。

(四)"问话语言"技巧

推销是推销主体(主动向别人推销的人员)与推销对象(接受推销的人员)双向交流的过程。在推销过程中,我们经常发现有的顾客会不假思索地拒绝推销,因此,"推销是从拒绝开始的"这句话一点不假。遇到这种情况,推销员不应"退避三舍",而应"迎难而上",这期间,巧妙设问是关键。

提问可以消除双方的强迫感,缓和气氛;可以摸清顾客的心理,也让顾客了解推销员的想法;可以确定推销计划;可以了解顾客的障碍所在,寻找应对措施;可以留有情面地反驳不同意见……总之,提问是推销应对口才中最有力的手段,一定要熟练掌握、运用它。

比如,当推销中遇到"不要""今天不买""再说吧"等托词时,推销员要能够分析出顾客说这些话时的不同心理状态:他们可能对价格不满意;可能时机不到;可能不喜欢这个牌子;可能根本无意购买。针对多种状况,推销员就可以有的放矢地发问了。只要顾客有了一次回答,就要抓住机会继续发问,在交流中进一步了解对方,以促成这次交易。

(五)"演示"技巧

有的问题如果仅凭三寸之舌还难以让顾客明白,那就要采用实物、图片、模型等来加以说明和演示。小的商品可以随身携带,以便在顾客面前充分展示,而大的商品如房子、电器、汽车、机床等,或抽象的商品如证券、劳务、服务等,因无法随身携带,需要将其好处具体化、形象化。必要时请顾客亲临现场,将商品的功能、特点、使用方法逐一演示,并配合生动有趣的说明,充分展现商品的魅力,这比单靠言辞说明更有吸引力和说服力。

例如:一位推销员走进客户的办公室,向主人打过招呼以后,指着一块沾满油污的玻璃,有礼貌地说:"请允许我用带来的清洁剂擦一下。"结果,由于不用水就毫不费力地把玻璃擦得干干净净,从而引起了客户的兴趣,于是生意便很快做成了。

再如,一个推销员是这样演示他的产品的:

"太太,请您注意听一下。"他一面说一面掏出打火机点火。

"您能听到打火机的声音吗?听不清吧?我们的缝纫机发出的声响,和这个打火机的声音一样大。不知您乘火车的感受如何?不好的缝纫机那声音就同火车的声音一样。所以,我们的缝纫机声音之小是独一无二的。"

这位推销员通过演示打火机点火的声音,说明他们生产的缝纫机声音小的功能,从而吸引顾客购买他们的缝纫机。

(六)"贴心语言"技巧

俗话说:"一句贴心话,招来万户客。"这话十分有道理。在推销商品中,一句贴心话,会使顾客"忘记"你是推销员,而是他们的知心朋友;一句贴心话,可以缩短你与顾客之间的距离,对你充满信任。这样,既为产品打开了销路,又交了朋友,帮助了顾客,最终也帮助了自己。

贴近顾客要注意以下语言表达技巧：

1.捕捉顾客购买欲望，为顾客当好参谋。商场里、交易场内，人山人海，川流不息，但看热闹的人多，购买商品的人少，这是大家共同的感受。此时此地的推销员不能等顾客上门，而应主动贴近顾客，与顾客亲切攀谈。此时不能单刀直入地询问顾客要买什么，而应先从感情上贴近顾客，与顾客亲切交谈，力求言语相通，爱好相投，使顾客对推销员产生好感，从而对产品产生兴趣。推销员这时可趁势为顾客当好参谋，绕道进入正题，使顾客高兴地接受其推销的商品。

2.不用命令式语气，多用请求式语气。要想贴近顾客，必须用热诚去打动顾客的心，唤起顾客对你的信任和好感，让顾客感到你是在帮助他，而不是仅仅想赚他的钱。要做到这一切，应当注意语言表达技巧，多用"请您等一会儿，好吗"的请求式语气，不说"你等一会儿"的命令式语气。

一位美国书籍推销商在推销书籍时总是向顾客提出这么三个问题：

"如果我送您这套十分有趣的有关效率的书，您会读一下吗？"

"您如果读了后非常喜欢，您会买下吗？"

"如果您发现这些书不太有兴趣，您把书回寄给我，行吗？"

这些语气设计亲切，措辞谦恭，顾客几乎找不到说"不"的理由。

在展销会上，如果顾客听了你的商品介绍以后，仍然举棋不定，沉默不语，在商品前徘徊，遇到这种情况，你应主动说一句"请您先试用一下"，这样会打破沉默气氛，使顾客产生认同感，交易也就有了成功的可能。

3."见什么人，说什么话"，措辞准确、得当。从某种意义上讲，营销活动是一种心理战，要想贴近顾客，首先要掌握顾客的心理，主动迎合顾客的心理变化，选择恰当的对话方式，也就是"见什么人，说什么话"。

面对随和型顾客要热情、有耐心，满足他们的自尊心；而对严肃型顾客要真诚、主动、以柔克刚，设法使他们开口；面对慎重型顾客要不厌其烦，耐心解答，不要言语唐突、刺激对方；面对情绪型顾客要摸准其心理，通过言行取得对方信任，消除其心理压力，使他有一种安全感。

四、推销口才中的七个禁忌

（一）热情过度

"杰米扬"式的推销员是让人难以忍受的。在购买过程中，尤其是大宗货，顾客如果不是事先就考虑好的，一定会有一个思考的过程。他要考虑买回去是否实用？这个价格是否在他能接受的范围内等等。恰当地、简明扼要地介绍是必需的，但是，如果推销员热情过度,老在顾客背后喋喋不休地说,顾客会感到厌烦,购物的兴致就会消失。美国杜邦兄弟公司的销售原则是:"能用一句话说清楚的,不用10句话说清楚。"也就是说,推销员的任务在于介绍产品而不在于替顾客思考。一个好推销员决不会忘记,选择权掌握在顾客手上,而不掌握在他的嘴上。

(二)不考虑顾客的自尊心

推销员:"这是我们新进的PentiumPRO200型计算机,软驱1.44"(内存32M,硬盘2G,显示器15′平面,其他配件还有八速驱十SB16位声卡)。

顾客:对不起,我不太熟悉这些。

推销员:您不懂电脑,来买什么呀?

顾客:我想了解一下再买。

推销员:您回去买书,了解了再来吧。

推销员:您买不买,想好了吗?

顾客:我再看看别的。

推销员:是不是这个价钱太高了?

顾客:我还得比较一下。

推销员:那边有便宜的。

上面这两段对话,推销员都没听懂顾客的潜台词,冒冒失失地一张嘴就伤了顾客的自尊心。第一段对话里,顾客要买电脑,但又不很熟悉电脑术语,推销员不仅不改换一下说法,反而变本加厉地讽刺顾客不懂电脑,顾客要是涵养好也就罢了,如果涵养不好,马上就会和这个推销员吵起来。但不管涵养好坏,这个顾客永远不会再踏进这家曾让他尴尬的电脑商店了。第二段同样如此,"逼"着顾客承认自己没钱买,就算顾客真的想买也不买了,因为他觉得丢面子。这两种推销方式都是不考虑顾客的心理,或是卖弄专业词汇,或是强买强卖,这是推销中的大忌。没有一个顾客会因为你嘲弄了他,他反而会买你的东西。

(三)与顾客正面冲突

顾客:我想问一下西达牌的冰箱质量怎么样?

推销员:我卖了20年冰箱,还没听说过这个牌子。

顾客:我是昨天在电视上看到的。

推销员:我可没看见过,我们这儿从来不进乱七八糟的杂牌子冰箱。

顾客:这个价钱是不是高了点?

推销员:没钱别买,便宜的那边有的是。

顾客:你怎么说话的?

推销员：就这么说，爱买不买！

上面这段对话同样是我们在生活中常见的，推销员面对顾客的意见，不但不接受，反而针锋相对地与之冲突，只顾口头上沾光，把顾客气跑了。如果你是老板，你敢雇用这样的推销员吗？

其实接受顾客的意见很容易，如果我们把上面这段话稍微改动一下就会产生另一种效果。

顾客：我想问一下西达牌的冰箱质量怎么样？

推销员：对不起，我不太清楚，我们这儿目前还没有进过这个牌子的冰箱。

顾客：我是昨天在电视上看到了。

推销员：是吗？那就该是个新牌子，我们这儿也进了一些新牌子的冰箱，请您看一下。

顾客：这个价钱是不是高了点？

推销员：这是目前市场的标准价格，如果您买的话，我们当然可以优惠一些。

顾客：我还觉得贵。

推销员：那就先请您看一下其他的，也许您能接受。

利用转化处理法是一种有效的顾客异议处理方式。它的优点是：推销员能正视顾客异议，在肯定顾客异议的基础上加以转化，并不是回避顾客异议，因而能促成合作；这样可以调动顾客的积极性，化消极因素为积极因素，化阻力为动力，获得一箭双雕的推销功效。利用转化处理法是用顾客之矛攻顾客之盾，使顾客在最关键的问题上转变看法，进而转换态度，可以使顾客变得无法再提出新的异议，促使推销进入成交阶段。

（四）提问不策略

请看下面一段对话：

推销员：为找货源，我差点跑断了腿。寻找仓库，又费了我好多时间，找车皮跑运输，我又搭进不少人情。现在市场下跌，我们一再减价又要损失一笔，可你们还是不买，这让我回去怎么交代？

顾客：又不是我非要买，是你要卖给我的，你说那么多，我还不想买呢！

这个推销员的毛病在于不能把顾客的需要和利益放在第一位，站在顾客的立场上说话。整篇话讲的虽然全都是事实，但全是强调自己的困难，与顾客的利益不沾边。成功的推销员应该为顾客着想，使顾客体会到推销员的服务精神，又处处觉得有利益可得。"为顾客着想"是唤起顾客兴趣的好办法。假如同是上面的情况，换成下面这种说法，效果就会大不一样了。

推销员：如今生意难做，为您备货就得跑点路，为了使您的货不受损失，储存和运输都格外小心。为了让您早日提货,跟运输部门得搞好关系。这批货您肯定能很快脱手,因为进货价格低,市场有些疲软也保您能赚上一笔。您要是还想多买点,还可以再为您破例杀价,您的意见如何?

顾客:当然很好,我没什么意见。

再看下面这两个例子。

推销员:是您自己拿回去呢?还是给您送回去?

推销员:您的饮料里要加鸡蛋吗?

上面这两句话都属于不考虑顾客心理的提问,询问不仅仅是为得到答案,而且要带有强烈的诱导性,如果我们改动一下上面的两句话,效果就会好些。

推销员:是给您送回去呢,还是您自己拿回去?

推销员:您的饮料里要加一个鸡蛋呢?还是加两个鸡蛋?

其实很简单,人们一般在选择性问话中总是将着重强调的内容放在后面,这实际是诱导对方尽量采用后一种方案。这种问话看起来像语言游戏,实质上是经过深思熟虑的,在现实运用中很有效。

(五)不客观地介绍商品

在清初的《笑笑录》里记载了这样一个故事,说绸缎庄里刚招进一个小伙计,有一天客人来买结婚用的绸缎,小伙计说自己店里的货颜色不太合适,又一直没进新的,可以去对面店里买,客人道了声谢就走了。这把站在一旁的老板可气坏了,痛骂小伙计没心没肺,不会做生意,当场解雇了他。

又过了几天,客人又来买绸缎,发现小伙计不在店里,问了一下,知道小伙计在对面店里干活,扭头就走,到对面店里又买了一大批货。老板很纳闷,为什么客人独独看上一个不会做买卖的小伙计,于是托人去问,客人想了想说:"因为他诚实。"

没有人希望自己的商品不能满足客户需要,但也不能因此丧失了客观性,不顾实际,一味地将自己的商品吹得天花乱坠,无所不能。这样做反而会使顾客觉得你不可信,不愿意与你打交道。你如果站在顾客的立场上说话,多提一些建议,第一次买卖也许做不成,但是信誉建立起来了,顾客觉得你可信,他会考虑再来的。所谓"信誉是第一通行证",不只对生产厂家如此,对推销者同样是这样。

(六)不懂得聆听顾客的说话

口才说到底是一种交流,自己表达,也要听别人表达,聆听是一门艺术。如在推销中,对顾客发表的议论,要积极地听,这样会使顾客获得情感上的满足。而且,从聆听中推销员还可以获得大量信息而用于推销。推销心理学认为,顾客谈得越多,他的购买兴趣越大。

"听"与"听见"是两回事,"积极地听"与"消极地听"也是不一样的,不要总把注意力集中在商品身上,因为商品是相对静止的,顾客是时刻在变化的。积极的听可以增加信息,减少误会,增加实现愿望的机会。即使顾客说话过于啰唆,也要耐心听完。另外,可以中间插上一两句问话,一是表示在听,二是没有听清的地方要问,以促使顾客继续说下去。

(七) 自说自话,机械回答

　　顾客:嗨,您这儿的"雪花"冰箱质量怎么样?
　　推销员:这是自动除霜,高节能,大容量的。
　　顾客:您自己觉得怎么样?
　　推销员:这是自动除霜,高节能,大容量的。
　　顾客:我是问您自己使的话,您觉得怎么样?
　　推销员:这是自动除霜,高节能,大容量的。

　　上面这个例子有些夸张,但类似这样的情况却是常见的,一些推销员简直像个机器人,除了会背枯燥乏味的专业词汇之外,说不出一句有感情的话来,缺乏与顾客的情感交流,用"职业外套"把自己包得太严实了。没有人喜欢跟机器人对话,太职业化、不近人情的推销员会让人头痛。顾客在购物前拿不准主意的时候,喜欢把推销员当成朋友,一起商量一下怎么办,如果推销员通过很有人情味儿的谈话,表达自己与顾客相同的感受,然后再顺着顾客的心愿传达有利推销的情感,生意就做成了。反之,如果推销员像个机器人一样缺乏与顾客交流的愿望,只能让顾客望而却步。

推销口才训练

　　1.一个推销小袋包装食品的推销员小D认为,随便和顾客聊几句话就可以与他们搞好关系,而且顾客对推销人员的戒备心理就会消除。所以,他每到一个食品公司或食品专柜时都说:"我正好路过这里,顺便进来看看。"他用这样的形式开始与顾客洽谈,但效果不太好,你知道原因在哪里吗?你认为应该如何推销小袋包装食品呢?

　　答案分析:小D的错误在于忽视了顾客的注意力,他这种漫不经心的推销方式无法引起顾客兴趣。一般情况下,人们只会把注意力放在那些与自己切身利益密切相关的事物上,把注意力放在自己认为最重要、最迫切需要解决的问题上,而对其他事物的注意力将随着事物重要性的减少而降低。尤其是在今天,广告满天飞,推销人员到处跑,可以想象,一个经常被推销人员打扰的办公室的工作人员的心态与情绪将是怎样的。毫无疑问,他们只会注意自己期待的、与自己密切相关的人与事。因此,推销员要在推销一开始就必须从顾客最关心、与顾客切身利害有关的事物开始谈起。

推销小袋包装食品最常用的办法是示范法,由推销员自己示范而引起兴趣。顾客观摩后,购买的兴趣会大增。多带一些免费品尝的样品,带上小本子和笔,记下顾客说的关于食品的话,这些让顾客感到自己很重要,从而对推销员产生好感,利于推销取得成功。

2.如果在面谈的过程中出现异议,顾客认为价格偏高,但你又无法让步,请问该怎样处理?

A.根据明显的事实否定顾客异议

B.同意顾客的看法,再向他们解释产品的其他优点

C.纠缠于顾客的异议,不断进行辩解

D.请顾客再看看其他的

答案:B

分析答案:反驳极易引起推销人员与顾客的正面冲突,可能会给顾客心理增加压力而使顾客产生抗拒心理,甚至会激怒顾客而导致推销失败,所以我们排除掉A。与顾客辩解也非上策,如措辞不当会破坏推销气氛以及推销双方的情绪,从而使推销员陷于不利境地,会使顾客在原有异议之外,又增添了新的障碍,因此永远不要在异议上过多纠缠,所以我们排除掉C。请顾客再看其他货品也是不明智的,非到万不得已不可使用,顾客对价格感兴趣说明他已对商品产生了购买欲望,只需最后一步就能促成购买行为,没有必要让自己前功尽弃,这样看来,D也是不可取的。如果顾客异议很大,应该先同意顾客的看法,然后再向他们解释自己产品的优点。如,我们的产品虽然价格贵了点,但经久耐用,返修费少,使用更加安全,操作方便。这样会使顾客更易于接受你的说法,有利于促成交易,因此我们选择了B。

3.推销员小张在推销一种新型电暖器的时候,大谈过去没有它人们多不方便,现在买回去正好使用,可是最后顾客还是没有买。请看下面这段对话,分析其不当之处。

推销员:您看,过去没有这种电暖器,浴室、卫生间一到冬天就冷得要命,现在买回去,特别实用,您考虑一下。

顾客:是不是太费电?

推销员:不费电,只有几百瓦,热量特高,你现在买回去试一下就行。

顾客:过去没这个也过来了,再说又这么贵,算了吧。

答案分析:上面这个推销员的错误在于没有站在顾客的立场上说话,没有诱导顾客去想象购买产品后的种种好处和不买的种种遗憾,没有成功激发起顾客的购买欲望。推销员在推销时不要讲"过去",因为顾客没有觉得他过去没有电暖器有什么不

舒服;也不要与顾客讲"现在",因为这不会令顾客产生购买欲望。一定要在推销中大谈特谈"将来",因为只有"将来"才对顾客有吸引力,才会激起顾客的购买欲望。推销员应该大说特说在拥有该产品的将来,顾客所拥有与获得的种种好处。诱导顾客从产品的优点去想象产品的使用价值,从产品的使用价值去想象拥有该产品的喜悦与愉快。要使顾客相信拥有这样的产品才是最明智的选择。总之,美好的"将来"是激起顾客购买欲望的主要诱因。如果我们依这个原则把上面这段话修改一下,效果就会好得多。

推销员:您看,这种电暖器是新产品,装在卫生间或厨房里,马上就不会那么冷了。

顾客:是不是费电太多?

推销员:三四百瓦吧,和录音机差不多,可能还不如录音机费电,因为您就冬天用嘛!

顾客:那还是不错的。

第 17 章

公关口才训练

到目前为止,心理学上发现要人以"是"来附和你最好的方法,是给别人加入"是"的气氛。你这样做,就造成积极和肯定的气氛,绝不会产生消极否定的气氛。

————●哈利·欧佛斯粹(心理学家)●————

里根的公关才能

美国前总统里根娴熟的公关技巧使他在任期间经常以潇洒自如、谈笑风生、幽默风趣的风度出现在美国人面前。里根从不放过任何一次公关活动,有一个很生动的例子给中国人民留下了深刻的印象。当年里根来华访问,为了给中国人民树立一个平民总统的形象而策划了这样一次公关活动:来中国之前,里根在白宫接见了一位来自上海的平民留学生,她从复旦大学毕业后去美国攻读硕士学位,她的父亲是一位商店营业员,母亲是一家工厂的临时工。里根亲切地与她聊了不少家常。当里根来到上海的复旦大学时,在谢希德校长的陪同下,他面对几百位师生代表,在正式演讲之前说道:"来华之前,我碰到一位你们复旦大学在美的留学生,她要我代她向谢希德校长问好。"随后,他转向谢校长:"现在,这个问候我转达了,请您打个电话告诉那位女学生,她的电话号码是……"

这个开场白,立刻博得了全场热烈的掌声。这是多么出色的表演!一位美国总统,竟如此真诚地替一位极其普通的中国留学生万里迢迢地带来她对校长的问候,居然还记住了她在美国宿舍的电话号码。其中的平民意识和人情味自然而然地传递给了每一个在场的中国人,也使人们感受到了里根此次来华的诚意和欲与中国友好往来的心愿。

一、公关口才的功能

要想达到最基本的人际沟通及最成功的公关效果,首先需要使用的就是语言,即先要过口才这一关。我们早已目睹了太多的成功人士,他们有的才华横溢,处处引人注目;有的风度翩翩,和蔼可亲,令人一见如故;有的则精明练达,善解人意,让人顿生信赖。很显然,除了他们观念、行为上的积极进取之外,外化出来的举止言谈正是他们成功的诀窍。

实际上,从各种国际谈判、贸易洽谈,到新闻发布会、货物推销会等等,从国家最高领导到各行各业的每一个人员,都在为完成特定使命而应用着自己的口才能力。所以,我们说,公关须过口才关,就是这个道理。那么,公关口才都有哪些主要功能呢?

(一)塑造良好形象

随着市场经济的深入发展,信誉和形象已经成为社会组织无形的资产和财富,是社会组织取得竞争优势,稳步发展的重要支柱。公关口才可以说是一个组织向社会介绍自己的"名片",运用公关口才可以使社会组织得到公众的肯定和支持,使公众对组织的产品和服务产生好感和信任感;运用公关口才可以使社会组织获得更多更好的投资条件和其他支持;运用公关口才,还能增强本组织内部职工的向心力和归属感,增强组织对人才的吸引力;运用公关口才,能使组织获得包括社区在内的多种社会团体及媒体的好感和帮助,并会得到多种合作机会。总之,公关口才能够提高组织的知名度,塑造组织的良好形象。

只有具备良好形象的组织才能取信于民,才能使社会公众对组织从了解到理解,从理解到信任,从信任到产生合作的动机和行为,从而有利于组织目标的实现。许多有规模的企业或集团公司,都把公共关系工作贯穿于日常管理的各个环节,就是为了在任何时间和场合不忘宣传和体现自己的组织形象,而公关口才是实现这一目的的重要措施之一。

(二)协调内外关系

只要有人,只要是由人构成的组织,只要人与人之间有千丝万缕的关系,生活中就处处离不开公关。人们常讲"天时、地利、人和",实际上,公关攻的就是"人和"的关,即协调人际关系。人心的向背在任何时候、任何事件中都是决定胜负的重要因素,在当今世界的商战、技术战、信息战、外交战中更是如此。

任何一个社会组织在其生存和发展过程中,其内部和外部的各种关系都难免出现抵触、失调及紧张现象,特别在当前市场竞争激烈和体制改革不断深化的条件下,各种矛盾的产生不仅难以避免,而且瞬息万变,让人难以防范。这类问题若不解决,就会损害组织的形象,并进一步阻碍组织的生存与发展。积极开展公关活动,主动与各方冲突者交流沟通,能够促进彼此的了解,转化矛盾,实现协作,有效地减少摩擦,增强组织的活力,最终提高组织自身的效益和社会整体效益。因此,有一副能言善辩的伶俐口齿,对内下达命令、安排诸项事务;对外处理社交事务、沟通企业内外联系等的重要性是不言而喻的。

例如,近年来许多企业都主动组织公关活动,到街头巷尾进行企业形象的口头宣传,对自己的产品或本企业参与的公益活动作口头介绍。如,铁道部门得知群众对火车票涨价有意见后,在春节前举行听证会,让旅客代表畅所欲言,也派自己的代表详细讲解火车票上调的理由。虽然一次听证会未必能解决实际问题,但促进了彼此的理解,使这种口头的公关活动收到了较好的社会效果。

(三) 为公关对象出谋划策

面对公关对象,公关的目的必须十分明确,那就是使对方朝着有利于双方的方向发展。公关口才的发挥一定要从公关对象的实际出发,了解对方目前面临的问题或困难,要有目的、有针对性地向公关对象实施公关口才。通过向决策者、管理者或合作者提供咨询服务,使之头脑更清醒、目光更远大、反应更机敏,从而使组织的经营决策制定得更符合实际,最终实现组织的既定利益。

(四) 有利于人的全面发展

假如你注意观察的话,就会发现,生活中,出言不当,会令你四面楚歌;用语妥帖,则使你左右逢源。因此,对一个人的生活和事业来说,善于公关言谈的人,可以借助口才的力量促成自己的事业,为社会多做贡献;而拙于公关言谈的人,往往会失去机遇,或将事情越办越糟,因而抱恨终生。在公关场合,准确无误的口才为你广交朋友、拓宽领域、打下一个坚实的事业基础,创造了条件。

公关口才是博取公众好感,使双方获益的一种行为。公关口才倡导人与人之间的友好相处,主张在人际交往中遵守社会道德规范和文明礼貌;公关口才讲究交往的方法和艺术,讲究形象、沟通和协调,这些都有助于纠正人际关系中封闭戒备、钩心斗角、损人利己等消极的现象,有助于建立新型的人际关系。

有人认为,一个人在事业上的成功,只有15%是靠其专业技术,而另外的85%则是靠人际关系和处世技巧。这一观点正确与否姑且不论,但它确实指出了情商在一个人成功中的重要作用。公关口才是开展公关活动的重要手段之一,在处理人际交往中发挥着十分重要的作用,必须引起我们的高度重视。

二、公关口才的基本原则及特征

(一) 公关口才要以公共利益为出发点

公共关系是社会组织与其内外公众的关系,它不是私人之间的交往,而是一种群体间的社会关系交往。由此,公关口才的活动范围也就理应在群体之间而非私人之间进行。这就要求公关口才的实施者在开展工作时,必须以组织和公众的共同利益为出发点,而不能用个人利益去干扰甚至损害组织和公众的利益。那种以权谋私、假公济私、损公肥私的公关人员是违背职业道德的。当然,社会关系与个人关系紧密相连,一定的社会关系必然会表现为一定的人际关系,也就是说,公关口才实施的过程,群体间的社会关系常常借助于个人与个人的关系表现出来,因此,必须要处理好个人感情与自己所从事的工作、与群体利益的关系。例如,碰到营业员与顾客发生纠纷,商店的公关人员就不能运用公关口才站在营业员一边去指责顾客,而应当通过自己的公关口才去协调商店与消费者之间的关系,维护商店的整体形象。

公关是通过真诚合作、互利互惠来融洽双方关系,营造良好的人际关系和社交氛围的。它根本不同于那种为了个人或小集团得到一点好处而损公肥私、赤裸裸互相利用的所谓的"拉关系"。

(二) 公关口才要自信沉稳,以气夺人

"要想说服别人,先要说服自己。"以自己的自信、沉稳去征服他人,是公关口才中尤其重要的要领。无论是政治活动、社交活动还是商业活动,都要在气势上做到先声夺人。

人一旦自己有了信心,就能够影响他人。"只有我才是能使你幸福的人","这件事只有我才能办好",这其中所包含的那种舍我其谁、气度不凡的自信,在公关场合往往最能说服那些陷入迷惑、犹豫不决的人。

许多人都有过类似的体验,当我们需要对某一事物作出判断或选择时,如果稍遇困惑,就会丧失判断力,陷入迷宫,无法做出正确的选择。而这种时候,心理上往往都会期待着别人给予自己一个强有力的建议,帮助自己作出判断。因此,此时我们的自信最能影响他人。机会总是来去匆匆,能否抓住它,就靠你的当机立断。

(三) 公关口才是一种公共传播活动

公关是以传播为媒介的。一个组织如果要在另一个组织或社会公众中树立起自己的良好形象和美好声誉,就不能离开各种传播手段。

公关口才是一种信息交流活动,又称为传播活动。它是通过面对面或电话通信等方式,使用有声语言进行彼此有目的的沟通,调节好组织与公众的多重关系。传播就

是传意,就是把自己一方的意念诚心诚意地说给别人听,在相互交流思想、意识、感情的基础上,力图改变对方的言行,达到双方更好的相互支持和合作。如果双方都是无意识的,就谈不上传情达意,根本就无法沟通了。公关传播的方式有多种,但最大量和最广泛使用的就是公关口才,所以公关口才几乎体现了公共关系传播的全部特性,即社会性、普遍性、互动性和共享性。

(四) 公关要求随机性、灵活性和有针对性

公关通常是面对面的信息交流和信息沟通活动,说话者可以及时得到反馈(如通过对方的表情、姿态、动作等),了解信息发出后在对方引起的反应;可以根据这种反馈信息来检验自己的公关语言,了解传播的效果,以便及时调整自己的公关语言。当对方不明白或误解了自己的意思时,能够及时地进行解释。这种随机应变的口才方式,就是公关口才的随机性。

公关口才无论在时间上还是地点的选择上,都具有较大的灵活性。根据公关活动的需要临场发挥,即兴而谈,灵活运用语言技巧,这样的谈话往往给人以深刻的印象,使情景、气氛达到一致协调。茶余饭后、旅途之中,休息室、火车上、家里,这些都是公关口才的施展之地。有时,在比较随便的场所进行公关交谈活动反而更有利于倾心交谈,赢得对方的信任。这些都显示出公关口才的灵活性。

公共关系的人际交往有较强的针对性,在进行公关活动时,必须要考虑到接受者的个性特点、心理特征、经验多少等多方面的情况,并在这一基础上开展工作。越有针对性的谈话越有利于对问题的深入讨论和交换意见,也就越能获得较为理想的效果。

公关口才水平最高的往往是那些被称为具有"绅士风度"的人。他们待人接物时礼貌得体,知识丰富并且善于辞令,时而妙语连珠,时而幽默风趣。他们在任何交际场合都能给人带来愉快的心情,受到人们的欢迎。即使发生了不愉快的事,他们也能冷静自持,以适当的方式泰然处之。他们总是具有一种特殊的吸引力,并且这种吸引力将不断随着他们的口才魅力而得到加强。

三、公关口才的常用技巧

(一) 平等待人,礼貌周到

1.选取适宜的称呼。我国是礼仪之邦,公关的称呼历来很受重视。因为它能体现一个人的礼貌修养。在公关交往中,体现谦和、礼貌的称呼语主要有敬称、美称、婉称、谦称等。

根据言谈对象及其在公关活动中所处的地位、作用,必须掌握使用合适的称呼来拉近彼此间的距离,减少陌生感。例如,体现敬老爱幼的"老李""小鬼""小张";体现庄重及尊重的"陈总经理""蔡老兄",以及中国人讲究的敬称"令堂""贵单位""光临"

"府上"和一定自谦的称谓"寒舍""敝厂"等等。称呼形式影响交谈效果,言谈得体自然少不了适当的称呼。

要在最短的时间里最快地记住公关对象的名字,这一点至关重要。戴尔·卡耐基博士在其处世格言中一再强调,要想获得别人的好感,首先要牢记他人的姓名,以示对他人的尊重。许多中国读者采用了这条建议,都觉得对自己的公关活动很有帮助。周恩来总理在这方面堪称高手,他在接待世界各国的贵宾和出访与各国首脑进行外交活动时,都能很快说出对方的名字,令外国人兴奋又吃惊,立刻被周总理友好亲和的态度所打动。

公关称呼中,不要使用带贬义的称呼。如:"老太婆""老头儿""卖票的""戴眼镜的"等称呼都是不礼貌的,用"喂""哎"等来呼唤人,也是很不礼貌的。有些中学生把军训的部队指导员称为"老总",而"老总"是旧社会老百姓对国民党士兵的称呼,这显然是不严肃的;现在有些人模仿电影电视剧中旧时代、黑社会的称呼,把单位领导称为"老板""老大",这些都是当代公关交流中应该杜绝的称呼方式。

2.**恰当介绍自己**。向别人介绍自己,看似简单,实则并不是件容易的事。介绍的得体、得法,会给人留下深刻的印象,从而迈出成功公关的第一步;介绍自己不得体、不得法,可能会引起对方的反感,增加对方的不信任感,从而对以后的公关活动产生不好的影响。

把自己介绍给别人有直接和间接两种途径,不必拘泥一格。单刀直入切入主题也罢,利用新闻媒体、中介人也好,包括其他传播手段甚至独特"招数"都未尝不可,这正体现了公关口才上"八仙过海、各显神通"的特色。

3.**选择话题很重要**。许多公关场合,初次见面,素昧平生,有人感到周身不自在,"不好意思"交谈;有人感到无从启齿,"没有办法交谈"。他们或局促一角,尴尬窘迫;或欲言又止,话不成句;或说话生硬,使人误解……产生这种现象的原因便是缺乏合适的话题。

记住有几种话题是永远受欢迎的:一是以对方感兴趣的事情为话题;一是以对方擅长的方面为话题;再者就是在众说纷纭的场合抓住大家共同关心的话题。

好话题,是初步交谈的媒介,深入细谈的基础,纵情畅谈的开端。

另外,及时转换话题也是十分必要的。

现代公关活动中,一个成功的公关交谈需要谈话者能驾驭谈话的话题。一方面不要滔滔不绝,只顾自己的兴趣,高谈别人已经生厌的话题,同时,也要将别人滔滔不绝的话题适当巧妙地加以转移,以转到正题上或于公关效果有利的话题上。这就需要谈话者掌握转换话题的艺术,尤其在商业性的谈话中,应主动换话题,以控制谈话的方向。

在以下的几种情况下需转换话题:公关对象对谈话内容不感兴趣,觉得枯燥乏味;不同意对方意见,又不想与之争论;谈话中话题谈完,出现冷场;失言或其他尴尬局面等。

这就需要在交谈中注意观察,当交谈者兴趣减弱,只是重复没有意义的内容时,就需要转移话题。例如,当你讲话时,如果对方两眼注视着你,这说明他对你的话题感兴趣,你可以就此话题继续谈下去;如果对方哈欠连天,注意力不集中,左顾右盼,这说明他已心不在焉,对你的谈话内容已失去兴趣,这时你该考虑更换话题了。但有些高明的人善于控制自己的感情,即使他对你的话题失去兴趣,也不外露,对于这种情况,你就必须靠实践、靠观察去寻找一些蛛丝马迹,来判断对方是否对自己的话题感兴趣。

当然,也应该注意在转移话题时,不要太突然,否则就会扫人的谈兴,使对方过于尴尬,这样也不利于交谈继续进行下去。因此,为了成功的交谈,保持大家的乐趣,有时需要有点耐心,在别人谈话时,礼貌地评价一两句,适当进行总结,寻找最好的时机转移话题。

在《三国演义》中,有一个"青梅煮酒论英雄"的故事,这是描写刘备机敏,在危急关头运用转换话题的技巧,岔开话题,化险为夷的故事。故事是这样的:有一次,曹操和刘备在一起喝酒。曹操用手指了指刘备,然后又指了指自己,说:"今天天下的英雄只有你和我两人。"刘备听了,大吃一惊,手中的筷子不觉掉在地上。当时天下着大雨,正巧打了一声雷。刘备就从容地俯身捡起筷子说:"我被这声惊雷给吓着了。"曹操大笑,说:"大丈夫也怕雷吗?"刘备说:"即使是圣人听到迅雷,遭到大风,也要变脸,何况我呢?"就这样,刘备把因曹操一句话而受震惊掉筷子的事掩盖过去了。曹操从此就不再怀疑刘备有与其夺权的想法了。

(二)恰当赞美公关对象

赞美是对真、善、美的褒扬,是对他人长处的肯定,是公关沟通中建立良好人际关系、激发积极行为的重要方法。人人都有自尊心、荣誉感和实现自我价值的欲望,当赞美之词使人的这些心理渴求得到满足时,就会感到愉快,受到鼓舞,对赞美者产生亲切感。这就为成功地建立融洽的关系,积极合作,消除分歧,克服差异,减少矛盾,促进理解,创造了条件。

1.赞美要真诚、具体。只有真心实意地赞美,才有动人的魅力,做作的奉承总会露出虚伪的用心而遭人讨厌。真诚的赞美一是要所言属实,不能无中生有。例如,一公关对象确实五官端正,身材苗条,夸她"漂亮""亭亭玉立"并无不当,但若对方其貌不扬,身体肥胖,如此夸她,就会适得其反了。二是要心正意端,不能动机不纯。为了谋求非分的利益而曲意奉承,溜须拍马,其吹捧之词必令人肉麻。三是表达要自然,不可矫揉造作。语句要有情感,声调要亲切热情,若表达含糊,就会近似讽刺了。

赞美公关对象时,切不可言之无物,一味罗列假大空的套话,而应说出对方值得赞美的具体方面,表达要准确无误,这样才令对方感动。那种抽象空泛的好话不如不说。

2.赞美要恰到好处。恰到好处就是不夸大其词,赞美语要恰如其分。对公关对象,不是事无巨细都赞美,而是要有分寸、有节制。对一个很平常的表现大加赞扬,使用"真了不起""太伟大了""天下无双"等极端之词,赞美就会失去积极作用,要么因吹捧而有害于人,要么成为戏谑而令人难堪。

在不知道对方底细的情况下轻易开口赞美,往往很难奏效,说不定还会弄巧成拙。不了解对方实情而盲目夸奖,大加赞美,溢美之词不得章法,不如什么也不说。没有把握之前,应该学会"察言观色",否则就会造成自己的被动。

3.赞美要把握时机。所谓把握赞美的时机,一是当对方期待得到赞美或需要赞美时,要及时给予赞美;二是要讲究给予赞美的场合,要考虑是当众赞美,还是避开他人只说给当事人听,或是并不当着当事人的面赞美。一般来说,当人因挫折而情绪低落时,当人获得成绩时,当人特意为某事付出善意的努力时,应毫不吝啬地及时给予其赞美。这样的赞美会使沮丧者恢复自信,使成功者感到快乐,使努力工作者获得慰藉。公关口才十分注意语言的公关效果,因此,若赞美某个人容易引起他人的反感,或具有其他不当之处时,则应根据需要选择适宜的时间和场合。

(三)专心倾听和引导对方

1.倾听对方谈话。要善于倾听。一说到公关口才,人们往往会想到"口若悬河、滔滔不绝"等字眼。当然,这是一种公关口才,但公关口才绝不仅仅如此,有时倾听对方讲话也是公关口才的表现。

越是善于倾听他人意见的人,人际关系就越理想,因为聆听是褒奖对方谈话的一种方式。你能够耐心地倾听对方的谈话,就等于告诉对方:"你是一个值得我倾听你谈话的人。"这样无形中就能提高对方的自尊心,加深彼此间的感情。

但是许多人没有耐心听别人讲话,因为他们是"事业家",是"大忙人",生活节奏太快。不能否认,现代社会竞争激烈,一个想成功的人要做的事太多,整天往往疲于奔波,因而时间一久,性情也变得急躁,对"倾听"显得腻烦,甚至别人刚一开口,还未等对方把话说完,就会予以否定,一口咬定不行,然后以十分武断的口气阐述自己的观点。这类人往往是想通过"短、平、快"的方式,以雄辩的口才显示自己的能力,迅速地解决问题。但是这样做的结果,表面看来目的达到了,事实上却得不到别人的认同,无法建立起与他人真正的友谊,达不到公关效果。

历史上和现实中的许多实践表明,在事业上有成就的杰出人物往往善于倾听他人的意见。那些善于倾听他人意见的人总是宾客盈门,朋友广泛,因为人们总是喜欢与尊重别人、平易近人的人交往。假如你想成为一个善于公关交谈的人,就应当先成为一位善于专心听别人讲话、鼓励别人多谈他自己成就的人。

善听不仅能交流感情,它还有一个很重要的作用就是捕捉信息、处理信息和及时进行信息反馈。一般说来,谈话是在传递信息,听别人谈话是在接收信息。一个好的聆听者,应该善于捕捉信息,即在一大堆谈话中能捕捉到有用的东西,从而为自己的公关工作找到切入点。

2.引导对方谈话。我们在公关场合与人谈话,目的是为了沟通思想,建立感情,形成合作。人们都希望通过语言交流,力图使自己的思想、情感、观念为对方所接受,同时也希望对方能把自己当成真正的朋友,向自己倾诉肺腑之言,说出内心的真实想法。但是在现代社会中,由于各种原因,并不是每一个人都会向你敞开心扉畅所欲言,这就需要我们在公关交谈中,要设法激发和引导对方谈话。

一名成功的公关人员,除了应十分善于辞令外,还应在同对方交谈中,根据对方的反应,适当做一些停顿,鼓励对方发表自己的见解,从中掌握对方的心理,随机应变。

一项调查表明,许多商家在与客户进行业务谈判时,常喜欢搞"一言堂",单方面在那里滔滔不绝地介绍自己的商品,而不去引导对方谈话。这样,即使商家将自己的商品介绍得十分详细、具体,也往往不能取得好的效果。对方往往会感到你只是在卖弄,从而降低对你的信任感。

在与公关对象交谈时,要积极鼓励对方讲话。我们应当表现出有兴趣的、关心的和赞同的态度,使对方有一种自己被你认同的强烈感受。这时你要鼓励对方多说,如果他没提出让你发表看法时,一般不要插话中断对方的思路,当然在一些细节问题上可以重复对方的语句,以表示重视、肯定和强化其感受。如:"是的,只有当自己也处在这样的境地才能理解别人的难处。"这样的语句重复是对对方的一种重要的心理支持,也是对他高谈阔论的助兴。同时,还可能为对方能够更清楚地表达自己的内心思想和内心世界起到提示"台词"的作用,如帮助归纳,给出一个恰当的形容,从而使对方保持较高的谈话兴致。如果你想使对方进一步敞开心扉,多给予其同情、理解和产生共鸣感是十分必要的。要让对方知道,你是在设身处地为他着想。你可以常说一些"你谈到这一点我也同意","虽然我不这样认为,不过觉得你把道理讲清楚了"之类的句子。这样便于双方彼此间增加共同点,促进彼此间的理解和沟通。

(四)特殊公关口才技巧

1.商业谈判的技巧。商业活动纷繁复杂,最能体现商业公关口才技巧的当属商业谈判。商业谈判大体有国内谈判和国际谈判两种。无论是哪一种谈判,双方都会派出自己最恰当的人选,在谈判场上努力角逐,倾尽全力,斗智斗勇斗口才,以期获得满意的结果。这里不用刀枪,却是唇枪舌剑;这里没有硝烟,却不逊于战场。有时,甚至战场上得不到的东西,谈判桌上却能得到。商业谈判口才之重要,由此可见一斑。

下面简要介绍一下商业谈判中需要注意的几个问题:

(1)在商业谈判中,"不知彼,莫开口;先知彼,再开口"的宗旨行之有效。知己知彼能在对方实力明显强于自己的情况下起到保护自己的作用。这样也可以避免开口的时机不当导致失误,增加对自己的不利,造成难以协调的后果。

(2)除了调查研究收集对方资料以外,了解对手还有一种比较有效的方法,就是现场利用公关口才"旁敲侧击"。例如:谈到产品价格时,当发觉对对方的底细了解得不够清楚,可迂回曲折地询问一些看似与谈判无关的问题,如打听当地同类产品的市场价格,了解对方企业员工的收入和福利等等,还可与谈判席上并非最重要的人物,如秘书、助理、随员等聊天,从侧面了解对方的情况,以增加谈判取胜的砝码。

(3)在商业谈判中,有时故作"迟钝"未必不是聪明人。"迟钝"的背后隐藏着过人的精明。在商业活动中,有些人听多说少,甚至不说,显示出一种"迟钝",其实他们这样做的目的是为了获得最大的利益。少开口,不作无谓的争论,对方就无法了解你的真实想法;反之,你可以探测对方的动机,逐步掌握主动权。谈判中间阶段不能放松警惕,明智的做法是继续研究对方已经透露了多少信息,如何利用这些信息把商业活动引导到自己期望的轨道上来。

一次,日本的DG公司经理山本村估与美国一家公司谈生意。美国方面已经知道DG公司面临破产的危险,就想用最低价格把DG公司的产品全部买下来。DG公司面临两难的选择:如果不卖,公司的资金就无法周转;而DG公司如果以最低价格卖给美方,DG公司就会元气大伤,由此导致一蹶不振。

于是,在美方提出这些要求时,山本村估没有和美方代表一味争论,而是若无其事地对随员说:

"你看一看飞往韩国的飞机票是否已经准备好了,如果机票已经拿到,明天我们就飞往韩国,那里有一大笔生意在等待着我们。"

山本村估这段话的言外之意是对美方的这桩生意兴趣不大,成不成对他都无所谓。山本的这种淡漠态度,使美方谈判代表如同丈二和尚摸不着头脑,急忙拨电话报告总裁。因为当时美方也急需这些产品,总裁最后下决心还是以原价买下来了这些产品。DG公司得救了,人们不得不佩服山本惊人的谈判艺术以及他沉稳镇定的性格。

2.电话公关口才的技巧。在"只闻其声,不见其人"的电话中,运用口才与人进行融洽沟通,已成为当前世界风行的一种公关技巧。不过,其公关难度较面对面交谈要大,因为一旦开局不好,对方可以轻易地结束这段谈话,即把电话挂掉。因此,电话公关口才需要较高的技巧。

打电话与他人交流,有以下这样一些通话技巧供您参考:

(1)打电话前要先打个腹稿。通话的公关目的要十分明确,要讲的内容需思考清楚,最好记下要点,以免临时表达不清或有所遗忘。另外备好纸笔,准备随时记录。

(2)电话拨通后,先说"您好",再自报家门,要主次分明。对方讲话时,要不断地辅以"嗯"之类的语气词作答,表示你在认真倾听。通话时还应不时地称呼对方的姓氏或官衔,这样能使对方听起来感到亲切愉快。在相互问好后,应立即转入主题,先通报要点,给对方一个整体印象,如"有一件事情想和您商量","有几项通知告诉您",然后再依次叙述。

(3)说话时要口齿清楚。语调应始终保持轻松愉快,语速要适中,重要地方最好加重一下语气,必要时可询问对方是否听清楚了。

一定要使自己的声音显得温和和真诚,让对方感到亲切自然。国外有人特地在电话机旁放一面镜子,以便自己看到自己的表情,好随时调整自己的语调语句,给对方一种"既闻其声,如见其人"的感觉。

(4)若要说服别人,先要说服自己。电话公关过程中,你的声音里千万不要缺乏自信。软弱无力的话语,一听就没有自信,说出去自然效果很差。而充满力度的声音当然让人耳目一新,不仅对方会重视你提出的问题,还会对你深表好感。

(5)内容紧凑,不东拉西扯。通话时,不宜谈论与公关意图无关的话题。与通话对象东拉西扯,不着边际的聊天,是非职业化的表现,也会给对方留下缺乏修养的印象。若对方对你的谈话反应冷淡时你依然自说自话,那更是不恰当的。

公关口才训练

1.现实生活中处处需要口才,但并不是处处需要公关口才,请分辨下列各种关系中哪些属于公关关系,需要公关口才?

(1)会计与出纳的关系;

(2)医院与患者的关系;

(3)作者与读者的关系;

(4)机床制造厂与供电部门的关系;

(5)商店与消费者的关系;

(6)老师与学生的关系;

(7)邻里关系;

(8)军民关系;

(9)社会组织与所在居民的关系;

(10)广播电台与听众的关系。

2.某企业最近聘任了一位总经理,他是一个才华横溢的专业人员,但他性格内向,说话木讷。现在需要他以总经理的身份出现在多种场合,向社会各界宣传企业及产品,你将给他提供哪些必要的公关口才经验?

3.为什么说塑造良好的组织形象是公关口才的主要职能?你认为公关口才应从哪些方面塑造良好的组织形象?

4.请把下列称呼语改为符合公关口才用语原则的称呼:

(1)那个女的;

(2)老头儿;

(3)本人;

(4)你们公司;

(5)我府上;

(6)不发达国家;

(7)瞎子;

(8)落后同学;

(9)痴呆小孩。

第 18 章

教师口才训练

一个能够动听地、明晰地教学的教师,他的声音便该像油一样浸入学生的心里,把知识一道带进去。

————●夸美纽斯(教育学家)●————

好老师与好学生

1960年,哈佛大学罗森塔尔博士曾在加州一所学校中做过一个著名的实验。

新学期开始时,他让校长把三位老师叫进办公室,对他们说:"根据过去三四年来的教学表现,你们是本校最好的老师。为了奖励你们,今年我们特别挑选了三个由全校最聪明的学生组成的班给你们教。这批学生的智商比同龄的孩子都要高,希望你们也能有更好的成绩。"

老师们表现出掩饰不住的喜悦。临出门时,校长叮咛道:"要像平常一样教他们,不要让孩子或家长知道他们是被特意挑选出来的。"

一年之后,这三个班的学生成绩是整个学区中最优秀的,比平均分数值高出两三成。

这时候校长才告诉老师们真相,这些学生并不是刻意选出来的,而只是随机抽选出来的普通学生。三位老师万万没有想到事实会如此,只有归功于自己教得好。

校长不好意思地又告诉他们另一个真相:他们三个也是在教师中随机抽出来的。但整个结果就如博士所料:这三位老师觉得自己很优秀,充满了信心与自豪,工作中自然也就格外卖力气,而且他们认为学生也是好学生,肯定会有好的结果。结局自然就皆大欢喜,全都真的优秀起来。

俗话说,教师是吃"开口饭"的,就是说,口才是教师的基本技能,看家本领。三百六十行,行行都要与人打交道,行行都要讲究说话的艺术,教师尤为如此。苏联教育家马卡连柯就曾经强调教师的语言和声调都必须经过"专门的训练"。教师的口才能力决定着教学和教育的质量和效率,也直接影响着学生的智力、语言等多方面的发展。

一、教师口才常用技巧

教师在教学中,主要任务是两项,一是对学生讲解科学文化知识,即进行智育教育;二是向学生进行思想政治教育和审美教育,即进行德育教育。要完成好这两项任务,都离不开教师好的口才。具体来说,教师在进行教学工作时,需要掌握如下一些方面的语言技巧。

(一)语言的规范性

教师在教学中应该使用规范化的现代汉语,即使用普通话教学。在语音方面,声母、韵母的发音、声调及其拼合方面必须符合《汉语拼音方案》所规定的标准;在词汇方面,要使用普通话词汇,一般不用方言词语和学生不懂的古词语,更不能用生造词语;在语法方面,无论是句子或语段,语序或词语搭配,都应符合普通话的语法习惯。近年来,方言对教学语言的冲击以及某些方言的滥用(如粤语)已引起国家语委的重视,如香港几年来已掀起了"普及普通话"的运动。只有规范性的教学语言,才能使广大学生都能接受,才能确保教学效果。

(二)语言的启发性

教学语言要求教师用语言调动学生的积极性,激发学生多种分析器官协同活动,使他们开动脑筋独立思考,独立地获取知识。启发性教学需要教师正确估计学生的接受能力,讲课时要有循循善诱的引导,还要有一定的含蓄性,既要把学生想知而又不知的必要知识讲出来,又不要把问题一览无余地说完说尽,要给学生留有思考的余地,让学生在教师的启迪下一步步接近知识的真谛,培养学生思考和自学的能力。启发式教学还要求教师恰当地使用设问、提问的语言方式,对所提的问题要有明确的目的性,问题的难易程度要适当,问题的答案要明确,提问时切忌问得模糊不清,答得似是而非。教师要对学生的回答给予准确的评判,无论错对都要给以鼓励,如此才能达到启发式教学的目的。

说到提问,许多有经验的教师介绍了他们经常运用的多种提问方式。

1.诱导式提问。通过提问诱导学生积极思考,诱发学生探求真理。这种提问核心在"导",关键在"诱",融知识介绍和兴趣激发为一炉,让学生在已学知识的基础上明了"为什么""怎么样""有何根据"等进一步的问题。例如:中学语文教学中,学生学了《孔乙己》一文后,教师提问:有人说,古希腊的悲剧是命运的悲剧;莎士比亚的悲剧是主人公性格的悲剧;易卜生的悲剧是社会问题的悲剧;而鲁迅先生笔下的孔乙己,究竟是怎样一种悲剧呢?请同学们根据课文给出正确的答案。

2.过渡式提问。在教学环节的转换之处,在不同教学内容更替之时,通过提问搭桥铺路,促使学生的思维处于积极开放的状态,使其不断保持探索新知的兴趣。这种提问可使教学环环相扣,步步相连,对整体知识的建构起着衔接和勾连的作用。

3.比较式提问。这种提问是在学生对某一系统的知识学习完毕后,运用对比、反比、类比等比较的方法提出问题。它可以促进学生对事物进行多角度、多侧面的思考,发现有关知识之间的异同,在同中发现异,在异中寻找同,从而对知识间的联系有更透彻的认识,并在比较异同中思考事物的发展规律,从而提高认识和鉴别事物的能力。

4.追踪式提问。对较为含蓄深邃的知识点或更为复杂些的知识,要引导学生举一反三,触类旁通去探幽寻胜、弄清本意。这种步步紧逼的追踪式提问,可促使学生去寻找表面知识之外的弦外之音,言外之意,能激发学生刨根问底的探究精神,培养他们严谨深刻的思维习惯。

5.放射式提问。为攻破难点、突出重点,教师常以某主要问题为中心,派生出许多小问题,从各个角度或不同侧面提问,以引导学生思考,若干小问题解决了,中心问题也就迎刃而解了。或当中心问题掌握之后,为增加学生的知识面,从中心问题出发,放射出若干相关相邻的知识,引导学生以此类推,辐射联想,大胆讨论,促使学生的思维能力逐级登高,以利于其智力的开发。这提问方式就是放射式提问。

(三)语言的互通性

教学活动是教师与学生间的双向活动。教师是活动中的主导一方,教学语言是师生之间沟通思想、传授知识的桥梁。因此,教学语言一定要从教学对象出发,对学生的状况有所了解,要考虑到学生的年龄、文化程度、阅历、职业、心理等各方面的特点,努力使教学语言能适应学生的语言接受能力,让学生毫不费力地听清楚、听明白。如:对小学生教学,语言要尽量做到形象、生动、有趣味、有直观性、深入浅出;对大学生或有一定专业水平的学生讲课,就可多用一些严密、准确的专业术语;给工人讲课,可多联系他们的工作实际,使用一些工业用语、行话;给农民讲课,可多联系农业知识,多用一些民谚、俗语、歇后语。这些都是为了便于学生接受、理解并吸引学生的注意力,只有语言上的相通相知,才能提高学生的学习兴趣。

(四)语言的艺术性

从某种角度而言,教师的讲课类似演员的表演,也是需要艺术性的。教学语言的艺术性由以下多方面因素构成:

第一,语言上,要求发音正确,口齿清楚,句读分明,流利顺畅,使学生听得清晰、明白、舒服。

第二,语调上,要抑扬顿挫,节奏鲜明,速度适宜,轻重得当,要有一定的音乐性,优美动听。一味快的"机关枪"式的讲课,学生听不清;一味慢的"催眠曲"式的讲课,学生不愿听。遇到教学重点、难点,语速应适当放慢,有时需要重复。一般叙述、交代、过渡时,语速可略快。讲课时的音频也很有讲究,如果一律低调,会使课堂气氛沉闷,学生注意力分散,精神不振;一律高调,会形成课堂噪音,使学生大脑抑制,精神疲倦。语调只有高低相宜,错落有致,学生听起来才会精神饱满,兴趣盎然。

第三,遣词造句以及整个语言表述要新鲜、活泼、生动、形象,要善于联系实际生活,善于寓理于事,深入浅出,把抽象的事物、深奥的事理具体化、形象化,并恰当地使用贴切的比喻、鲜明的对比等修辞手法,使教学语言更富有感染力。

第四,教学语言还要努力借助于自然协调的手势、表情、姿势等体态语言,增强语言表达的效果,做到声情并茂,形神兼备。

(五)语言的鲜明性

语言的鲜明性是指思想观点鲜明,感情倾向鲜明,语体风格鲜明,形象意境鲜明。在教师对学生进行思想品德教育时,尤其要注重运用富于鲜明性的语言。

思想观点鲜明,是指教育语言所传递的思想观点要鲜明正确,符合国家法律规范,符合社会主义道德规范。那种似是而非的或正在争论之中、没有定论、没有权威性的新思潮,在教育语言中要尽量少使用,免得引起学生思想上的混乱和困惑。

感情倾向鲜明,是要求教师对事物的是非、善恶、美丑的主观态度和情感倾向要明朗,要旗帜鲜明,立场坚定,特别是在大是大非的原则问题上,切不可态度暧昧,模棱两可。

语体风格鲜明,是指教师要根据教育目的确定恰当的语体和表现风格,如明朗乐观的正面教育语言,循循善诱的批评开导语言,语重心长的鼓励说服语言等等。要做到内容与形式和谐统一。

形象意境鲜明,是要求教师在用语言表述思想的过程中,所描述的形象、意境尽量要是具体的、清晰的、生动可感的,能够把学生带到你所描绘的场景之中,通过形象的吸引达到教育的目的。

(六)语言的专注性

专注性要求教师在教育学生的过程中始终使自己进入角色,全身心的投入。无论对学生进行析理的教育还是益智的教育,教师自己都要充满热情和信念,情绪上要饱满和集中,态度上要坚定和自信,全神贯注地用自己的心去打动学生的心。如果教师自己对所说的事理都分辨不清或含糊其词,敷衍了事,那就不可能给学生以正确的引导和启发。

有经验的教育者善于把自己放在被教育者的地位,在教育学生的过程中同时也不断判断着自己教育的效果,注意学生的情绪,研究学生的内心世界,琢磨其心理变化的过程,随时调整自己的教学方式。只有全身心的专注,才能及时获得学生的反馈,准确适度地表达教育思想,达到教育目的。

二、教学中三种常见情况的口才技巧

(一)表扬学生的语言艺术

教师表扬学生,是对学生的良好思想和行为给予好评和赞美。恰当而准确的表扬,能使学生明确自己的长处和优点,激起学生的进取心和荣誉感,促使其健康成长和不断进步。相反,随心所欲、信口开河的表扬,有时不但起不到鼓舞、激励学生的作用,反而会使教师威信下降。因而,有经验的教师总是善于根据学生的不同特点,运用不同的表扬方式,力求取得最佳的效果。教师对学生进行表扬的语言要求是:

1.**避免成见,实事求是**。教师对学生的表扬,首先是要实事求是,公平合理,绝不掺杂着个人的好恶感情。特别是对那些所谓的"落后生",切不可抱有成见,认为他们难以进步,对其长处视而不见。要随时发现这类学生的闪光点,哪怕是微小的进步,也要给予及时的表扬。只有这样,学生才能感觉到老师是公平的,是一视同仁的,从而培养了全体学生的荣誉感和上进心,使表扬真正起到鼓励先进、带动后进的作用。

我们来看这样一个例子。

小吴又旷课了。第二天,我把他叫到办公室。他若无其事地站到我面前,然后木然地看着墙。我有意淡然地说:"过去我曾找你谈过,还记得吗?在那次谈话之后,你给我留下了一个印象",我故意一顿,"想知道什么印象吗?"从他无所谓的脸上露出了一丝急于想了解的眼神,但接着就把脖子扭向窗外……我接下去说:"一个懂得好歹,将要成熟而有血性的男子汉!"这时,小吴的眼睛蓦地一亮,迅速地瞥了我一眼,眼中存有惊疑、探究……"从那次谈话之后,我一直在观察你,你上课的表现,完成作业的情况,我认为你有进步,尽管语文测验多次不及格,但比起原来的成绩,总是一次次地提高了。这说明你是在努力,在进步。我想,你是明白老师对你的希望的;而老师也能看到你的进步,可以说,我们是相互理解的!你又旷课了,在前进的道路上有一点小反复不要紧,只要你能认识并改正就好。怕的是老师看错了人,不知你怎么想,我却自信老师没有看错人!"……

小吴走了,没有说一句话,但桀骜不驯的架势没有了,垂着头看着脚下的路,思考着什么,向办公室外面走去……

从此,小吴真的用行动来证明了老师没有看错人。

2.要注意调整学生的心理平衡,促进团结。心理平衡是学生之间保持友谊、互相团结的一种必要心理因素。表扬一些同学,可能会使其他学生心理失衡,如有的同学认为自己也该受表扬,有的认为没有表扬自己就等于批评了自己等等。如果教师表扬不当,就可能产生很大的消极作用,使受表扬的学生受到讽刺打击,没有被表扬的学生产生委屈或消极抵触情绪,从而丧失了表扬的意义。因此,教师在表扬时要注意照顾多数同学的情绪,注意表扬方法,不能让人感到教师把功劳、成绩都归于某一个或几个同学,而应使未受表扬的学生也能认识到自己作为集体一员的意义,并感到受到尊重和信任,而不是被歧视、压制甚至忽略。

3.利用集体舆论树立良好风气。集体舆论对学生的影响往往比教师个人的力量要大得多,也有效得多。当集体的风气不正时,好人好事不但得不到鼓励、赞美,做好事的同学可能还会遭受打击和孤立,教师的表扬也只能使受表扬者处境更为难堪。这种情况下,有经验的教师不是自己出面表扬做好事的学生,而是启发学生展开讨论,分清是非,把集体的风气引导到正确的方向,使做好事的学生得到集体舆论的肯定,从而形成好人好事人人夸,不良倾向人人抓的良好风气。

4.教师要抓准时机及时表扬。苏联著名教育家苏霍姆林斯基说:"要让每一个学生都抬起头来走路。"教师的责任就是及时发现每一位学生身上的闪光之处,掌握他们的每一点细微的进步,并及时又适度地给予其肯定和鼓励,这种表扬往往是促进学生转变、前进的催化剂。如果教师缺乏对学生的了解和理解,不能及时准确地进行表扬,那么对刚刚有好转的学生无疑是一个打击。而如果表扬的时机抓得不准也会使一些处于自负、骄傲心理状态的学生自以为是;盲目的过滥表扬可能会适得其反,甚至会"捧杀"学生。因而教师一定要抓准表扬的时机,用最恰当的口才实现最理想的教育效果。教师要明确表扬并不是一种教育过程的结束,而是一种教育过程的新起点,不要为表扬而表扬,应预想出表扬的真正效果。

任性的独生子宋科因为一点小事站在座位上边哭边闹。上课铃响过,老师装着没看见他,只是用命令的语气大声说:"上课!"同学们"刷"的一声站起来,向老师问好。老师没有立即让学生坐下,故意把目光转向别处,不看宋科,停了一会儿说:"咱们班有位同学平时十分关心集体,为了使我们班得到卫生红旗,他经常主动扫地,捡纸屑,还提醒同学保持教室卫生。他学习也很好,还常常帮助别人,我想这位同学应该处处是大家学习的榜样。他决不会为了自己的事影响同学们的学习,因为他总爱替别人着想。"

老师虽然没提名字,但大家都知道说的是谁。这些话在宋科的心里产生了反响。

他意识到不应该损害自己已经得到的荣誉,因而很快停止了哭闹,控制住了自己的情绪,专心致志地听课了。

下课时,老师又进一步说:"宋科真不简单,他为了大家能学习,硬是控制了自己的情绪,难道这不值得我们学习吗?"同学们都向宋科投去了赞许的目光,他终于不好意思地笑了。此后,宋科再也没有出现过这种情况。

在这个例子中,老师为了维持正常的上课秩序,一开始并没有批评宋科,而是表扬了他的优点,使他很快停止了哭闹,专心上课。下课后,老师没有"秋后算账"批评宋科,而是及时地再次表扬了他,从而取得了很好的效果,宋科以后再也没有出现过类似情况了。

5.教师要对表扬进行理论升华,以提高学生的思想境界。有时学生做了一些好事或取得了一定成绩,但他们自己都不一定能清楚地认识到其中的重要意义。这时教师的表扬就不应就事论事,只停留在事件本身,而应进行理论分析,使其上升到一定的思想高度,让学生们获得一种理性的收获。这种表扬,可以帮助学生以小见大认识事物的本质,意识到自身的潜力,培养其辨别事理的能力,不断提高其思想觉悟和理论水平。

(二)批评学生的语言技巧

教师对学生的批评在教育环节中是举足轻重的,也是不可忽视的。但批评不是表扬,而是带有一定惩戒性质的语言,因而教师要特别讲究批评的语言技巧。以下几种批评方法值得参考。

1.不露声色的批评。把批评寓于某种动作或意味深长的话语之中,促使学生深思、自责。这种方法特别适用于那些天真幼稚、年龄较小的学生。

据说著名教育家孙敬修见几个孩子在折树苗,便把耳朵凑过去,装出听什么的样子。孩子们好奇地问爷爷在听什么,他说是在听小树苗哭泣。"小树苗也会哭吗?""是呀,你们折了它,它当然要哭。它们说,它们要快快长大好为祖国四化建设服务,请你们不要损害它们。"孩子们听了这段话后脸红了,立刻自动组织了护林小组,再也不折小树苗了。孙敬修未说一句责备的话,却取得了一般批评语言所难取得的效果。

2.旁敲侧击式的批评。借助于恰当的寓言故事、历史典故、轶闻传说,或借助于批评别的类似现象,引起学生的联想、对照和类比,从而使其认识到自己的错误,达到批评的目的。这种含蓄委婉的批评较之直来直去的指责更易于为学生接受,它可使学生通过反省和思想斗争,进行自我否定,获得更深刻的印象。由于这种批评方法是从侧面展开的,因此有利于维护学生的自尊心,还能培养学生自我教育的习惯。

一位教师在发现他的学生出现"早恋"现象时,巧妙地向学生讲起家乡果园的事情。他说:"我们村子周围有大片的苹果园,寒来暑往,春华秋实。有一年秋末冬初,我突然惊奇地发现,有些就要落叶的果树枝上竟然开出了一簇簇小小的果花。不久,花谢了,居然也结出了山楂般大小的果子。可惜没过几天,霜冻就来了,叶落尽了,小果实也烂掉了。小时候我每每捧着这些可怜的小果子发呆。后来,我才明白:不该开花的时候开花了,不该结果的时候结果了,是会受到自然规律惩罚的。今天,同学们中的一些事情又引起了我的思索。你们是否也从中得到了一些启迪呢?"同学们深受启发,早恋现象从此在这个班消失了。

3.对落后生可采取"表扬式"的批评方式。有些学生自尊心受到严重挫伤,几乎完全丧失了上进心,存在"破罐破摔"的心理,对教师有明显的防范和抵触心理。面对这样的学生,教师最重要的就是对其理解和尊重,还可适当地以表扬代替批评,对他身上哪怕一点点微小的转变,也给予认同,同时告诉他,如能进一步改进就更好了。这样可使学生振奋精神,看到前途和希望,使其濒临泯灭的自尊心得以恢复,从而弃旧图新,重新努力。

一位教师在布置完课堂书面作业之后,发现有位男生伏在桌上迟迟未动笔。坐在旁边的女生忍不住说:"老师,王晓卧在桌子上,他什么也没有做。"这时,老师委婉地说:"做作业以前是要进行认真思考的,可能他正在想问题哩!相信他考虑成熟以后是会提笔做作业的。"那位男生慢慢抬起头来,向老师报以感激的目光,拿起笔开始做作业。

这种类似"表扬"的批评方式显然更利于学生接受,取得了很好的效果。

4.用幽默的方式提出严肃的批评。当学生有了过失,犯了错误,处于痛苦、后悔和不知所措状态的时候,是最需要别人帮助的,这时的教师,最好能以貌似轻松的幽默语言把亲切的关怀和真诚的教诲送到学生心中。可开些恰当的玩笑,举些健康乐观的例子,说些轻松诙谐的笑话,让有分量的批评融在诙谐的气氛之中,从而激起学生自我批评和自我教育的勇气,这样的批评方法定会收到良好的效果。

吃过早饭,几位男同学在宿舍闹着玩,把盛满水的塑料袋放在门边上,等着一位同学进门。就在这时,聂老师去宿舍找人,看门虚掩着就随手推门而进,"哗"的一声,一袋子水顺身而下,早上换的衣服全湿了。房间里的学生都吓得目瞪口呆,静等着老师的训斥。谁知聂老师却笑着说:"今天是泼水节吗?我怎么不知道啊!再说我们这里是不过这个节的。"大家都笑了,那位往门上放水的同学不好意思地低下了头。老师抚摸着他的头说:"同学之间说个笑话是可以的,但不要这样。"

(三)同家长谈话的语言技巧

家庭教育与学校教育是相辅相成的,一个好的教师总是十分重视家长在学校教育中的作用。因此,教师与家长间的沟通交流是教师的基本工作之一。在与家长的交流中,教师需要掌握一定的方法和技巧,这样才能取得良好的效果。

1.真诚相待,友好相处。把学生教育好,是老师和家长的共同心愿,学生有了过失,除学生自己有责任外,家长和教师同样都有责任。所以,教师和家长接触时,态度要诚恳,语言要热情,要像对待亲友一样。切不可把家长看作是学生过失的根源,更不能把家长作为训斥的对象。谈话时,要把自己和家长摆在同等的位置,摆清事实,讲明道理,注意家长的自尊心,不能让家长面子上太难堪,以免产生反作用。

小明在北京一所很有名气的中学读初中。由于男孩子们调皮,课间时打闹,把学校里一位政治老师的孩子锁在了教室里。那个男孩为了出来,就砸碎了玻璃,划伤了自己的手。这下可惹祸了,班主任把小明的妈妈叫到学校,开始对她进行训斥:"你知道你的孩子干了什么?简直是无法无天!得罪了政治老师,让我以后怎么和人家相处?你这个做家长的是怎么教育子女的?你今天得写份检查,保证以后你的孩子不再犯错,不然的话,就勒令退学,离开我们这所好学校!"听着他的话,小明的妈妈简直惊呆了。孩子在学校犯的错误,为什么要批评家长?孩子的过错,为什么要家长写检查?这位班主任不顾小明妈妈的面子和自尊,劈头盖脸指责一顿,还以勒令退学来要挟,这难道应该是对家长的态度吗?小明的妈妈在忍无可忍之下,离开了学校。不久后,小明转到了其他中学。

在上面这个例子中,班主任老师没有和家长进行友好沟通,非但没有解决问题,反而激化了矛盾。

2.教师要对家长区别对待,掌握其心理。学生家长由于职业、社会地位、文化素质和个人性格的不同,与教师相处时的态度也会有所不同。教师要根据不同的家长,选择适当的话题。或从拉家常、谈生活入手,或从职业特点开始,或从兴趣爱好说起,逐步引入正题。当然也可以开门见山,单刀直入,和家长一起对学生的现状进行分析,但谈话要入情入理,使家长感到教师对学生的关怀绝不亚于自己,从而建立起对教师的信任感。

3.关心体贴,耐心引导。当教师不容易,做家长也有许多苦衷。不少家长对老师寄予厚望,请求老师多关注自己的孩子。谈话中,教师要体谅家长的难处,家长的不足之处要善意地指出,切不可扣大帽子,只讲大道理。对有些教育方法不当的家长,要有的放矢地给予帮助,多介绍一些效果好的家庭教育方法,向家长提出一些具体建议和要求,使家长积极地与进行学校配合。

4.与家长谈话要含而不露,掌握分寸。对缺点错误较多的学生,教师切不可一味向家长告状,把学生说得一无是处。这样说既不符合事实,又使家长难以接受。对这类学生的优点和长处,教师要善于发现和肯定,并反映给家长,这样可以冲淡家长和学生的紧张心理,让家长觉得自己的孩子是可以教育的,使之树立教育的信心,并主动谈出学生的其他缺点和不足,这时教师可再加以补充分析。但要注意分寸,在对家长的意见表示附和的同时强调对学生教育的重点。这样含而不露、点而不破的谈话,会使家长格外注意,会更主动地与教师配合,加强对学生的家庭教育。学生则会感激教师给自己留下了面子,从而对教师产生好感,下决心改正自己的缺点。

5. 欢迎批评,求同存异的态度。金无足赤,人无完人,教师工作也难以尽善尽美。教师在与家长谈话时,要虚心听取家长意见,欢迎家长对自己的工作提出批评和建议。对教育学生的不当之处要勇于承担责任,对产生的误解要及时澄清。对个别一味袒护自己孩子的家长,也不要当场顶撞,可以本着求同存异的原则,让事实说话。教师应牢记一个道理:学生不能挑选但能够教育,家长不仅不能选择,甚至也无法过多教育,因此,教师只有凭自己的真诚努力去打动家长,使家长成为教育学生的好帮手而不是阻力。

三、教师口才十忌

(一)忌恶语相加或使用侮辱性语言

"你这个傻瓜,没用的家伙!""我看你白吃白喝,简直就是个废物!""看你那笨相,简直就是一根电线杆子!"这都是对学生的侮辱性语言,会极大地挫伤学生的自尊心。

(二)忌强迫压制或使用压抑性语言

"你给我闭嘴,不许你再说话!""我说不行,就是不行,你少说废话!"这类话压抑了学生的心理,以后再想与学生交谈就会很困难。

(三)忌威胁恐吓或使用勒令性语言

"我要不找警察也找你父母来,看你怕不怕他们!""随你的便,反正你这个处分是给定了。""你要再折腾,就转学、滚蛋,这学校不要你了!"这类语言或使学生恐慌,或令学生产生逆反心理,将造成很不好的影响。

(四)忌挖苦奚落或用讽刺性语言

"你可真能耐呀,竟然做出这种事来!""我看你脸皮也太厚了,你就不知羞耻吗?""我还真小看你了,别看学习不成,在小偷小摸方面你还真出成果呀!"这样的语言会令学生与教师之间产生隔阂甚至仇恨心理,当然不利于学生接受教育。

(五)忌制造矛盾或使用挑拨性语言

"这堂课让他搅得上不成了,大家说怎么办?""他总是给集体惹麻烦,同学们说我们班还能要他吗?"这样的话会造成其他同学对这个学生不满,激化学生之间的矛盾。

(六)忌意气用事或使用挑战性语言

"咱们看看谁厉害,是老师行还是你行!""我就不信治不了你,不把你整服帖,我就不当老师了!"这种斗气的话不仅对教育学生无益,还会降低教师的威信。

(七)忌高低比较或使用贬低性语言

"你看人家王小梅,都在一个教室上课,怎么你的成绩和她相差十万八千里呢?""你看看周围所有的同学,谁不比你强,谁不比你像样,你这脸往哪儿放?真不害臊!"这样的话会使学生产生"破罐破摔"心理,远离集体,更难进步。

(八)忌以势压人或使用告状性语言

"我可管不了你了,咱们到校长那儿评评理吧。""你们家孩子太难教育了,你们看着办吧。""我就不信派出所警察、法院管不了你!我拨个110他们就到!"这样的言语出口后,后果是很难设想的。

(九)忌秋后算账或使用报复性语言

"我现在不理你,早晚和你算账,反正你跑了初一,躲不过十五。""你等着,有朝一日,非得让你服软认输。""你还想毕业升学吗?咱们走着瞧,看你不栽在我手里!"教师的报复心理是最让学生害怕的,这不仅有违师德,对学生的教育也有很恶劣的影响。

(十)忌放弃性或驱逐性语言

"好,我教不了你们,不教了。""你们爱找谁找谁,反正我是不再管了。""如果不想听我的课,就马上出去,别在这儿捣乱!"这种不理智的语言会令教师自己陷于被动,为日后的工作带来麻烦。

教师口才训练

1.读下面这段材料,分析材料中的教师在纠正学生们的攀比风时所使用的语言的特点。

有段时间,学生比压岁钱的多少,比衣服贵贱。我在黑板上抄了陶行知的《自立立人歌》:"滴自己的汗,吃自己的饭,自己的事自己干,靠人靠天靠祖上,不算是好汉。"我又语重心长地对大家说:"同学们,父辈能干,那是父辈的光荣,我们的世界还得自己去创造。压岁钱再多,会有用完的那一天,衣服再昂贵也会慢慢褪色,变得破旧。只有自力更生,艰苦奋斗,才是开创新天地的法宝。请大家务必懂得陶先生的教诲:'不靠天,不靠人,不靠祖上。'"后来,我们又配合组织了其他教育活动,学生中的攀比风逐渐没有了。

2.本着灵活、自然、大方、有利于调动学生听课积极性的原则,指出下列讲课姿态的不良效果。

（1）两眼盯着窗外或天花板或埋头看讲义，不敢正视学生，更不敢与学生的目光进行交流。

（2）两臂伸直，双手按在讲课桌上，一动不动直至下课。

（3）不停地在教室里走来走去，边走边讲，指手画脚很少停步。

3.请回忆自己学生时代的两位老师，从给你留下深刻印象的几句话入手，分析这几句话在教师口才技巧方面的得与失、优与劣。

第 19 章

记者、主持人口才训练

始终不渝地忠实于自己和别人,忠实于对真理的发现,就能具备最伟大的才华,最高贵的品质。

———— ● 歌德 ●————

蟑螂的"自述"

我是蟑螂,用我的眼睛看世界,世界就是这样,什么什么都很高大,前些年总听有人唱:我们是害虫,还有什么杀死,杀死。我就是那歌里唱的害虫,我觉得没招谁没惹谁,可人们就是讨厌我,大概是因为我什么都吃,而且哪儿哪儿都去,繁殖速度也快,十几天就能当上爷爷。我们生生不息,所以人们可能也挺佩服的,要不然怎么一见着我们就激动得大呼小叫的,不信我躲到抽屉里,你看着啊:(同期:小姑娘开抽屉,尖叫)

我还一绝活儿,就是有"第六感觉",什么风声、雨声、脚步声,一点风吹草动我就能感觉到。想灭我,哪儿那么容易呀?

……啊,怎么超市里也全是我们的名字,灭蟑药,居然摆了两层货架,一种,两种,三种,四种,哎哟,数不过来了,十几种吧。

……您瞧瞧,有设机关的,有下毒药的,还有放毒气的,真是没活路了,哎呀不好,要封门了,快逃出去。

……真是悲惨世界呀!惨啊!看来,我是躲得过初一,躲不过十五了。

还是回大本营吧。啊,蟑螂药。赶快跑。啊,这儿也有药,怎么到处是药!没处躲了,怎么办哪,啊!

> **主持人**：这蟑螂是我装的，真正的蟑螂没这么聪明，否则灭起来就更困难了。不招人待见的蟑螂倒有个好听的别名：叫富贵虫。正是因为好吃的多了，蟑螂有了口福；高楼多了，就有了蟑螂喜欢栖身的管道；再有，就是旅游的人多了，把蟑螂从这儿带到那儿，又从那儿带到了这儿。所以，灭蟑螂的要点是一齐动手，不留死角。人心齐，泰山移，何况小小蟑螂呢。

以上是北京电视台著名主持人元元在《第七日》这个新闻杂志型栏目中主持的关于全北京市民灭蟑螂的一个节目的主持词。她大胆采用拟人手法，以蟑螂口吻自述，将一个本来枯燥的话题讲得有声有色，提高了观众的收视兴趣，由此可见主持人口才的重要。

作为记者或主持人，如何面对你的采访对象？如何使你的采访更成功？本章所要论述的就是记者或主持人在工作过程中如何恰当地使用口才技巧的问题。

一、接近采访对象——记者施展采访口才的前提

(一) 关心对方的处境

第二次世界大战时期的德国，是让人谈虎色变的纳粹大本营。所有新闻媒介全被封锁，盖世太保横行。然而，意大利籍、受聘于《自由法国》报的记者瓦贝尔仍然很成功地采访了希特勒的情妇爱娃。丘吉尔称他是"机灵鬼"，因为他当时只有20岁出头，就干出了许多让老记者汗颜的事。

采访爱娃，如同采访希特勒一样，是记者们做梦都不敢想的事。瓦贝尔选择了这么一个棘手的人物进行采访也说明了他的胆识。他收集了大量关于爱娃的材料，甚至打听到了爱娃的叔祖父是俄籍犹太人，姓米索斯。而且还知道爱娃与希特勒之间很少见面，每次希特勒来，都是带有政治目的的社交活动，包括打私人电话，都是希特勒的秘书代为传达，两人只能通过秘书互相传话。因此，爱娃在情感上是极为封闭、极为痛苦的。她既不是"德国第一夫人"，又不是自由人，处在一种尴尬的境地中。瓦贝尔在一切准备就绪后，拨通了爱娃的电话，然后唱起了爱娃家乡奥多尔镇的一支民歌。"爱娃哭了"，瓦贝尔在回忆录里写，"她问我是谁？问她的家乡下雪了吗？"我告诉她我的真实身份，请她原谅我的唐突，她停了一会还是说话了，我们聊了半个多小时。

瓦贝尔的采访技巧其实很简单，就是"对对方表示关心"。因为他前期工作做得十分到位，选择了对方感情上的薄弱处，迅速地接近了采访对象，取得了很好的效果。人在内心中有很多痛苦、矛盾，是无法向他人述说的，也是很少有人能注意到的。名人尤其如此，他们的心灵往往是封闭起来的，展现给别人看的，都是经过精心设计的一

面。因其如此,所以他们有时更加孤独,倾诉的欲望也更加强烈。瓦贝尔的高明之处就在于他通过体贴与理解开启了对方的心灵,瞬间之中,采访已经成为一场心灵的对话,这是难能可贵的。比起那些千篇一律的名人采访、充满小道消息的花边新闻,瓦贝尔采访到的新闻的价值不知要高出其多少倍。他从根本上确立了记者的形象,那就是记者是一个"关心他人的职业"。记者与名人不存在身份差别,记者对名人的采访完全成为两颗心灵的对话。瓦贝尔的这一做法,在今天看来依然极有价值,他使采访真正成了"倾诉心灵的艺术"。

(二)引起对方的注意

中国工农红军长征的时候,国外有许多优秀的记者对红军长征进行了报道,如斯诺、斯特朗等。有一位记者的名字却鲜为人知,这就是美籍的《爱尔兰评论》报记者奥茨。他来中国时,并没有准备去采访在西方名声大噪的长征,反而对留在根据地打游击的少数红军部队感兴趣。他从当局的嘴里得知山上红军为首的叫陈毅,带着一小拨伤残士兵,已经被围得苦不堪言了。

采访陈毅,这是奥茨一个大胆的念头,可是如何找到他呢?没有人会相信一个外国人找陈毅有什么好目的。奥茨利用教会之便,扮成传教士,在山下村子里给人治病,带了很多报纸(这在当时是很稀罕的东西),到处大谈战事。奥茨凭直觉意识到山上的队伍肯定缺少药物,缺乏信息,凭此两条,他相信很快就会引起对方的注意。

果然不久,奥茨就被"不友好地"带到山上。他看见了陈毅,解释了自己的意图,采访很快就在友好的气氛中展开了。奥茨回去后,写了一篇《中国丛林里的罗宾汉》,一度在西方成为热门话题。

我们再来看一个例子。

在美国南北战争时期,北方的战事在一开始时极不顺利,许多人害怕林肯失败后,国家银行会宣告破产,无力偿还个人的存款,因此这个问题几乎是人人关注的,但没有记者能从林肯那儿套出话来,大家都知道林肯在战争期间不接受采访。《华盛顿邮报》有一个叫劳尔顿的记者却获得了成功。他的办法很简单,每次林肯外出,他就开着象征自己身份的新闻车跟在后面,一连几个月,受到无数威胁警告,甚至以"危害总统安全罪"被拘押了几天,他也满不在乎,乐此不疲。有一天他终于被获准面见总统了,林肯愤怒地质问劳尔顿为什么跟踪他?让人叫绝的是,他竟然还是一句话不说,只是指了指远处的新闻车,林肯最后软下来,很无奈地对他说:"明天晚上9点给我来个电话,也许我能说些什么。"

奥茨和劳尔顿面对的采访对象都是很难接近的,他们之所以能够成功,就在于他们能打破常规,设法使采访对象先注意到自己,终于变被动为主动,出色地完成了采访任务。

(三)善于营造气氛

美国经济大萧条时期,人心很乱,政府的措施也难以奏效。在一次财政部部长召开的记者招待会上,所有记者都感到灰心丧气,因为部长不开口,他的助手们回答的问题也是含混应付,所答非所问。招待会中途休息的时候,《基督教论坛》报的记者雷顿掏出了他收集的资料,有照片,有图表,全是关于经济问题的,除了分发给记者们每人一份外,他还在墙上和地上贴了许多,等部长再次进来的时候吓了一跳,很快就被这种气氛吸引住了,在看过这些图片资料后,部长终于开口了,很坦诚地谈出了一些实质性问题,所有记者都大有收获。

雷顿的技巧在于他发现气氛对人谈话有推动作用,人往往会被外部环境所影响,谈出自己心里想说的话;也往往因为环境影响,说出自己并不想说的话。其间的尺度,完全要视当时被采访对象的心情、环境、场合而定。制造一个适于谈话的气氛,需要记者的灵感、反应力和巧妙的构思。

二、采访中提问的技巧

(一)三类常用的提问方式

1.开放性或封闭性的提问。开放性的问题是包括范围广阔,不要求有固定回答的问题,回答问题的人自由度很大。例如:"你为什么喜欢旅游?""你对目前时装市场的看法如何?"这些问题都允许有各种各样的回答。开放性提问的好处在于可以对被采访者有一个比较全面的了解。这是在时间充裕的情况下才有可能做的。在时间紧迫时,就必须要用封闭性的提问。

封闭性的问题是指所提的问题对被采访者的回答进行限制,有时候问题本身就隐含着答案。例如:"假如有一项优厚待遇的职业等着你,但是必须要你放弃学业,你肯不肯?""你喜欢怎样购买商品?分期付款?还是一次性付清?"高度封闭性的问题,就是大家常说的两极问题,非此即彼。

开放性问题依靠的是积极倾听和同感理解,封闭性问题则是依靠提高语言的明确性和针对性来达到采访目的。

2.原初性和从属性的提问。有的问题开门见山直指主题,称之为原初性问题;有的问题一眼便能看出是为正在讨论的题目寻求更多的信息,称之为从属性问题。原初性问题几乎总是事先计划好的,而从属性问题则经常是在采访中由于信息不全,或回答出乎意料的简单才临时增加的。例如:"你对家庭成员的感情是怎样的"是原初性问题;"您是怎样教育孩子的"即属于从属性问题。

如果采访者很敏感,提出从属性问题是很实用的。如果你积极倾听对方的回答,那么你总可以在合适的时候提出几个贴切的从属性问题。如果被采访者说话生僻古怪、模棱两可,存心不把问题说清楚,你可以完全用从属性问题出其不意地获得答案,捕捉与你的采访目的密切相关的信息。

3.中性或引导性的提问。采访中的问题可以分为中性的和引导性的。中性问题,允许答复者按自己的意思回答。引导性的问题,本身就隐含着采访者的意图。例如下面三个问题都是中性的:

"依靠你现在的工资,你怎么生活?"

"你对房屋装修有什么看法?"

"你喜欢住在北京吗?"

下面同样是三个问题,使用的是引导式的问法。试与上题进行比较。

"依靠你现在的工资,你没法生活下去,是吗?"

"你不打算装修房子,把屋顶弄得很低,把家改成宾馆,是吗?"

"我敢保证,你会喜欢上北京的,是吗?"

提问的角度一变,所获取的信息量就小了,但是清晰度却大了。

(二)五大采访模式

  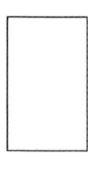 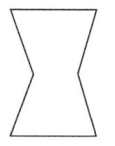 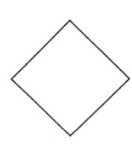

漏斗形　　金字塔形　　试管形　　沙漏形　　钻石形

1.漏斗形。漏斗形的采访方式首先使用广泛的、开放性的问题,接着用比较封闭性的问题加以限制,最后以没有任何回旋余地的封闭性问题结束。漏斗形的采访模式常在访问者事先没有什么准备,或者对被采访对象事先缺乏了解的情况下使用。例如,当你采访一个对你抱有敌意或者在思想上对你有戒备心理的人时,开头第一个问题就应该减少他的疑虑和防范心理,这时候采用漏斗形的采访方式就很有效。

2003年7月,中央电视台《新闻调查》栏目播出的节目《阿文的噩梦》中就有一段这一类型的采访。被采访的对象是广州郊区武洲戒毒所里的戒毒女阿文,她和几个戒毒女被戒毒所负责人用1 000元钱的交易卖给了"鸡头","鸡头"把她们带到了广州的一条小街,逼她们每天晚上在街上拉客卖淫。阿文不堪忍受迫害,几天后跑了出来并通知了《羊城晚报》的记者。这位记者将这一情况告诉了中央电视台《新闻调查》节目组,于是,《新闻调查》组急赴广东,经过多方寻找,才在一个偏僻的小县城找到了阿文。由于原戒毒所负责人到现在也没有受到任何处罚,阿文害怕报复,几个月里东躲西藏,一直处在恐慌和焦虑之中。这时,中央电视台著名记者柴静采访了她,希望从她那里得到事实的真相,披露这一令人气愤的事件。柴静首先以女性同情理解的眼光看着阿文,给阿文以安慰和关心,再以十分平缓的语调开始了她的采访:

"离开家有多久了?"

"一年多了。"

"想父母和姐姐吗?"

"想……"

柴静的发问亲切又自然,完全没有对吸毒女的歧视和对事件的急切追问,这就给阿文带来了信任感,减少了她心中的恐惧和不安。接着,在轻松友好的气氛中,柴静采访到了事件的全部过程。

2.金字塔形。金字塔形的采访模式与漏斗形采访模式正好相反。它以没有选择余地的封闭性问题开头,然后再提出较开放性的问题,最后以广泛的、开放性问题结束。在被采访者因为精神紧张、难堪,或因为题目不对口味而不乐意交谈的情况下,可以运用这种方式。采访者从对方片言只语开始,逐步鼓励其发言,引导他们做出更完整的回答。这种方式在电话采访中是很常见的。

中央电视台的《新闻调查》栏目和《法制在线》栏目以及一些地方电视台与法律有关的节目中,记者经常使用这种采访方式。例如:对已经被法院宣判后的犯人采访时,多是先这样提问:"你对于自己的罪行认罪吗?"一般情况下,对方当然给予肯定的回答,这个问题就是封闭性的。然后再沿着这个思路询问他犯罪的过程和记者想要了解的其他情况。由于罪犯与记者彼此已经明确了身份,且接受采访前已经被告知必须配合,他很明白此次讲话与自己的定罪量刑已经没有必然的联系,从而也就没有顾虑地应答记者的提问了。

3.试管形。试管形的采访模式可以包括开放性问题,也可以包括封闭性问题。其特点是:所有的问题都比较相似,都是一般开放性或一般封闭性的问题。虽然试管形采访模式一般不涉及深层信息,但是如果采访者打算以统计学或科学的方式分析所获得的资料时,这种方法是极为有用的。

大部分记者在对一般性新闻采访时,都会使用这一方法。例如,《北京青年报》著名记者安顿这些年中采访了大量的女性,对她们的婚姻、恋爱、求职等多方面的状况作了全面的采访,积累了丰富的经验。在说到她的采访经验时,安顿很谦虚地说,她只是用很长的时间,花很多的精力去接触她的采访对象,与她们交朋友,听她们倾诉,有时要与她们相处近一个月。当彼此有了信任和感情后,正式采访时就想到哪儿说到哪儿,其中有开放性问题,比如:"你的择偶标准是什么,爱情观是什么"等等;也有封闭性问题,比如:"你现在的专业是什么,在哪儿工作,工资有多少"等等。这类采访不重视内容的深度,也不追求新闻性,但希望获得同类性质采访对象的调查结果,以得到对社会某一类问题的思考依据,所以采访方式是比较灵活的,不拘一格的。

4.沙漏形和钻石形。沙漏形和钻石形采访模式实际上都是开放性提问与封闭性提问两种方式的联合使用。沙漏形采访模式以开放性问题开始,逐步加以限制,然后又逐步开放。钻石形的发展方式以封闭性问题开始,又以封闭性问题结束,在采访过程中,使用较开放和完全开放性的问题。如果采访带有特别的动机,或者目的复杂,可以用这两种采访方式。

中央电视台《艺术人生》栏目的主持人朱军就经常使用这种采访方式。作为名牌栏目,《艺术人生》的定位是将大家都熟悉的艺术界人物请到现场做嘉宾,在朱军与他们的访谈中讲出他们鲜为人知的事情。在动人、动情的讲述中让观众从新的角度认识这位明星,理解他的坎坷经历和丰富人生,在被打动的同时受到启迪和教育。为了达到这一目的,每次策划会都要细致讨论这位明星的所有背景资料以至于他生活中的许多细节。当朱军掌握了大量材料后,就可以心中有数地开始现场发问了。他的采访往往是先从开放性问题入手,比如 2003 年 7 月播出的对中年女演员王姬的采访,就是先从曾经很火爆的电视剧《北京人在纽约》开始的。问王姬对其中的阿春角色还有何印象,这些年都做了些什么。这是一个开放性题目,因为王姬对这个问题的回答可以是多种多样的。但不管怎样回答,朱军都会将采访引向王姬个人成长的道路,于是引出了王姬不得不回答的如何恋爱、如何出国、如何在国外艰苦奋斗、为何儿子会生下来就有智力障碍、王姬作为母亲的苦恼⋯⋯这一系列问题都是属于封闭性的、只有一种答案的问题,也正是观众最想知道的,节目就在这种开放性与封闭性提问的交叉中吸引住了观众,顺利完成了采访主题。

朱迪·皮尔逊在总结这 5 种采访模式时谈到,采访中提问最主要的一条是取得主动,永远不被采访者牵着鼻子走,采访前细致地做前期工作,交谈中也要富有引导技巧,才能保证采访遂意。

三、采访中交谈的技巧

(一)学会轻松的提问

成功的采访应该像一次轻松的谈话而不是质问,应该使被采访者感到振作和兴奋。要学会在无拘无束的状态下发问。不要问得太多,职业记者现在已不在谈话中途插问,而是一开始就促使采访对象谈——谈天气,谈体育⋯⋯什么都谈。为了进行有深度的采访,他们采取了一个无拘无束的提问法,能使对方感到轻松自如。同时,不要伤害采访对象的自尊心,给人留面子也是获得信息至关重要的一环。例如:老练的提问者从来不会在了解对方失业情况时问:"你现在失业了吧",而是问"你正在找工作,对吗"。

此外,要学会保护被采访者。记者不是律师也不是警察,没有审问对方的权利,对方也没有一定要回答的义务,所以保护被采访者的感情隐私,不去贸然冲撞是比较明智的。

(二)不要逼迫采访对象

俗话说,"强扭的瓜不甜"。违背别人意愿强迫对方回答问题或接受自己的观点,或者擅自改动被采访者的意见,都是属于逼迫性的行为,是不可取的。被采访者只有在自愿的情况下才愿意接受记者的采访,与敌对情绪掺杂在一起的采访会令人难以接受。

对一位记者来说,就是使你的提问对被采访者产生吸引力,要想引导他们的观点和你一致,就必须使被采访者了解你的观点对他有何益处。当你表现出真诚坦率,理解他们的想法,关心他们的幸福,这样才能得到采访对象的理解,他们才会积极配合采访工作,才能做到"知无不言,言无不尽"。

(三)要有耐心

通常,对一个采访对象的几次发问都没有反应时,要绝对保持耐心。性急地催促别人回答某个问题,往往会毁掉整个采访。

你如果肯原谅别人性格上的弱点,你的采访也就成功了一半。有人反应慢,有人反应快,记者只能是一个不偏不倚的中间人,你要有足够的耐心听取别人的意见,而不能出现赌气、情绪化、头脑发热、意气用事的现象。

(四)掌握话题

从记者的角度讲,一位名人坦白地说自己动过手术,脱下衬衣,露出刀疤,没有比这更好的事情了。但是如果他向你大谈嗜酒的害处,恐怕就没有什么新闻价值了。你必须学会如何使他不再说下去,在有限的时间内谈一些实质性问题。

如果有此必要的话,你不要违心地苟同于对方,你的不情愿会在不知不觉中表露出来,对方会认为你缺乏诚意。你必须想法岔开话题和他的注意力,用正面问题直接发问。

学会拒绝,最需要的是勇气,你必须有明确的目的性和坚强的意志力,这样才能保证谈话的正常进行。

中央电视台文艺中心曾做过的特别节目《2002年中国电视剧回顾》中,有主持人王小骞与嘉宾访谈的一档节目,主题是谈论媒体与观众的关系。其中的一位嘉宾是某大报的文艺版主编,著名记者。当讲到中国电视剧的制作成本和宣传策略时,这位嘉宾大讲特讲电影《英雄》的宣传经验。从张艺谋的导演品牌,章子怡、李连杰、陈道明、张曼玉、梁朝伟的演员阵容,到几千万美元的投资,《英雄》大张旗鼓地造势,以及两亿元的票房收益。说到兴处,这位嘉宾引经据典,又提到了近年来多次的成功策划和宣传效益,大有一发不可收之势。这时,王小骞巧妙地打断了他的话,将话题引向了主题:"您说的真是令人振奋,但国内电视剧业无论在投资还是在阵容方面,与《英雄》是无法相比的,我们还是说说国内电视剧的实际情况吧。"就这样,话题被拉了回来。

(五) 造成同感

成熟的记者知道采访时不能急于求成,尤其是不能与被采访者发生正面冲突。记者的重要职业技巧之一就是随时对被采访者表示出同感。

同感的意思是"感觉相同",现在,我们给它下一个有代表性的定义:用别人的眼光去观察世界,设身处地替别人着想。

与别人同感并非是轻而易举的事,它要求具备许多能力。第一,你必须是个敏感的人,能够生动地回忆起自己过去的经历。同感的过程要求能够回忆起过去的情绪与感觉,从而找到与别人相同的经历。第二,你必须能够回想起你的行动是怎么体现了你的特殊感情。如果你能把自己的特定行动和具体感情联系起来,那么你就有可能体会别人同样的或类似的情况。第三,你必须对对方提供的各种信息相当敏感。第四,你必须能够把自己理智和感情上的反应同对方的反应区别开来,并且不要急于打断对方的话,轻率地下结论。第五,你必须根据你对对方的了解、自己类似的经历,以及自己的认识,对有用的信息做出解释。

同感建立在理解之上,同感要求我们像爱自己一样去爱别人,不仅能体会到对方的心境,而且能与对方沟通。一个老练的记者去采访一个很有抵触情绪、难于接近的对象时,同感是他必不可少的武器。

与被采访者形成感情上的共鸣,即同感,在有些时候效果是非常好的。2003年4月,北京处于防"非典"时期,电视台的许多节目都围绕这一主题制作,出现了不少优秀的访谈节目,其中中央电视台的《面对面》栏目,播出了主持人王志采访广州某医院护士长的节目,当那位护士长说到自己科里的小护士几天几夜没休息,为了护理"非典"病人不顾劳累不怕传染,终于被感染上"非典"时,她伤心地说不下去了。王志在这次采访中一直是一个最好的倾听者,护士长的叙述深深地打动了他。当护士长说到小护士因为感染上了非典不得不离开病房去住院时,她已经泣不成声,而王志这时也情不自禁地流下了热泪。他没有掩饰,没有回避,任泪水淌在脸上,完全没有考虑自己大记者形象的好坏。这种情感上的相通是自然又真诚的,不仅没有损害著名记者的形象,还使观众看到了王志与普通百姓同呼吸共命运的高尚情操,使观众为他的敬业精神而感动。

(六) 避免无谓的同情

我们常常对别人的悲哀和困难表示出同情,以此来表示对对方的关注。但同情在采访中要有节制。如果我们让眼泪模糊了视听,我们对对方传达过来的信息就不会那么敏感了。作为一名职业记者,要时刻记住:避免无谓的同情,否则很容易导致失去公正和冷静,跌入感情的盲区中去。

在采访过程中,如果对方觉得你有优越感,同情反而会惹出麻烦,很可能会被对方看成是施舍和怜悯。如果你对一个罪犯说:"我真同情你在这儿还得蹲8年",这会使他更难受,采访自然也就很难进行下去了。

(七) 坦诚与朴实

如果走在街上,看见一个张牙舞爪的记者咄咄逼人地把话筒强行塞给你,你会不会把他一把推开?你推开他的时候听到他在骂脏话,你心里怎么想?如果他使尽浑身解数要你说出你不想说的话,你会不会拒绝采访,让他马上走开?

记者是公众的喉舌,应为公众服务,而不是给公众找麻烦,任何的虚浮与不诚恳都会招致反感。为什么今天的街头上接受采访的人少了?为什么记者和"小道消息"被人们联系起来?这是对记者职业的侮辱。

坦诚、朴实是对记者两个最基本的要求,记者不是警官,被采访者不是犯人,谁都有拒绝回答问题的权利,任何缺乏诚意的采访都不会成功。

再重新回到我们的主题上来,记者采访的谈话技巧除了具备独特的职业性特点外,仍要遵循正常交际活动中的处世原则。而且,一切技巧都必须建立在真诚基础之上,失去这个前提,单纯玩弄技巧,是不会取得好的采访效果的。

四、电视台主持人的采访技巧

谈到记者口才,不能不说到电视节目主持人的口才,在全国的许多家电视台中,从事这一职业的人已成为不可忽视的一支大军。从传媒的功能来看,这一职业也应列入记者行业。

在记者职业中,电视台主持人越来越显现出他的独特宣传功能。电视节目主持人的诞生是电视节目逐步走向成熟的产物,它推动了电视节目传播诸多方面的发展。节目主持人作为一种职业分工,手拿话筒进行现场采访是必备的基本功,也是节目中不可缺少的重要组成部分。要完成一次成功的现场采访,并非易事,事前充分的准备和掌握一些采访技巧是非常必要的。其中,口才能力自然成为其能否采访成功的关键。

(一) 采访中的平等意识

首先要尊重采访对象。主持人在采访时应主动与被采访对象沟通,营造融洽的谈话氛围。采访中不妨站在被采访对象的立场上换位思考一下,尊重他们的个性特点,理解他们内心深处的情感世界,从而使采访工作顺利进行下去。

对于社会上的知名人士或成功人士,记者采访时很容易表现出尊重和平等,但对于社会上的弱势群体或有罪、有污点的人,采访时依然保持尊重和平等的态度,就需要记者有过硬的思想素质了。

中央电视台《夕阳红》栏目的采访对象几乎都是老人,其中的"关注夕阳"版块更是常把目光集中在贫困地区的老人身上,通过采访和调查了解他们生活中的困难,向社会有关部门争取他们应得到的权益。这就要求编导必须怀着对老人们的尊重和关怀去采访他们。记得某年的一个节目,报道湖南边远山区一个小村庄里的一位老人,已有70多岁,骨瘦如柴,重病在身,卧床不起。记者去时她已经3天水米未进,因为她的儿子们不负责任,相互推托,谁也不照顾她,更不带她去看病。这本是一个很有典型意义的宣传公民必须履行赡养父母义务的好节目,但由于记者缺乏平等意识和同情心,让老人在几乎奄奄一息的状态中接受采访,把带有中央电视台台标的话筒一直伸到老人嘴边,不管不顾地让老人回答问题。看着老人痛苦不堪的表情和勉为其难的应答,谁心里都会有不好受的感觉。这个节目因为画面上暴露出了对老人的不尊重,最终没有播出。

其次要学会倾听,注意从被采访者谈话中抓取问题,切忌中途打断对方的谈话。在一般情况下,倾听的功能主要是让你更加设身处地为对方着想,而不要只想着提问,要耐下心来听一听被采访者最想说的话。这里的耐心倾听不仅仅是采访的技巧,也是一种不带任何先入为主的主观意识的平等进入,这样的进入是与被采访对象进行沟通的催化剂。实践证明,只有当被采访对象感觉到了你的平等与真诚,感觉到了"你愿意听"时,他才愿意对你敞开心扉,才会和你交流,也才会慢慢向你说出心里话。

(二) 善于随机应变,注意提问技巧

主持人在采访中应边听边思考,即兴提问而不要照本宣科。采访前,先要列出一个采访提纲,心里先要有个底,采访中要尽量用口语而不是用书面语,语气越轻松越亲切越好。采访中最忌讳依提纲逐字逐句地发问,要抓住采访对象回答过程中有价值的东西及时补充提问,这样的提问衔接自然,效果更好。

中央电视台《艺术人生》栏目的朱军是最会在现场随机应变,灵活运用采访技巧的主持人之一。2003年6月,在要做年轻演员陈坤专题的策划会上,节目组的编导们担心现场陈坤会回避一些他家中的不幸事件,这样他就不会太动感情,也就不易感动观众。这时朱军极有把握地说:"没问题,现场就看我的吧。"果然,现场录制时,朱军按提纲向陈坤发问,陈坤对答如流,虽然很吸引人,但还不够火候,用行话说就是还不够"煽情"。这时朱军问道:"陈坤,你想给所有认识你的人留下什么样的印象?想告诉大家你是怎样的一个人吗?""当然,"陈坤很爽快地回答,"我要做一个好演员,好歌手,好朋友,好儿子,好哥哥……"朱军立刻打断他:"就不想做一个好弟弟?"陈坤一愣,立刻听懂了朱军的潜台词:说说你的姐姐吧。只见陈坤沉默了几秒钟,开始讲述几年前姐姐因车祸离世的遭遇,讲到了自己因此事受到的打击,讲到了对母亲、弟弟的亲情……此时的陈坤不再有丝毫矜持,大滴的泪水淌在脸上,观众被陈坤的真情深深打动。

随机应变还表现在见什么人说什么话。主持人采访什么人物,就该说什么样的话。这能充分反映出一个主持人的文化素质和知识水平。在采访前,应注意对所要采访的对象作一些必要的研究。特别是在采访一些专家学者、知名人士时,要使自己大体掌握相关学科的基本知识,在采访中,再将这些知识通过自己的理解,用最通俗易懂的语言,深入浅出地讲出来,这样既利于与采访对象进行交流,完成采访任务,又利于观众理解采访主题,获得相关信息。

(三) 掌握不应该提问的时刻

采访时,主持人会因为自己的某一次措辞不当或口气不妥而影响了被采访者的情绪,破坏了刚建立起来的沟通氛围,这时,适当地沉默不语,也是主持人现场采访的一项技巧。如若被采访者正激动地诉说着自己的故事,就更不要打断他,也不再继续提问,因为这时候,沉默就是最好的提问。被采访者此刻正沉浸在自己的世界里,主持人的沉默不语恰好起到了"此时无声胜有声"的作用。

此外,还应知道什么时候该结束提问。现场采访时,主持人切忌说话过多,不要把现场采访仅仅看作是展示自己口才的机会。仔细倾听、亲切交流,依采访提纲完成必需的提问,在掌握了足够的资料后,就应该及时结束采访。

(四) 掌握敏捷快速的即兴口语

主持人与播音员一样,需要靠语言来吸引观众的注意力。

电视节目主持人与播音员在传播语言上的最大差异,即必须要有良好的即兴口语能力。主持人是为主持节目、表达主题而使用语言的,很多情况下是边想边说,即兴口语的成分较重。即兴口语使用得好,会比书面语言更鲜活、更灵动;使用得不好,便有可能出现夸夸其谈的油滑或张口结舌的尴尬等局面。因此,如何把即兴口语和事先准备好的串场词融会贯通到主持的全过程,对主持人来说显得尤为重要。优秀的节目主持人,往往能够以他们饱满的热情、深入浅出的话语,或侃侃而谈、娓娓道来;或反应机敏、串场自如,通过明晰、畅达的即兴口语,让观众在收看节目过程中感受到语言的魅力。

对于电视主持人而言,他在节目中更多的是起着穿针引线的作用,因此在业务素养上,主持人仅有良好的语言表达能力是远远不够的。主持人只有不断地培养自己归纳总结和点评问题的能力,不断提高即兴口语表达的技巧,才能保证观众爱看,保证节目的成功。

名主持人的即兴应对,是高妙口才的展现,也是言语表达的精品。

10多年前,当时在上海担任市长的江泽民同志于某个周末来到上海电视台,他以一个普通观众的身份静静地坐在《今夜星辰》演播大厅一侧观赏节目。后来被晚会主持人叶惠贤注意到,他觉得,应当让这位亲民、爱民的市长到前台和大家见面,于是灵机一动,自编一则谜语:

叶惠贤:"现在我请大家猜一则谜语:'水上人家——猜我市某领导人名。'"

不一会儿,一片"江泽民、江泽民"的热情呼唤声此起彼伏,江泽民同志满面笑容地走到了前台,向大家频频招手致意。

叶惠贤走过来,递过话筒,请江泽民讲几句话。没想到,江泽民同志竟以上海这几年"雨大、水大"为话由,幽默地说起自己的名字——

江泽民:"……大概是我的名字起得不太好吧,三个字当中,带水的就占了两个,所以啊,有的外电称我为'水市长'"。

台下顿时欢笑声一片,现场的气氛达到了高潮。

再来看一段白岩松面对"挑战性提问"的应对。

中央电视台主持人白岩松曾应邀到广州大学,与该校新闻传播系和历史系的同学座谈,他遇到了几位大学生的"挑战性"提问。

学生:我看你有危机感,看起来冷冷的,这是为什么?

白岩松:我喜欢把每一天当成地球末日来过。(鼓掌)

学生:你什么时候才会笑?

白岩松:会不会笑不重要,懂幽默才是重要的。

学生:有评论说,你个性木讷。

白岩松:所有评论都是说我严肃,与木讷是两个不同的词。

学生:有一天你的缺点多于优点,怎么办?

白岩松:没有优点也没有缺点的主持人,连被评论的机会都没有。我的缺点我觉得幸福,因为它是优点的一部分。(鼓掌)

学生:你同意性格决定命运吗?

白岩松:我采访过400多位成功人士,我同意"性格决定命运"。但性格不是与生俱来,自信是最重要的品质。

学生:我是学历史的,能当新闻节目主持人吗?

白岩松:今天的新闻就是明天的历史。

(鼓掌、笑声)

著名的演讲家刘吉先生说过:"思辨的时代呼唤着对答如流的人才……精彩的对话应该具备'短平快'的特色"。白岩松的即兴应对就具有这样的特色。

采访口才训练

1.下面我们来欣赏一段对话,是劳尔顿采访林肯的经历,试分析劳尔顿的成功之处。

林肯:您想知道什么,南北战争问题吗?财政问题吗?还是公共交通?我的时间很有限,您就快问吧。

劳尔顿:这样的问题我在政府公报上都能看得到,我只想问您一个问题,您喜欢看"走钢丝"的节目吗?

林肯:走钢丝?

劳尔顿:对,我听别人说,有一位艺人手里提着两大箱黄金珠宝,在钢丝上横穿亚美利加大瀑布。

林肯:天哪!这是谁出的主意?简直是疯了!

劳尔顿:是两帮有钱人打赌,他们中有一帮把黄金珠宝交给那个杂耍艺人,他们保证他能走过去。

林肯:结果他走过去了吗?

劳尔顿:他走到半路,有点晃,把赌注压在他身上的那群有钱人就喊起来。

林肯:该死!他们应该安静,然后呢?

劳尔顿:然后他们请求您让这场走钢丝的游戏停下来,您认为呢?

林肯:您在说我吗?当然不能停下来,要继续走下去,并且让那些该死的有钱人闭上嘴。

劳尔顿:就像南北战争?

林肯:当然,有很多人害怕我用国家的钱打仗会丧失他们的利益,这是愚蠢的想法。

劳尔顿:比那些在下面喊的有钱人还要愚蠢。

林肯:对,蠢极了,他们不了解战争的真实状况和进程。

劳尔顿:那您能具体地说说吗?

答案分析: 劳尔顿的智慧表现在他对林肯的处境有一个深切的了解,他用了一个恰当的比喻，"一个手提黄金珠宝走钢丝的人"，使林肯深有同感。劳尔顿很清楚地知道，用古板的问法肯定会使这场采访成为一场价值不大的例行公事，所以劳尔顿避开这个话题，另辟蹊径，从一个奇怪的提问开始，顺水推舟，一贯到底，完成了采访任务。劳尔顿的提问引起林肯的兴趣，一再追问，忘掉了刚才催促劳尔顿的话，谈话几次反复后，劳尔顿的突转话题无疑极成功地点中了林肯的心事，使他倾诉的愿望更加强烈了，迅速解除了心理上的防线。

2.下面是一位记者采访一位盲人的一段对话，请指出这位记者的毛病所在，并加以修改。

记者：我真是很同情您，您看不到东西感到痛苦吗？我想肯定是很痛苦的吧？

盲人：我已经习惯了，快说，您想采访什么。

记者：我只是想采访一下您对社会福利是怎么看的？

盲人：我不太了解，我的眼睛虽然看不见，但我一样能工作，不存在福利问题。

记者：那社会上对残疾人总是存在福利问题吧？

盲人：对不起，我还有事，不能回答了。

记者：我有问的权利。

盲人：可我也有不回答的权利。

改正：

记者：我不知道您现在做什么工作，很想问一下。

盲人：我能做些什么呢？蚀刻画或者一些小工艺品。

记者：真了不起，对做这些东西我可一窍不通，不过我很想知道您是怎么看待社会福利问题的，这件事我们都关心。

盲人：我不知其他福利问题的事儿，但是我知道我自己，社会福利对我来说……

3.设想有一位第二天就将被处决的罪犯，他入狱以来一直沉默不语。你作为一名记者，要采访他，想知道他对生命的理解。这次采访完全处在无准备的条件下，你既不知道他犯的是什么罪，也不知道他本人是什么样的人，你将怎样设计这次采访？

第 20 章

导游口才训练

有一天,我终于明白我是一个幸福的人,因为我能够和所有不同年龄、不同职业的人进行快乐和愉悦的谈话。正因为我努力地使他们快乐,所以他们尊敬我,赞美我,使我成为一个幸福的人。我和他们能够进行谈话只有一个秘诀,那就是:我有着一颗真诚而又善解人意的心。

——● 戴尔·卡耐基 ●——

> **不同的导游**
>
> 有两个中国的观光团到日本伊豆半岛旅游,路况很差,到处都是坑洞。其中一位导游连声抱歉,说路面简直像麻子一样。而另一位导游却诗意盎然地对游客说:"诸位先生女士,我们现在走的这条道路,正是赫赫有名的伊豆迷人酒窝大道。"

一、口才对导游的重要性

伴随着中国改革开放取得的巨大成就,我国人民的生活水平日益提高,旅游已进入千家万户,正成为每一个家庭寻求快乐生活的不可或缺的一部分。旅游事业在这样的大趋势下正迅猛发展着。导游作为旅游从业人员的重要组成部分,可以说是旅游业的灵魂,是旅行社的支柱。导游是旅游业从业人员中与游客接触最直接的人,尤其是全程导游,更是与游客朝夕相处,同甘苦共命运。游客往往将导游看作是一个国家或一个地区的代表,是游客的"指南针",是非官方的"民间大使",是友谊桥梁的建筑师。

导游员的服务水平如何,直接影响到游客的旅行感受和旅行效果。导游行业的业务项目繁多,服务内容庞杂,衡量导游服务水平的标准也有多项,如仪容仪表风度、服务行为态度、业务娴熟程度、知识结构如何、接待游客技巧、口头表达能力等等。而其中最重要的尺度之一便是导游的口才能力。

每一个游客可能都有这样的体会:口才优秀的导游能在最短的时间里给游客留下最深刻的印象。出色的语言表达能力有助于创造和谐的旅游气氛;礼貌、真挚的语言能开启游客发自内心的好感;明确、简洁、恰当的语言能获得游客的信任;富于情感、生动形象的语言能激发游客的兴趣;适应对象、灵活多变的语言能给游客以亲切感,使游客获得心理上的满足。每一个游客都希望旅游的每一个阶段都伴随着导游悦耳的声音和亲切的话语。从始于接站到终于送站,从沿途导游、景点导游到旅途生活服务,都需要导游运用恰当得体的语言艺术来完成。怎样使用高超的口才使景点的讲解牢牢吸引住游客,甚至为看似普通的景点点缀上鲜为人知的历史故事,从而激起游客参观游览的兴致,使游客既饱眼福又饱耳福;又怎样用亲人朋友般的话语为出门在外的游客排忧解难,使他们有宾至如归的感觉,这都需要导游人员不断地加以锻炼和提高。

总之,口才是导游员从业的第一武器,是导游员职业化水准的第一标志,是导游员在旅游行业中腾飞的翅膀。一句话,导游员具备较高的口才水平,对吸引游客、发展旅游业至关重要。

二、知识是导游口才的后盾

导游服务的核心在于"说",即向游客道出景中的奥妙,引导游客进入景中的意境。导游员要说得好,描绘得传神,就必须全面提高自身素质,认真进行知识的积累和储备工作。也就是说,只有提高自身素质,才能更好地领悟风景的魅力,才能说出景奇在哪里,美在何处。

导游过程是文化和知识的传播过程,导游人员只有首先提高自身的知识水平,才能提高自己的口才水平。俗话说,"巧妇难为无米之炊",如果导游员胸无点墨,纵有伶牙俐齿,也难以说出精彩、生动、富有高雅情趣和吸引游客的话来。

我国是人类文明的发祥地之一,它不仅具有悠久的历史和灿烂的文化,而且幅员辽阔、地大物博,举世闻名的名胜古迹更是举不胜举。正是这些中华民族的瑰宝,每年都吸引着大量国内外游客前来参观、学习、考察、游览。然而,河山之锦绣,风光之绚丽,艺术宝库之丰富,文物古迹之珍贵,如果没有导游人员富于知识性、艺术性的讲解、说明,游客们就不可能真正了解这些珍贵旅游资源的重要价值,有的客人甚至还会产生"乘兴而来,败兴而归"之感。因此,只有提供了引人入胜的讲解,并能把这些知识艺术地讲授给客人,做到寓教于乐,使客人在旅游中兴致常在,才能真正称得上是一个合格的导游员,这样的讲解也才是成功的导游讲解。

既然知识对于导游口才如此重要,我们的导游人员欲提高自己的口才水平,就必须进行大量的知识储备工作。

作为导游员,应具备以下几个方面的知识:

第一,诗词、楹联、逸事、笑话、中外历史、文学史的有关知识。

第二,中外年节习俗、地方民俗等方面的知识。

第三,饮食特产、中国菜系等方面的知识。如:大菜有川、粤、鲁、淮扬;小吃包括各种地方风味;特产如糕团饼糖、水果干果、土产陶瓷、刺绣、茶、烟酒、玉石、珍珠、药等等,这些都是向游客介绍的很好的话题。

第四,歌曲谜语、小游戏等。尤其是唱歌,能活跃气氛,增进导游人员和游客的情意,消除游客长时间旅途行进所产生的疲劳。平时要注意有意识地加以训练,要能唱好几首中国歌曲,特别是唱好几支民歌、几段地方戏等。

三、导游词的编写技巧

在为游客进行现场讲解前,导游员必须事先制作好导游词,优秀的导游词一经制作完成,便意味着导游讲解成功了一半。

导游词体现的是导游人员的知识水平和文字表达能力,导游词的优劣直接关系到导游讲解效果的好坏,有了好的导游词,导游在讲解中才能充分展示自己的口才。因此,导游人员应当努力掌握导游词写作的基本要求,使自己的导游水平得到不断提高。导游词的制作,要求准确规范、鲜明有力、具体深入和形象生动。

(一)导游词要准确规范

导游词中表达的内容要准确,即提供的材料和情况要真实可靠,切忌弄虚作假,以偏概全。表达的形式要准确,即选用的语言形式要与表达的内容相符,防止出现词不达意的现象。

一些概念要准确,判断、推理要合乎逻辑。

(二)导游词要鲜明有力

导游人员制作导游词时,应当努力做到主题鲜明,富有力度。要想达到鲜明的效果,可以采用以下几种基本方法。

1.排比取势。排比是一种常见的修辞方法。运用排比句于导游词中,可增强语势,读起来朗朗上口。请看下面一段导游词:

南浦大桥于1988年12月开工,到1991年11月9日落成,12月1日正式通车,只花了2年零11个月的时间,体现了上海精神、上海效益、上海速度、上海风格。

南浦大桥已成为上海又一重要标志,她仿佛一把钥匙,打开了上海与世界的大门;她仿佛一面镜子,反映着中国最先进生产力水平的大都市的现代文明;她仿佛一部史册,叙述着中国的未来;她仿佛一本资质证书,充分证明中国完全可以参与和完成世界上的任何工程项目;她仿佛一曲优美的交响乐,奏出时代的最强音……

2.正反对比。导游词的写作中运用对比的方法,从正反两方面对事物加以论述,可突显出事物的本质,给游客留下深刻的印象。

《哈尔滨侵华日军第731部队罪证遗址》导游词中就有这么一段:

……当日的一切已经成为过去,但它的残酷与丑恶是永远不会被掩饰和遗忘的。日本军国主义者公然使用细菌武器屠杀人类,肆意践踏人类文明,是历史的悲剧,也是社会文明的倒退,更是人性的泯灭。我们现在重温这一段历史,就是要以历史呼唤和平,呼唤人类的文明。"前事不忘,后事之师。"我们每一个热爱和平的人,都应该牢记这一沉痛的教训,共同争取人类的永久和平与进步。

离开那段罪恶的历史,我们回过头再看看这个新兴的工业城区,我想,朋友们一定会和我一样,在内心深处,洋溢着民族的自尊与骄傲。因为,这里的每一寸土地都告诉我们,这是一部重写的历史。在这块曾经瘟疫肆虐、饱受踩躏的土地上,在日军"细菌工厂"的废墟上,现在已高傲地镌刻着20世纪我们中华民族的伟大和尊严……

3.层层递进。所谓"递进",就是使所写的导游词在语意上逐步加强和深入,给人一种层层深入、步步紧逼的感觉。

(三)导游词要具体深入

导游人员制作导游词时,应当努力抓住重要而又突出的内容,写得越确切、越具体、越特殊越好,这样才能给游客留下深刻的印象。要做到具体深入,需注意以下两点:

1.做好细节刻画。在叙事、叙人的导游词中,要抓住关键性的细节进行具体刻画,这样会给人一种如观画面的感觉,给人的印象自然会清晰而又深刻。

2.描写要传神。在对自然美景进行描写时,导游人员如果能将神韵和活力注入静态的景观中,就会使描写变得传神而生动。

(四)导游词要形象生动

导游人员欲使自己的导游词生动活泼、有特色,可以采用以下几种方法:

1.引用适合情境的名诗名词。将一些名诗词巧妙地安置在导游词中,往往能使语言表达变得流畅而富有美感。比如一篇介绍园林假山的导游词:

"山不在高,有仙则灵。"眼前宛如一幅气势磅礴、重峦叠嶂、曲折蜿蜒的山水画。山上绿竹滴翠,花木葱茏,极富自然情趣。"水不在深,有龙则灵。"山下一泓池水,明波若镜,天光云影,碧波游鱼,荷花睡莲,更添生机。"山以水为脉,故山得水而活;水以山为面,故水得山而媚。"如果您能登上这座假山游览,宛如置身迷宫,时而登临峰恋之巅,时而沉落幽洞之底,自下往上看,重峦叠嶂,自上往下看,渊深壑幽,身临其境,仿佛真的走进崇山峻岭……

2.将浓情注入景中。 即寓情于景,它是一种常见的导游词创作方法,它将人的情感注入景物,变叙景为抒情。

3.用叙事法烘托景点。 对名人故居进行参观时,导游人员常通过叙述名人轶事来激起游客对名人的追忆和缅怀,这就是用叙事来烘托景点的方法。比如:由刘斌珍等4位同志创作的《湖南韶山毛泽东故居》导游词,其中有一段是这样写的:

毛泽东天资聪明,又酷爱读书。夏天的晚上蚊子多,他就在床边放一条凳,凳上放一盏灯,人躲到蚊帐里面,将头伸到帐子外面看书。冬天,他常常躲在被子里读书到深夜。甚至在他13~15岁停学在家劳动的时候,他也往往白天下地劳动,晚上读书读到很晚。有时为了不让父母担心,便用被子蒙上窗户,躲在房子里刻苦攻读。

在这里,作者叙述了毛泽东在当年的居所中勤奋苦读的情景,使游客在参观毛泽东故居时对毛主席油然而生尊敬与钦佩之情。

四、导游口才技巧

(一)导游讲解技巧

导游讲解方法的选择,应适合景观的性质与特点。对自然景观,应着眼其外在美,用艺术手法加以烘托和渲染;对人文景观,则应追求其内在美,用说明的方法揭示其丰富的底蕴和内涵。导游讲解的方法多种多样,主要有以下几种。

1.详细叙述法。 此法主要用于专业知识的讲解。通过此法的运用,使游客对景点中的某些知识有详尽的了解。

以云冈石窟第六窟佛传故事浮雕的讲解为例,因内容较专业,因而讲解时间要稍长些。在此,应结合浮雕内容(30多幅)为客人详细介绍释迦牟尼一生的情况,包括浮雕没有的许多内容。详细之程度,应达到使客人对不了解或只有粗略了解的内容完全了解为止。

2.阐述见解法。 阐述见解法是对景点中尚存在的疑难问题提出自己独到见解的讲解方法。使用这种方法,要求导游人员必须具有丰富的专业知识。在为游客,特别是为专业、学术团体讲解景点中某些专业内容和问题时,导游应在大量事实及材料的基础上,以科学的态度,分析和讲出自己对这些内容和问题的独到见解,以"我认为……""我的看法是……"的方式进行讲解。这样不仅会引起游客们的浓厚参观、学习的兴趣,同时也会赢得他们对导游由衷的尊敬和信赖,从而加深客人与导游的感情,促进导游工作的顺利开展。

3. 艺术讲解法。艺术讲解法中又分为如下几个方面:

(1) 描述法。描述法就是运用具体形象和富有文采的语言对眼前的景物进行描绘,使其细微的特点显现于游客眼前。在旅游过程中,有些景观没有导游人员的讲解和指点,游客很难发现其美在何处,产生美的感受。而经过导游人员一番画龙点睛或浓墨重彩似的描绘之后,游客的感受就会大不一样。

在景色如画的苏州石公山上,一位导游员对游客描绘说:"朋友们,我们现在身在仙山妙境,请看,我们的背后是一片葱翠的丛林,前面是无边无垠的太湖。青山绕着湖水,头上有山,脚下有水。真是天外有天,山外有山,岛中有岛,湖中有湖,山如青龙伏水,水似碧海浮动。"接着,他跌宕有致地吟道:"茫茫三千顷,日夜浩青葱,骨立风云外,孤撑涛声中。"

这位导游员情景交融的描绘,使游客在欣赏美景的同时,又得到了生动的美学启迪。

(2) 引用法。引用法就是引用游客本国本土的谚语、俗语、俚语、格言等进行讲解。这不仅能增进讲解语言的生动性,而且能起到言简意赅、以一当十的作用,还可活跃游览活动的气氛。

一位导游员带日本旅游团游览苏州拙政园,当客人走过石桥后,就问他们是否忘记了过桥的一道手续,游客们一时不知其解,于是导游员说:"贵国不是有句叫作'敲打一下石桥,证实其坚固后再走过去'的俗语吗?刚才各位虽然忘记了'敲打石桥',居然也平安地过来了,这说明中国的石桥很坚固,无须'敲打'就能平安地走过。"顿时,整个团队的气氛活跃起来。这位导游员引用了日本的俗语,借题发挥,取得了很好的效果。

此外,引用客人十分熟悉的名歌、名作、名诗、名人名言等向客人介绍沿途的相关景物,也可收到良好的效果。

(3) 趣味讲解法。导游讲解固然应当围绕主题进行,但穿插些幽默的故事和笑料,不但不会破坏讲解中的和谐气氛,相反,还会活跃气氛,增添游客旅行的乐趣。导游人员在导游活动中,应亦庄亦谐,庄谐并用。该庄重时便庄重,该放松时便放松,用诙谐幽默的语言来作为旅途中的调味品。

游行途中,游客需要乐趣和轻松做伴。旅游是辛苦的,机械的导游词无助于消除游客的疲劳。而此时你若能在导游中运用诙谐、风趣的语言,正可以消除游客们的疲怠和辛苦,活跃旅途气氛,拉近与游客的距离。

看下面这个例子。

一团体在高低不平的道路上行驶,眼看客人已有不满,这时导游能急中生智地说:"现在请大家放松了,我们的师傅正在给大家免费按摩了!"这样幽默的语言相信能起到好的作用。

当然,不同国家游客的幽默感是不同的,当临时无法找到幽默灵感时,请用生动、形象的语言来充实导游词中的乏味之处。

(4)见景说景法。见景说景法就是导游员在行车、游览途中,看到一件件景物就信手拈来进行介绍、讲解的技法。在旅游途中,火车、汽车路过各地,看见各种景物,导游员要见山说山,见水说水,见人说人,见物说物,以帮助旅游者了解当地情况,活跃旅游气氛。这就要求导游人员要对所在的旅游地的情况非常了解,讲解起来如数家珍,显得十分自然和亲切。见景说景法要求导游员不但要动嘴,而且要动脑,同时还要充分利用眼睛的余光,既要随时注意沿途一闪即逝的景物,又要及时观察游客的面部表情变化,把握游客的心理活动,灵活进行解说。

例如:在接待一个外国旅游团时,在游览车上可随时向外国游客进行讲解。如看到一所学校,导游员便介绍我国的教育方针、政策等,这样,游客可从一座学校了解到中国的教育状况;见到一座新建筑,便介绍本城市的建设发展情况和前景,欢迎游客将来一定再到本城市来游览;见到一座中外合资的星级饭店,可介绍近几年我国对外开放的状况和政策,使游客对中国的发展现状和前景有所了解;路经一片新城区,就讲城市建设的成就和人民居住水平的提高和条件的改善;途经一家饭店,可介绍该家饭店菜肴的色、香、味、形等的特点……游客们望着窗外变化着的景物,耳边听着导游员的介绍,将会得到极大收获。这种讲解技法定会受到游客欢迎。

(5)制造联想法。这是一种在导游讲解中就所见景物制造意境,使游客产生联想而领略其奥妙和内涵的技巧。意境,大多是靠人们的想象而呈现的,如果导游员能使游客进入某种意境,达到探索美、欣赏美的境界,产生比现实更美好的感觉,那么导游工作就是成功的。

游客参观游览的风景名胜、历史古迹、园林及一些文物,不一定都是美丽壮观的,也不一定都吸引人,有些出土文物,如果导游员不说明,不恢复历史的意境,不了解情况的游客会认为这些古迹、文物一文不值,毫无美感可言。有些景色很美,但游客不知美在何处,这就需要导游员的引导。

例如,游客在乘船畅游桂林漓江时,都会被美丽的漓江景色所吸引,但这还只是一种粗浅的感觉,导游员不能让自然景色去"自我介绍",而是时而介绍漓江的由来和特点;时而指点游客怎样观赏两岸千姿百态的群峰;时而指着迎浪欢跃的鱼儿描绘漓江鱼的鲜美;时而结合情景朗诵一两首古今名人的诗句;时而一言不发,让游客观赏四周景色,倾听浪花歌唱。这样就渐渐地把游客的情绪引入诗与画的意境之中。

运用制造联想法,首先要求导游人员自己要善于联想,试问如果自己想象力平庸,又如何去引导游客浮想联翩呢?因此,导游人员在日常生活中,要注意培养和提高自己的形象思维能力,让自己的导游水平更上一层楼。

(6)问答法。导游讲解时如果只是一味滔滔不绝地讲,并不是好办法。游客和导游人员之间如果没有思想交流,会使整个导游过程变得索然无味。问答法正是解决这一问题的方法。

在导游讲解中,导游人员应根据不同的情况,有意识地创造一些情境,提出一些问题,以引起游客的注意,使游客由被动地听变成主动地问,激起其欲知某事究竟怎样的强烈愿望,使被讲解的景物在其脑海里留下清晰而深刻的印象,同时也可使讲解过程生动活泼,融洽导游人员和游客的关系。

问答法又可分为我问客答、客问我答,自问自答和客问客答四种。

第一种,我问客答。这时,应表现出诚恳和尊重,启发游客开动脑筋,积极思维。要注意以下几点:①要使游客觉得提出的问题"正合我意",恰到好处。②提的问题,应估计游客能够回答,不要出难题,使客人答不出来而感到难堪。③问题要简练明白,不要太繁杂,使人抓不到要领,以致双方都感窘迫。例如,天坛祈年殿的琉璃瓦为什么是蓝色的?回音壁为什么能够传声?大观楼长联有多少字?中国四大名楼是哪几个?此类问题,游客稍动脑筋就可以回答,这样的问题便是适宜的。因此,导游所提的问题应事先有所设计和考虑,要使问题富有思想性、趣味性和教育性。

第二种,客问我答。导游人员要善于活跃讲解气氛,调动游客的积极性和他们的想象思维,鼓励他们提问题。游客能提出问题,说明他们对某一景物产生了兴趣,进入了审美角色。虽然他们提出的问题很可能是幼稚可笑的,但导游人员绝不能置若罔闻,更不能笑话他们,而是要善于有选择地将回答和讲解有机地结合起来。不过,面对游客的提问,导游人员不要他们问什么就回答什么,一般只回答一些与景点有关的问题,注意不要被游客的提问牵着走,打乱你的安排。

看下面一个例子。

游客问:"听说云南的地方风味'过桥米线'有一个美好的传说,您能够给我们讲讲吗?"

导游员:"可以,我就向诸位讲解一下'过桥米线'的美好传说吧!从前有一个书生为了赴京赶考,特地找了一个清静之处苦心攻读。他的妻子心疼丈夫,担心他用功过度,弄坏身体,就每天精心煮好鸡汤,烫好米线,将热腾腾的米线送到丈夫那儿。她每天都要经过一座桥,所以按这种方法做出的米线就叫'过桥米线'。妻子的体贴关心,使丈夫深为感动。吃了米线,他更加刻苦用功,终于进京考中状元。他在衣锦荣归之时,特地在家乡建起了一座状元楼,以表示永远不忘爱妻的深情厚谊。所以,'过桥米线'也成了夫妻恩爱的象征。"

第三种,自问自答。自问自答是由导游人员自己提出问题并作适当停顿,让游客猜想,但并不期待他们回答,这样做只是为了吸引游客的注意力,促使游客思考,激起游客的兴趣,然后导游人员才作简洁明了的回答或作生动形象的介绍,以给游客留下了深刻的印象。

比如下面这篇导游词:

古老的卢沟桥,经历了 800 多个寒暑春秋,如今仍旧"老当益壮"。1957 年,进行载重试验时,重 429 吨的超限大件平板车竟安全通过。据专家们实地勘察,明清以来,虽局部已残破重修,但桥的整个形体、下部基础和桥身部分构件等,仍为金代原物。经历 800 年的洪水浪淘,卢沟桥为什么还能保持得如此完好、坚固?相传桥上有一把"斩龙剑",每当大雨滂沱的洪水季节,簇拥着洪水汹涌而至的恶龙一到桥下,便被桥上"斩龙剑"制伏,只好乖乖地通过桥孔。卢沟桥的每个桥墩就像一只梭船,被加上了经过特别设计的分水尖。下游一端如船尾,上游迎水的尖沿还安置了一根三角形铁柱,这大概就是所谓的"斩龙剑"了吧。将桥墩做成船形,正符合了近代流体力学原理,而桥墩基础采用建筑学上"插加法",也保证了整个桥身的安全。卢沟桥在我国桥梁建筑史上占有重要地位。

第四种,客问客答。有时,客人提出的问题,导游员可能会因为知识水平有限回答不出来。这时,导游员如果老老实实承认自己不懂,记下来以后再回答,当然也是可以的,但不免使客人扫兴。此时,如果导游员恰到好处地运用追击技法,就可以不露破绽,又能解决问题。这种方法是:当游客提出问题后,导游员运用巧妙的手法,很自然地把"球"又踢回去,让游客自己去接,或把"球"传给另一个客人。当然,这一技法的使用需要有丰富的应对经验,一般不宜多用,否则会给游客留下导游员滑头的印象。

(7)制造悬念讲解法。导游员在讲解景点中的一些关键性问题时,如能通过制造悬念的方法,吊起游客的胃口,肯定能为整个导游活动增色不少。所谓制造悬念法,即导游人员在导游讲解时常提出些令人感兴趣的话题,但又故意不道明原委,以激起游客急于知道答案的欲望。制造悬念法,俗称"卖关子""吊胃口",通常是导游人员先提出问题但不告诉游客下文或暂不回答,让游客自己去思考、琢磨、判断,最后才讲出结果。

一个故事,一件文物,当导游人员绘声绘色、生动有趣地讲解,游客聚精会神地倾听,希望知道事情的结局时,讲解戛然而止,来个"且听下回分解",留下悬念,游客不禁唏嘘,陷入欲知不能的遗憾之中。但游客仍会继续思考,寻找答案。导游随后再相机交代出事情的结果,悬念落实,使游客发出"原来如此"的感叹,从而使导游讲解更加妙趣横生。

(二)导游与游客的交流技巧

参观游览,听导游讲解,并非旅行的全部内容。游览、讲解之余,导游员还要与游客进行各种交流活动,如与游客促膝谈心,帮游客排忧解难,消除游客的不满和不快等。导游员如果能灵活驾驭自己的语言表达方式,具有较好的口才,处于上述场合时就能不慌不忙,游刃有余。

1.拒绝游客的技巧。在导游活动中,游客时常会向导游人员提出各种各样的问题和要求。一般情况下,导游人员对于游客提出的要求都应尽量给予满足。但如果游客提出的要求不合理和不可能办到时,导游人员就需要回绝游客。不过,导游人员如果当场说出"不""不行""不可能""办不到"等,不仅会使游客大失所望,甚至还可能激化矛盾,引发冲突。要避免因回绝不当而造成尴尬,导游人员必须掌握一些回绝的语言表达技巧。

(1)委婉柔和的拒绝。这是一种导游人员采用温和的语言进行推托的回绝方式。采取这种方式回绝游客的要求,不会使游客感到太失望,避免了导游人员与游客之间的对立状态。

看下面这个例子。

某领队问导游人员是否可把日程安排得紧一些,以便增加一两个旅游项目。导游人员知道这是计划外的要求,不可能给予满足,于是采取了委婉的拒绝方式:"您的意见很好,大家希望在有限的时间内多看看的心情我也理解,如果有时间能安排的话我会尽力。"这位导游人员没有明确回绝领队的要求,而是借助客观原因(时间),采用模糊的语言暗示了拒绝之意。

(2)迂回反问的拒绝。迂回反问是指导游人员对游客的发问或要求不正面表示意见,而是绕过问题从侧面予以回应或回绝。特别是对一些政治性很强的问题,更应采取这种迂回反问方式予以回绝。

看下面这个例子。

当导游与游客谈到西藏时,一位美国游客带着挑衅的口气问道:"你们1959年进攻西藏合法吗?"这位导游稍加思索后反问道:"你认为美国南北战争时期派兵进攻南方奴隶主庄园合法吗?"美国游客立刻语塞不答了。由于不同社会制度的不同宣传影响,对这样的问题不必和游客理论明白,只用反问的方式就可以回绝,既捍卫了国家尊严,也不会造成对方的不快。

(3)引申话语的拒绝。引申话语的拒绝指导游人员根据游客话语中的某些词语加以引申,产生新意后用以回绝游客的方式。但要注意这种引申必须恰当得体,不可过分,否则会带来矛盾或冲突。

看这样一个例子。

一位日本游客在离别时把喝剩下的半瓶药酒送给导游,对他说:"这种药酒很贵重,对治疗我的病很管用,现在送给你作为纪念吧。"这样的做法显然有轻视中国人的味道,导游立刻接着话茬说:"既然这种药酒很贵重,又对您很管用,送给我这个没病的人太可惜了,还是您自己带回去慢慢用吧。"引申而出的话维护了自己的自尊,也没有得罪游客。

(4)先"是"后"非"的拒绝。在必须向游客就某个问题表示拒绝时,先肯定对方动机正确或表白自己与对方有一致的主观愿望,然后再以无可奈何的客观理由为借口给予回绝。例如:在故宫博物院,一批外国客人纷纷向导游提出摄像拍照的请求,导游员诚恳地说:"从感情上讲,我愿意帮助大家,但从规章制度上讲,我实在无能为力啊。"这种先"是"后"非"的拒绝法避免了正面的否定,可以缓解对方的急切感,使游客能听得进你的话,觉得你并不是故意拒绝他,相反与他们的意愿并不是完全对立的,从而在心理上容易接受。

2.向游客致歉的技巧。在导游活动中,导游人员可能会由于自己的原因,比如说话不谨慎或工作出现差错,或者因为相关接待单位服务上的欠缺,导致游客产生不快或不满情绪,造成游客与导游人员之间关系的紧张。不管造成游客不愉快的原因是主观的还是客观的,也不论责任在导游人员自身还是在旅行社方面,抑或在相关接待单位,导游人员都应妥善处理,需要采用恰当的方式向游客致歉或认错,以消除游客的误会和不满情绪,求得游客的谅解,缓和彼此间的紧张关系。

(1)重要的体态语言,微笑致歉。微笑是一种润滑剂,微笑不仅可以缓解导游人员和游客之间的紧张气氛,而且也是向游客传递歉意信息的载体。如:某导游人员回答游客关于八达岭长城的提问时,将八达岭长城说成建于秦朝,其他游客纠正后,导游人员觉察到这样简单的回答是错误的,于是对这位游客抱歉地一笑,使游客不再计较了。

其实,无论采取什么道歉语言,都离不开微笑这一种重要的体态语言。微笑作为一种无声语言,应该贯穿于导游工作的始终。导游员要笑口常开,道歉时尤其要如此。

(2)自责。自责同样是表示诚意的一种重要手段。推卸责任,针锋相对的辩解,都于事无补,甚至会激化矛盾。

由于旅游供给方的过错,使游客的利益受到较大损害而引起他们强烈不满时,即使代人受过,导游人员也要勇于自责,以缓和游客的不满情绪。如:某旅游团的行李经托运后少了一件,客人很生气,指责导游员:"你们旅行社偷了我的行李!"导游员理解他的心情,并不计较他气头上的口不择言,以自责的口吻说:"您的行李丢失了,不管怎么说,这是发生在中国的一件不光彩的事情。我作为陪同,心里也很不安,不过,我们马上去努力寻找,请先别着急,好吗?"说完露出真诚的微笑。这番话抑制了矛盾的激化。

(3)道歉要把握好分寸,不能因为游客一有不快就道歉。把握好分寸,这是比较困难但又不可忽视的一点。有错认错,但如果没有错,也不能为了息事宁人而认"错"。这种做法有失人格,而且不一定有利于解决问题,有时还会使自己陷于更被动的境地。因此,道歉要分清"深感遗憾"、"必须道歉"和"主动认错"三者之间的区别,道歉语言要有分寸感。

(4)方式要灵活。如果由于不可抗拒的原因,飞机或火车晚点,只需说明原因,再加上"实在对不起,给各位添麻烦了"之类的话就可以了,多数游客是通情达理、可以理解的。有时言词不如行动,即有时不便说,也不必说,可以改换态势语。如:导游员无意中与甲女士接触多些,引起乙女士不悦。导游觉察后只需特意增加一些对乙女士的关照,下车时扶她一把,路不平时提醒她一句,问题即可解决。有时口头致歉仍不能取得预想结果,则应考虑采取实际行动。

3.劝说游客的技巧。在导游活动中,游客可能会因旅途劳累、行程计划变更或者其他情况而产生不满情绪或做出不合群的举动,这时就需要导游人员进行必要的劝说工作。劝说一要以事实为基础,即根据事实讲明道理;二要讲究方式、方法,使游客易于接受。

(1)循循善诱。即通过有意识、有步骤的引导,澄清事实,讲清利弊得失,使游客逐渐信服。如果旅游团原计划自西安飞往北京,因未订上机票只能改乘火车,游客对此意见很大,这时导游人员首先应十分诚恳地向游客致歉,然后再耐心地向游客说明原委并分析利弊。

运用循循善诱的劝说方式,导游人员一是要态度诚恳,使游客感到导游人员是站在游客的立场上帮助他们考虑问题的;二是要善于引导,巧妙地运用语言,分析利弊得失,使游客感到上策不行取其次也不失为一个好的选择。

(2)巧妙暗示。这是指导游人员不明确表示自己的愿望,而是采用含蓄的语言或示意的举动使人领悟的方法。如:有一位游客在旅游车内吸烟,使车内空气混浊。导游人员不便当着其他游客的面制止这件事,在其面向导游人员又欲吸烟时,导游人员向他摇了摇头或捂着鼻子轻轻咳嗽两声,使游客自觉熄灭了香烟。

这里导游人员运用身体语言,摇头、捂鼻子咳嗽,暗示在车内"请勿吸烟"的规定,使游客自觉地做出了回应。

(3)使用恭敬口吻的词语,对游客直接进行提醒。导游人员在对游客的某些行为进行提示时应多使用敬语,这样会使游客易于接受,如:"请大家安静一下""对不起,您又迟到了"。这样的提示比"喂,你们安静一下""以后不能再迟到了"的命令式口气要好得多。

(4)采用协商语气对游客进行提示。协商语气是一种导游员以商量的口气间接地对游客进行提示的方式,以取得游客的认同。协商将导游人员与游客置于平等的位置上,导游人员主动同游客进行协商,是对游客尊重的表现。一般说来,在协商的情况下,游客是会主动配合导游工作的。如,某游客常常迟到,导游人员和蔼地说:"您看,大家已在车上等您一会儿了,以后是不是可以提前做好出发的准备。"又如,某游客在游览中常常离团独自活动,导游人员很关切地询问他:"先生,我不知道在游览中您对哪些方面比较感兴趣,您能否告诉我,好在以后的导游讲解中予以结合。"这样做的效果都是很好的。

(三)导游接送口才

接站是导游员与游客的初次见面。导游员在接站时必须做到:仪容仪表得体,正确地称呼游客,给游客送上温馨的问候,献上热情的欢迎词并恰当地进行自我介绍。顺利地通过了这些环节,导游员就会给游客留下一个良好的第一印象,从而为以后工作的顺利开展奠定基础。客人旅行结束后,导游在送站时,不要忘记对给予自己工作积极配合的客人们道一声"谢谢!"。其中主要的技巧有:

1.恰当称呼游客,掌握称呼的一般礼节。中国是一个旅游大国,众多的旅游景点每年都吸引着大量的中外游客前来观光,面对这些来自异国他乡的游客,导游员首先要学会的是正确地称呼他们。

由于各国、各地语言风格不同,风俗习惯各异,社会制度不一,因此在称呼上差别很大。如果不注意,称呼错了,不仅会使对方不高兴,引起反感,甚至会引发纠纷,造成无法挽回的后果。

(1)对男女的一般称呼。在旅游交往中,一般对男士都称"先生",不论是已婚还是未婚。对已婚女子称"夫人",未婚女子称"小姐",已婚和未婚的女子统称"女士"。

(2)对高官人士的称呼。对地位高的官方人士,一般指部长以上的高级官员,按国家情况可称职衔加"阁下"或"先生阁下",如:"总统阁下""首相阁下""大使先生阁下"。

(3) 对教授、法官、医生、律师等的称呼。教授、法官、医生、律师以及有博士学位的人,总是对自己的职务或学衔感到自豪,喜欢导游称呼他们为"教授""法官""医生""律师"或"博士"。

2.及时送上温馨的问候。问候是见到客人时表示欢迎的一种礼节。它是接待旅游客人的第一步,直接影响客人对导游员的第一印象。

如何掌握问候的礼节呢?

(1) 主动问候。见到客人应笑脸相迎,点头致意,主动打招呼,如说"您好""早上好"等。若是刚刚抵达的客人,还应说一两句慰问和欢迎的话,如:"旅途辛苦了""欢迎来本地旅游"。问候时,要目光正视对方,微笑点头,双手自然下垂,语气柔和,动作稳重,节奏不要太快,以表示对宾客的敬意。

(2) 礼节合适。问候礼节要适合客人的身份和特点,与自己的地位也要相适应。一般不主动同客人握手,导游人员可以向客人招手致意。在同一场合多次见面,点头致意即可,在公共场所与远距离的宾客致意时,可举右手并点头,不要高声喊叫。

3.自我介绍的表达技巧。自我介绍是导游员与旅游团领队、全体游客初次见面时必不可少的一项程序,也是导游员推销自我形象的良好时机。作为一名导游员,游客第一眼看到你时,就已获取了你的着装、表情、姿态等信息。但这个"第一印象"还有待于迅速充实、加深,才能做出对你较全面的首次评价。此时游客最感兴趣的信息,是你的素质与能力。这种信息要靠自我介绍来传递。游客对你陌生感的消除,信任感的建立,也要靠你的自我介绍来完成。

自我介绍的语言艺术有以下要领:

(1) 热诚真情。向游客介绍自己,是为了拉近与游客的距离。以热情的态度把自己的基本情况说清楚,不仅能满足游客的直接要求,还能反映出导游员主动积极的从业态度。

(2) 繁简得当。自我介绍,或繁或简,应先分清场合再进行选择。对旅游团领队进行自我介绍,可从简;对游客则可详细些。在短暂停留的地点,介绍可简单些;在停留时间相对长的环境中,则可介绍的仔细一些。

(3) 把握分寸。自我介绍不单纯是导游员自身最基本情况的介绍,还应有对自己导游水平的自我评价。这就要掌握好分寸,不可给游客们留下"缺乏自信"或"自吹自擂"的印象。

(4) 适当幽默。介绍自己时,导游员不妨适当加几句幽默风趣的语言,使游客会心一笑,从而拉近与游客的距离,增加游客对自己的信任。例如:"十分荣幸,能有为各位进行导游服务的机会。我姓马,古语说得好,'老马识途'。请各位放心,这次旅游活动,有我一马当先,保证各位事事马到成功!"

4.设计好欢迎词。游客自远方来,应该怎样表达自己满心的热诚呢?那当然就是献上一篇热情洋溢的欢迎词了。欢迎词好比一场戏的序幕,一篇文章的序言,一次演讲的开场白。第一印象对游客很重要,致欢迎词是加深游客第一印象的好机会。对此,导游人员应当有足够的认识。

欢迎词是游客对导游产生"第一印象"的重要组成部分,是导游员与游客沟通感情、取得信任的第一步,也是展现一个导游员知识素养、语言能力、风度气质、服务态度等总体水平的关键一步。

欢迎词的基本内容包括:

首先问候客人,并代表所有旅行社表示热烈欢迎之意。

介绍自己的姓名和职务,介绍参加接待人员的姓名和职务。如在游览车上,还应介绍司机的姓名及他所驾车的牌号。

表示自己工作的态度,即愿努力工作并帮大家解决旅途中的问题。

祝愿客人旅行愉快,并希望得到客人的合作和谅解。

5.致欢送词的技巧。旅游活动结束时,导游员致欢送词,也是导游工作必不可少的程序之一。欢迎游客要热情洋溢,送别游客时也不能显得冷冷清清,否则会给人留下"虎头蛇尾"的感觉。致欢迎辞,是要给游客留下一个好的第一印象;而致欢送词,则是要给游客留下长久的怀念,美好的记忆。

当我们致欢迎词时,游客还是些生疏的人,而当致欢送词时,他们不少都成了我们的朋友,所以"富有感情"是欢送词的第一要素。千万别给游客留下"人一走,茶就凉"的感觉。

欢送词里应当小结一下整个旅程,要称颂旅行是成功的、有趣的、值得怀念的。

"表示谢意"应是欢送词的第二要素,千万别让游客感到旅行成功只是导游努力的结果。

中国旅游业还年轻,导游工作中不尽如人意之处在所难免。"欢迎批评"应是欢送词的第三要素。请记住,征求意见、欢迎批评等话语往往能给游客留下非常好的印象。这样做表明我们的诚意,表明我们的信心。最后还要表示期待着与游客再次相逢的心情。

看下面这段欢送词:

"各位朋友,天下没有不散的宴席。我们相处了20多天,今天就要分别了。20多天时间不算长,各位朋友游览了我国的大江南北、大河上下,观赏了一些名山大川、名胜古迹,对中国一定有了一个概略的印象。旅途中我的工作得到了大家的协助与配合,旅行十分顺利。对此,请接受我由衷的谢意。我在这20多天中有服务不周之处,请多谅解。我们有幸这次的相逢,相信将来有缘再次相会。最后祝大家归途愉快,一路顺风!谢谢!"

总之,表示惜别、感谢合作、征求意见、期待相逢,是欢送词的四要素。当然,与欢迎词相同,欢送词的具体内容也要因时、因地、因客人而异。

导游口才训练

1.阅读下面这段材料并体会其中的口才技巧。

坐落在武汉月湖畔的古琴台,游客一眼看上去不会发现什么,还会觉得没有多大意思。导游员采取详细叙述法后,游客对古琴台的了解就深入透彻多了。

导游员说:"这座古琴台相传是春秋战国时期的著名音乐家俞伯牙鼓琴的地方。有一次,楚国的俞伯牙坐船遇风,阻隔在汉阳,在这里,他遇见了一个叫钟子期的人,伯牙知道钟子期喜欢听琴,就弹了两支曲子,一曲意在高山,一曲意在流水。钟子期听完,很快把乐曲的含义说了出来,伯牙十分钦佩,两人从此成了莫逆之交。一年后,钟子期病逝,俞伯牙十分难过,特到钟子期的墓前弹奏了一曲'高山流水',弹完后就把琴摔掉了,发誓不再鼓琴,这就是后人所说的伯牙摔琴谢知音。北宋时,为了纪念他俩,就在当年他们鼓琴、听琴的地方建了一座古琴台,取名伯牙台。"

答案分析:运用导入史实的方法,不仅可以突显景观的历史价值,还可以丰富游客的历史知识,使他们运用形象思维更好地理解眼前的景观。导游员在导入史实进行讲解时,最好是确保所引用的有关史实确有根据,而非无中生有,不要凭空依自己的想象进行杜撰,以免误导游客。

2.为什么上了些年纪的人,大多都会有份包容之心?如果你有意识地模仿他们,是否会使自己的导游心态变得更成熟一些?请在你正面对的旅游团中发现几个你认为不好打交道的人,用欣赏的眼光多看看他们的长处,想想你自己的感受。然后向自己发问:如果连最难相处的人都能与自己有共同语言,那什么样的困难不能解决?试一试这种做法,看能否收到好的效果。

第 21 章

律师口才训练

> 我们知道法律法规体现着正义,但这也要人能正确地运用它。
> —— ●培根●

一磅肉

莎士比亚的名著《威尼斯商人》中,成功地描述了鲍西娅与吝啬鬼夏洛克斗智的场面。威尼斯商人安东尼奥借了夏洛克3 000金币,夏洛克提出苛刻的条件,说若限期一到不还钱,便从安东尼奥身上割下一磅肉,并立了字据。可是限期已到,安东尼奥无力偿还借款,夏洛克便诉诸法庭。鲍西娅扮成律师为安东尼奥辩护。她这样制服对手:

"你得先请一位外科大夫,免得安东尼奥流血过多,送了性命。"

夏洛克:"字据上没有这一条。"

鲍西娅:"借约上写着给你'一磅肉',可没有说给你一滴血,你割肉时不能流一滴血,也不能多一点或少一点,必须是一磅,请吧!"

夏洛克目瞪口呆。

鲍西娅警告说:"你少取多取,按威尼斯法律,都要判死罪,财产充公。"

夏洛克终于败诉了。

一、律师口才的功能

口才是律师才能的重要组成部分,是体现其业务素质的重要标志之一。众多著名律师不仅学识超群,且口才出众。他们的演讲、辩论、说服或咨询,或思想深邃,语言犀利;或激昂陈词,气势夺人;或娓娓道来,亲切感人。他们以充满智慧的语言,激发人的思维;唤起人生的热情;匡扶正义,除奸惩恶;为民申冤昭雪,扶正法律,留下千古美谈。

敏捷善辩的口才对于律师十分重要。口才的作用和意义具体贯彻于律师工作实务的整个过程,体现着律师的涵养和能力,关乎律师的声誉和前程。律师的任务就是通过业务活动,向当事人提供法律帮助,以维护当事人的合法权益,保障国家法律的正确实施。这些任务的完成无不有赖于律师的口头表达。如:会见刑事被告人及法庭辩论、接见被代理人、询问证人、与审判人员交换意见以及进行法律咨询等等。当律师与委托人接触,解答法律咨询,向证人核实证据,进行必要的调查访问和参与谈判时,都要通过语言来进行交流。特别是在出席民事、经济、行政、刑事审判,进行法庭辩论时,律师要在法庭上与公诉人或对方当事人展开面对面辩论,这要求律师必须有善辩的口才,辩论发言要做到生动而不失于轻浮,形象而不失于浅薄,锐利而不失于偏激,感人而不失于过度。因此,对于从事法律工作的律师来说,较高的口语表达能力是必备的素质之一。

二、律师口才的基本要求

(一)有明确的目的性

律师口才的发挥,首先要有明确的针对性和目的性。作为一名律师,如果目的不明确,就无法自觉控制整个说话的过程,无法把握谈话的中心,从而思路混乱,无的放矢,达不到预期的效果。律师职业是一个特殊行业,其工作性质关系到人的生命、财产安全及生活中的重大事件、重大问题,是一个抢时间、抢效率的工作。律师的每一次正式谈话都是在严肃、庄重的环境和有限的时间内进行的。为此,律师必须在与对方的交流过程中,严格按照自己预定的目标发言,不可随意发挥,偏离目标。

(二)有良好的口才基本功

1.清晰的吐字,标准的发音。一个律师要想有较好的口才,首先要发音规范,吐字清楚,应尽量说普通话而不是方言。因为律师的工作对象来自四面八方,不会使用普通话会直接影响工作效果。

2.用语通俗,避免词不达意。律师在说话的时候,每一个句子都要明白畅达,避免用艰涩词汇。当必须使用专业术语时,也要将其解释得通俗易懂。别以为说话时用语艰深,就是自己有学问、有能力的表现,其实这样说话不但会使人听不懂,而且可能会弄巧成拙,引起别人的反感。只有用语简明通俗,当事人才听得懂,才利于更好地为其服务。

3.看对象说话,掌握分寸。无论在何种场合、何种环境,一个合格的律师在说话、辩论的时候都要认清对方,坦白率直,细心谨慎。那种信口开河,放连珠炮式的讲话不是律师的说话风格。信口开河并非表示你很会说话,相反的,只能证明你说话缺乏热诚,不负责任。至于说话像连珠炮,那只会使人厌烦,无益于工作的开展。

(三)有特殊的情感特点

律师在工作中用口才表达情感,除了与一般人的表达情感有共同点外,还要有其特殊的情感特点:

1. 坚定性。由于律师工作的特殊性,不允许其以个人情感代替法律和政策,而要求其表达法律代言人的情感,即表达维护法律的尊严和人民群众的利益的情感。凡不符合这一原则的情感,在律师口语中都要加以节制,以保持坚定性。此外,律师情感的坚定性还表现在为犯罪嫌疑人辩护时,不能为其情感所左右,陈述表达时要坚持语言的原则性、坚定性。

2. 掩饰性。律师的爱与憎的深厚情感应当掩而不露,在正式场合要从容不迫,沉着应对,而不要怒发冲冠,气急败坏,更不能乱喊乱叫,歇斯底里。作为法律工作者,律师要通过合乎法律的程序,以铿锵有力、字字千钧的语言来表达深层次的情感。那种一般口语中的喜怒形之于色的表达方式是不可取的。

3. 灵活性。由于律师口才表达的对象是多种多样的,因而情感的表达就不能一成不变。在法庭上、在事务所或在其他地方,情感的处理方式不能一样。对当事人作无罪辩护和从轻量刑辩护,情感上也是有区别的。因此,律师口才在表达情感时要有灵活性。

(四)有高超的应变能力

律师在口语表达中,还应具有排除意外干扰,应付意外情况,保证表达顺利进行的能力。除了一般口才的应变能力外,律师口才的应变能力还有以下特点:

1. 果断。对所遇到的意外情况,律师应能够当机立断,迅速作出判断和反应。如果犹豫不决,举棋不定,往往会错过时机,难以补救。

2. 准确。应变要求拨乱反正、改错为对、堵漏补缺、驳谬扶正,所以应变的口才表达内容必须是真实的、科学的、正确的,而不是虚假的、错误的或违背法律的。

3. 迅速。律师的口语表达要求比一般人快,当接收信息之后,经过大脑的处理,再反馈出去的时间要比一般人短才好。特别是在法庭辩论中,当公诉人与律师单刀直入地对案件的某一点进行辩论时,需要律师在3至5秒内对对方的提问做出回答。

4. 灵活。律师的应变方式多种多样,不能机械地只用一种方法。包括善于变化口语表达中的句式,善于运用多样的推理和逻辑方法等。

三、律师口才的内容与技巧

(一)律师的说服口才

1.说服证人。证人是指根据公安机关、人民检察院和人民法院的要求,陈述自己所知道的案件事实情况的人。可是,不同的证人在对待作证义务的态度上,却大相径庭。有的证人拒不作证;有的证人有意做伪证;有的证人隐匿罪证。这些证人都不可能给律师、公安、司法机关工作人员提供真实可靠的证言。因此,律师在会见证人时,如果遇到证人对作证有消极反应、抵触情绪时,一定要说服证人讲实话,以使自己的办案工作顺利进行。

为此,律师在与证人交谈时,要按以下几个步骤展开谈话,以尽快建立起与证人之间的良好气氛,使证人配合自己的工作,为案件提供证据。

(1)主动自我介绍。律师在开始询问前应首先向证人作自我介绍,出示身份证件,说明自己的职务、职称、姓名,让对方先了解自己。律师不应以势压人,要求对方在不明了自己身份的情况下回答提问。

(2)概述询问内容。律师应简单说明询问的目的和要求,或简单介绍案件有关的情况(但切忌谈详情,以免暗示),以引起证人的注意。在证人显得过分紧张时,闲谈会消除证人的紧张情绪。律师应以策略而富有技巧的语言使紧张的气氛得到缓和,减轻证人的压力。

(3)心平气和的谈话。任何时候律师均应保持心平气和,对证人不要有任何粗暴、侮辱和轻蔑的表示,对证人的伪证、拒证或者无关紧要的陈述要耐心,表现出认真听取的态度。在任何情况下都不应表现出对证人回答的满足或失望的情绪,否则会给证人以某种暗示。

(4)表明自己感兴趣。律师在询问中应努力表现出对证人陈述的高度兴趣,善于倾听证人的陈述,以此促使证人对询问和陈述产生更大的积极性。如果在证人陈述时心不在焉或者表现出某种不耐烦,如在证人陈述时同别人说话,出去打电话等等,都会影响到证人陈述的积极性。

(5)不过分指责。在认识证人做伪证、拒证和误证的错误时,不要过分指责对方,要使证人感到律师的豁达。

(6)进行必要的解释。律师不应让证人在传唤时等候过长时间,在不能按时询问时,应向证人说明情况,取得谅解。

(7)表达善意。在询问结束时,律师应考虑一下证人回家的时间是否太晚、交通工具怎么样、食宿怎样,以及下次询问的时间安排等情况。临别时,应向证人说一些诸如"您走好"之类的话,还应将证人送出大门。这既是基本的礼貌表现,也是使证人在以后的重复询问中能够保持积极性的方法之一。

我们来看这样一个例子,一名律师是如何说服一名小证人,让他为一起校园斗殴事件作证的。要知道,发生案件后,许多孩子都心存恐惧,是很难出来作证的。

"你几年级了?"一位女律师开始发问。

"初二。"小证人战战兢兢地说。

"在学校里喜欢踢足球吗?"

"喜欢。"

"经常参加比赛吗?"

"经常。"

"那么比赛时两队打了起来,还能继续比赛吗?"

"不能了。"

"是不是觉得很遗憾?很扫兴?"

"是……"

这是律师与证人的第一次谈话,从证人的爱好说起,谈到发生打架斗殴的现场,引发了证人想说的欲望,于是律师想要知道的打人者和受伤者的情况就显现在她面前了,从而她也就掌握了案件的第一手材料。

2.说服法官。在最广泛的意义上讲,律师的口才艺术就是为了促成己方欲获得的判决而以口头的形式向法官阐述案子的方法。归根到底,律师的口才艺术表现在说服法官上。律师的目标就是不惜一切代价地去说服法官。有位希腊哲人曾这样论断:"法庭演说的首要的和根本的职责就是说服法官并将法官的头脑引到发言者所欲达到的结论上来。"

律师是国家的法律工作者,是社会主义法制的维护者和宣传者。审判员和律师在承办案件中只有分工不同,没有高低、贵贱之分。正因为分工不同,决定了他们各自工作的特点。作为律师来说,经常听听法官的说法,明白法官对案件的看法、思路、法官最注重哪些方面,法官对律师有何要求等等,是非常必要的。只有充分了解了法官的这一切后,才能正确地运用法学理论,找到案件的突破口,进而用自己雄辩的口才和充分的法律根据去说服法官,得到自己想要获得的判决和裁定结果。

要想说服法官,除了以法律为依据,以事实为准绳的基本要求外,还要特别注意揣摩、研究法官的特点和心理,讲他们易于接受的话,这样的效果才会好。简单地说,法官喜欢的律师口才应具备以下几点:

(1)简洁。律师的口头表达中,最令法官感到喜欢的是语言的简洁。如果你的辩护简洁明了、论点突出,那么法官们也是真诚地希望从你的辩护中得到有用信息的。

许多律师无法使法官信服他们的论点,是因为他们的辩护是那么冗长、晦涩,而在口头辩论中犯差不多同样的毛病——论点模糊。有位法官就曾说:"冗长的语言常常使我心烦意乱,疲惫不堪。"

(2)有条理。任何优秀的律师在他会见法官阐述案情时,必定是言词富于条理的。当一个法官发现他面前的律师讲话不成章法,谈话内容空洞、不得要领时,他很难坚持听下去。

(3)准确地引用法律条文。当你打算在和法官会见时引用法律条文时,应当沉稳地和不慌不忙地宣读它们的名称,并且指出该法规的生效年号、卷数和页码,让法官有时间把它们记下来。

(4)幽默。幽默是律师资质中最有价值的因素之一。幽默具有难以捉摸并且难以估量的心理影响力。有时律师和法官在会见时处于严重的对抗,此时会见气氛变得越来越紧张,冲突可能一触即发。这时,如果律师突然插入一句诙谐的戏谑语,局面会立即大变。

(5)有文采。有文采的律师讲话,往往能使法官听得兴致勃勃,调动起法官认真倾听的欲望,而枯燥乏味的谈话则会令人无法集中精力坚持听下去。一旦律师的谈话刻板呆滞,便标志着该次谈话的基本失败,这一点非常重要却往往被律师们所忽视。不过,这种有文采并不等同于激情澎湃的文学语言,如果使用那样的语言,只会适得其反。

(二)律师的论辩口才

律师的口头表达能力与技巧往往集中体现在律师辩论的过程中。律师辩论是具有律师身份或者从事律师工作的人员,接受当事人的委托或经法院指定,在诉讼活动中,针对某个具体案件的事实、情节、证据,就适用法律和法律责任等方面与对方律师或当事人展开相互争论和反驳的活动。辩论的目的一是维护法律的尊严,保障法律的正确实施;二是维护国家、集体和公民个人的合法权益。

实践表明,凡是律师辩论开展得好的地方,那里的办案质量就高,反复就少,当事人就满意;凡是律师辩论开展得不好的地方,那里的办案质量就差,当事人的意见就多,就不能很好地维护法律公正公平的实施,法律的天平在某种程度上就会有偏差。可见,认真开展律师辩论意义重大。

律师辩论口才的发挥要遵循以下原则。

第一,坚持以事实为根据、以法律为准绳是法庭辩论的基本原则。如果律师对案情不明,甚至主要事实都没有掌握,不论其法口如何咄咄,在辩论中当对方提出有关事实方面的问题时,便会无言以对,更谈不到有说服力了。因此,律师必须要弄清案情,特别是要弄清案情的主要情节，使自己的辩论有一个充分坚实的事实基础。这是获得辩护成功的首要条件。

要在法庭辩论中成功，不但要以事实为根据，还要以法律为准绳，做到合情、合理、合法。以法律为准绳就是用法律来衡量事实、确定事实。法庭辩论的内容，尽管十分复杂，但归纳起来不外两类，一类是事实，一类是法律。就是说，法庭辩论双方的争论总是围绕着划清事实和应用法律两方面展开的。律师只有弄清法律，吃透法律，依据法律来分析事实，才能说明某人某事是否违法，是否犯罪，所犯何罪，危害怎样；也才能断定该不该判刑，该判何刑，量刑何度。只有这样，律师才能使自己在辩论中提出的论点有法律依据，在法律上能立得住、站得稳。

第二，坚持以理服人。道理人人会讲，但因各人的讲法不同，其效果就会截然不同。俗话说，"一句话可以使人跳起来，一句话也可以使人笑起来"，这就说明讲道理的学问是很深奥的。一个有好口才的律师，在辩论时，要做到坚持原则，以事实为根据，以法律为准绳，论证有力，论据坚实。而不应事前不调查、不研究，辩论中信口开河，不着边际，恣意妄为，强词夺理，胡搅蛮缠。律师辩论时应当用词谨慎，严肃认真，不要言词轻佻，朝令夕改。在法庭上，决不能狭隘地计较你输我赢，企图用强词夺理的方法压倒对方，更不能意气用事，用尖酸刻薄、挖苦讽刺的语言刺激对方，把辩论场所变成吵架的地方，在群众中造成不良影响。

第三，律师论辩时必须注意语言的节奏和论辩的语调，做到有感而发，发而有序。

高亢型节奏给人一种威武雄壮的感觉，声音偏高，起伏较大，语气昂扬，语势多上行。

低沉型节奏使人得到的印象是低缓沉闷，声音偏低，语流偏慢，语气压抑，语势多下行。

凝重型节奏听来一字千钧，句句有力，发人深省，蕴藉尽出。声音适中，语速适当，既不高亢，也不低沉，重点词语清晰沉稳，次要词语不滑不促。

轻快型节奏听来语不费力，而多扬少抑。

紧张型节奏往往显示迫切、紧急的心情。声音不一定很高，但语速轻快，句中不延长停顿。

舒缓型节奏是一种稳重、舒展的表达方式，声音不高也不低，语速从容，既不急促，也不大起大伏。

不论是事实申辩、案情探讨、驳斥谬论，还是日常对话、鼓动宣传、叙述事实等，律师对上述语言节奏用起来应有所选择，不可混淆，但又要有主有辅，适当把握，这样才能显示出语言的感染力和表现力。

看这样一个例子：

姜某是一个故意杀人的犯罪嫌疑人，她的辩护律师在法庭上有一段感染力很强的陈述："审判长、公诉人，现在站在法庭的被告，是故意杀人犯罪嫌疑人姜某，而过去，她和死者是民工和公司老板的关系，是被侮辱与侮辱者的关系，是被损害者与损害者的关系……然而法律是无情的，鉴于姜某有被侮辱的起因和自首的情节，提请合议庭在量刑时予以考虑。"律师的发言体现了同情和痛惜之感，扣人心弦，声声入情，句句在理，使在场的人为之感动，并切实达到了减刑辩护的目的。

律师在法庭辩论中所使用的具体技巧与我们在辩论一节中所讲述的基本技巧相同，诸如反驳论证术、精神助产术、以谬制谬法等均可在法庭辩论中使用。不过需要特别指出的是，律师的法庭辩论是为了澄清事实，揭露犯罪，维护法律尊严和公民、法人的合法权益，因而辩论中不管采取何种方法，均要以事实为依据，以法律为准绳，不能以诡辩来混淆视听，钻法律的空子。

下面我们来看一个运用反驳论证术揭露证人做伪证的例子。

被告人小阿姆斯特朗被指控为谋财害命。证人发誓说某天晚上11点钟，他亲眼看到被告人开枪将被害人打死。林肯在查明事实的基础上，先后采用两种手法进行辩论。他首先询问证人：

林：你发誓认清了小阿姆斯特朗？

证：是的。

林：你在草堆后，小阿姆斯特朗在大树下，两处相距20~30米，你能看清吗？

证：看得很清楚，因为月光很亮。

林：你肯定不是从衣着方面认清的？

证：不是的，我肯定认清了他的脸，因为月光正照在他脸上。

林：你能肯定时间是在晚上11点钟吗？

证：充分肯定。因为我回屋看了时钟，那时正是11点1刻。

问到这里，林肯接着发表了一席强有力的辩词，驳得证人无言以对：

"我不能不告诉大家，这个证人是一个彻头彻尾的骗子。他一口咬定11月18日晚上11点在月光下认清了被告人的脸，请大家想一想，当时如果被告人的脸朝着月亮，那么站在被告人东边距离30米的证人就只能看到被告人的后脑勺，而不能看到被告的面孔；如果被告人的脸背着月亮，那证人也就不能看清被告人的面孔，因为这时月光只能照到被告人的后脑勺。不管被告人当时是向着月光还是背着月光，证人都不可能看清被告人的面孔。"

林肯的辩论铿锵有力，掷地有声，博得全场一片掌声和喝彩声，最后法庭宣告被告人无罪。

(三) 律师的咨询口才

律师的咨询口才包括接待口才、顾问口才、调解口才和谈判口才等,这些工作同样需要针对性、严肃性和简洁性等口才技巧。

1.接待口才。律师在接待中要针对不同的人、不同的目的进行适当的口语表达,其口语表达要有一定的针对性,因为在接待的人员中,有的人性格傲慢,趾高气扬;有的人谈锋甚健,滔滔不绝;有的人寡言少语,难露声色;有的人嬉笑怒骂溢于言表;有的人酸甜苦辣深藏于心。因此,律师要区别对待,不可总是一套官话,一成不变。

另一方面,律师接待时的语言应简短明了,或开门见山,或直抒己见,切忌啰啰唆唆,唠唠叨叨。

2.顾问口才。律师的法律顾问工作是指律师利用自己的业务知识和超凡的业务口才,为当事人咨询办理单项法律事务或特定法律事务的工作。律师担任法律顾问的业务范围十分广泛,许多业务都涉及律师口才问题,这就决定了律师担任法律顾问时的口才特点是:说实话,讲真情,讲原则,有分寸,讲效率,贵简明,善应变,巧应付。

3.谈判口才。参与谈判是律师为当事人提供法律服务的重要方式。我国法律顾问的实践表明,需律师参与的谈判,名目繁多,内容庞杂。律师要利用自己的职业口才,为当事人参加各种谈判或签订法律文书提供专项咨询服务。律师谈判是一个复杂的过程。有的表现为合作,有的表现为对抗,有时紧迫,有时让步,有时说服对方,有时拒绝对方等等,变幻莫测。对于不同的对手,一个好律师应当有不同的谈判方式和语言技巧。

以下所列的一些情况可供参考:

聪明的对手,思路敏捷,机灵颖悟,与他们谈判时要发挥律师能言善辩的才能。

迟钝的对手,理解力和反应力都较差,律师在论证中要对所涉及的问题进行详尽的陈述和辩解。

知识高深的对手,对知识性判断抱有极大的兴趣,不屑听浅薄、通俗的话,律师应当充分显示自己的博学多才,多作抽象推理,致力于寻找各种问题之间的内在联系。

文化低浅的对手,听不懂高深的理论,应多举明显事例。

对擅长论辩的对手,律师须注意他们的习惯,在滔滔不绝的交谈中要牢固掌握辩论的中心议题。

有地位的人,对政治风云的变幻往往会有一种难以自制的敏感,与他们谈判,必须注意对时局的分析。

与军人谈判,不要忘记他们最讨厌吞吞吐吐、优柔寡断,最好让他们感觉到律师说话的果断、干脆。

刚愎自用的对手,不宜循循善诱,应严词利语,激动其情感。

脾气急躁的对手,对他硬攻,易造成僵局,形成顶牛之势,应看准其最感兴趣之处,进行转化。

4.调解口才。律师的调解工作是指律师用自己超凡的口语才华,以中间人身份主持调解,解决矛盾的过程。律师调解时的口语表达同样要做到详细周到,紧扣议题,用词要准确鲜明、精练概括、严谨灵活和通俗易懂。

看下面这个例子。

在一桩离婚案中,咨询者问:

"我与她实在是过不下去了。我们情感合不来,我们经常吵架。律师,请帮助我与她离婚吧。"

律师:"你和她为什么吵架?"

咨询者:"她不管家务,到处乱跑;她心里根本没有这个家。"

律师:"你爱人是干什么工作的?"

咨询者:"她干个体。"

律师:"干个体比较辛苦,工作没有时间性和节奏性。你是不是该多体谅体谅她?"

咨询者:"我体谅她,谁体谅我?我必须与她离婚!"

律师:"离婚是你的自由和权利,你完全可以凭自己的意志提出这个请求。不过,法律规定夫妻感情确实破裂的,才可以判离。你认为你和她的感情已经破裂了吗?"

咨询者:"我们的感情已经完全破裂。如果不是由于我们的孩子,我早就和她离婚了!"

律师:"那你想过没有,你们离了婚,孩子怎么办?"

咨询者:"……"

律师:"她对孩子好吗?"

咨询者:"她对孩子倒是很好的……"

律师:"其实我认为你们的感情没有破裂。你再回去好好考虑考虑,如果决意要离婚再来找我代理,好吗?"

咨询者:"好吧,我回去再考虑一下。"

在这则对话中,律师巧妙地动用了心理学方法,通过法律咨询口才,使咨询对象的认识、情感和态度有所变化,取得了较好的调解效果。

律师口才训练

1.下面是歌德当辩护律师时的一段发言,试从语言上分析其不当之处。

"啊!如果喋喋不休和自负能预先决定明智的法院的判决,而大胆的愚蠢竟能推翻业经得到证明的真理……简直很难相信,对方居然敢向你提出这样的文件,它们不过是无限的仇恨和最下流的谩骂热情的产物……啊!在最无耻的谎言、最不知节制的仇恨和最肮脏的诽谤的角逐中受孕的丑陋而发育不全的低能儿……"

当歌德发表这"带有一股热情的行吟诗人气质"的"辩护词"时,法官们不由微笑地摇着头,流露出不敢苟同的情绪。这种充满诗意的辩护词理所当然地引起听众的不满和对方律师的反驳,对此,歌德十分愤慨,他要求再次发言,还穿插了一段"戏剧性的感叹":

"我不能再继续我的发言,我不能用类似这种渎神的话玷污自己的嘴……对这样的对手还能指望什么呢?……需要有一种超人的力量,才能使生下来就瞎眼的人复明,而制止住疯子们的疯狂——这是警察的事。"

这一次,法官们再也不能保持缄默了,他们告诫歌德:法庭不允许这样的发言!歌德第一次行使律师职责便以失败告终。

答案分析:歌德的辩护之所以失败,就是因为他的语言风格不适应于法庭辩护的环境。法庭语言必须具有准确、凝练、目的性强、简洁等特点,辩护词应以具体确切地运用客观事实与证据进行论证来取胜。但歌德的发言充满激情和一股奇特的韵味,这不符合法律语言特定的风格特色。对法庭来说,歌德的发言只是一堆于事无补的废话,因此,其失败也就在所难免了。

2.请分析下面案例中的辩题,依照相关法律规定提出自己的看法。

华银公司于1995年7月18日出资21万元购买了一辆桑塔纳汽车,当时,华银公司没有办控购车指标,公司经理张扬对本公司职员王强说:"车就以你个人的名字买,归公司所有。"之后,车一直由王强驾驶并用于公司经营活动。1996年张扬出国定居,此后王强也离开公司,并将汽车开走,一直使用该车。该车的养路费、保险费等均由王强自己承担,华银公司也一直未要求王强返还汽车。1998年6月,华银公司职工向公安机关举报王强侵占公司财产,要求追究王强的刑事责任。

辩题:王强的行为是否构成职务侵占罪?

控方:王强的行为构成职务侵占罪。

辩方:王强的行为不构成职务侵占罪。

答案分析:2001年4月结束的全国首届律师电视辩论大赛,充分展现了当代律师的风采。参加辩论此题的中国人民大学法学院的同学都认为王强无罪;而其他的观众则一致认为王强有罪,因为谁出了钱,汽车就应该是谁的,这叫"实事求是"。

为什么会出现这种情况?在"没有学过法律的人"看来,购车款是企业支付的,当然汽车就应该是企业的,这才叫作"以事实为依据"。可是在"学过法律"的人看来,这位员工以自己的名义买了车、登了记,当然就是汽车的主人,这叫"物权法定"。就好像是一对夫妻,领了结婚证就是合法夫妻,哪怕他们形同路人或者根本就没有同居过。至于说钱是企业支付的,那是另外一个法律问题。

3.请分析下面的案例并体会其中的制胜技巧。

古希腊有一位叫欧提勒斯的人,向著名的辩者普罗太哥拉斯学习法律知识。双方订有合同,欧提勒斯分两次交付学费,开始学习时先交一半,另一半等欧提勒斯毕业以后第一次出庭打赢了官司再付。毕业后,欧提勒斯迟迟未开展律师业务,自然也未给普罗太哥拉斯另一半学费。普罗太哥拉斯等得不耐烦,准备向法庭提出控告。结果,堂堂的老师,竟被这位学生顶了回去。请欣赏二人的如下对话:

普:我要到法庭告你。如果我打赢了官司,那么按法庭裁决,你应该付给我另一半学费;如果你打赢了官司,那么按我们的合同,你也应该付给我另一半学费。不论这场官司我是赢还是输,反正,你应该付我另一半学费总是变不了的,你趁早还是付了吧。

欧:只要你到法庭告我,我就可以不给你学费了。因为,如果我的官司打赢了,那么按照法庭判决,我不应付给你另一半学费;如果我的官司打输了,那按照我们的合同,我也不应付给你另一半学费。无论这场官司我是赢是输,都不必付给你另一半学费。

答案分析:普罗太哥拉斯和欧提勒斯师徒二人都使用了两难战术来给对方制造麻烦,设置圈套想让对方慑服于其中一种。其辩词看似相同,只是人称倒了个儿——老师两难治学生,学生列数更难的"两难",以其人之道反治其人之身,结果,老师难倒了自己。

附录

"戴手铐的旅客"诉航空公司侵权案代理词

[案情简介]

这是全国首例因如厕而引起的人身、名誉侵权诉讼。

1998年9月11日,旅客应继承乘坐××航空公司6328航班由广州飞往杭州。飞行途中,应起身前往前舱洗手间,但被乘务员拦住,示意经济舱旅客应去后舱洗手间。

应返身回到后舱洗手间,但门口有多人在排队。因尿急,应又重到前舱,向乘务员解释并望能予照顾,但仍遭阻拦。双方为此发生争执,此后,机上安全员拿出手铐,以旅客妨碍飞行安全秩序为由,将他按在地上铐上手铐,直到飞机到达杭州机场后,旅客才被移交杭州民航公安部门处理。

4个月之后,"戴手铐的旅客"四处奔波仍未能讨回一个公道,于是愤然将航空公司告上法庭,指控被告侵犯人身权、名誉权,要求被告在全国性媒体上向原告赔礼道歉并赔偿精神和经济损失50万元。

以下系本案一审原告方律师在法庭上发表的代理词,请仔细阅读,体会其中的律师口才技巧。

合议庭各位法官:

我们受原告应继承的委托,代理其诉中国××航空公司侵犯其人身权名誉权一案的第一审诉讼。经过事先的调查和法庭两次开庭的法庭调查和质证,我们认为,本案的基本事实已经查清。××航空公司作为一个企业,为旅客如厕的小事,其工作人员滥用行业管理权率先激化事态,在原告始终没有动手的情况下,粗暴地当众踢打原告,并将原告强行戴上手铐,时间长达一个多小时,手痕深陷,并面对中外旅客一直押送至机场公安机关,激起了在场大多数旅客的公愤。其行为根本不是为了航空安全的目的,而是一种不顾机上旅客安全的滥用行业权力的侵犯原告人身权和名誉权的行为。其思想根源,是由来已久的垄断行业的官商作风和特权思想,将一个企业视同一个执法机关,将自己的服务对象作为管理对象,将顾客合情合理的要求,视为故意刁难的刁民行为。××航空公司员工的这种行径,不是偶然的,是其长期不注意企业形象,没有摆正服务企业和服务对象关系的病症的集中暴露。原告应继承的起诉是完全有理的,应该受到法律的保护。为使法庭进一步查明真相,准确分析案情,我们向法庭陈述如下代理意见,请审查参考。

一、原告应继承没有任何危及航空安全的行为,在整个被侮辱、被打被铐过程中始终没有还手,体现了一个既有公民权利意识又有克制能力的乘客的修养。

这一点不但被机上乘客的证言、《民主与法制》记者的大量调查、我们的取证及法庭调查所证实,同时也被被告的答辩所承认。被告答辩中尽管拼命想找出原告肇事的情节,也只说到了"并用右手肘部多次猛烈撞击E座的飞机舷窗,妄图将事态扩大"。而这恰恰证明了原告在自己的位置上受到了多人胁迫,在激烈挣扎的情况下也没有向×航的工作人员还手。

所有的事态经过和在案证据都可以证明,这起起因于如厕小事发展到如此严重的后果,其中挑起事端的人、引起骚动危害航空安全的人,恰恰是××航空公司的工作人员!而其思想根源,就是从来无人敢挑战的行业优越感和特权思想。他们完全忘记了自己的第一任务是服务好乘客,是平息事态确保飞机安全飞行。把他们的滥用职权行为说成是履行安全保卫职责行为,这是南辕北辙。

二、被告工作人员违法侵权行为事实清楚、证据确凿,参加打人铐人的机组安全员等有直接利害关系人的证言根本不足采信。

经过第一次开庭,法庭已经确认了三点基本事实:①原告乘坐的是×航6328航班;②起因是为了上厕所而发生争执;③原告被铐了手铐。而原被告互相抗辩的也有三条:①争执开始时间;②是否在侵犯人身权同时也侵犯了名誉权;③强制措施是合法行为还是非法行为。开始时间问题之所以重要,是×航想以此说明飞机已经在下降时发生争吵,影响安全才不得已铐人。这一点,有三类证言可以分析。一类是原告应继承的主诉,是当事人,同时也是利害关系人;第二类,×航的工作人员,主要是两位将原告上铐的安全员,还有机长和乘务长,他们是当事人,也是利害关系人。第三类,是旅客,他们是客观证人。但×航对他们的取证有明显的诱导行为。如×航对辽宁××公司高××取证时写上了"乘务员告诉他到后面的洗手间去,他却好像是要干什么似的,没有走开的意思",当即遭到高的反对,说不妥,他只是在那里晃来晃去没有走开。这样取证是明显想加重原告当时的"威胁性",从而为其工作人员违法铐人开脱。安全员谭正阳在证言中捏造说"他顺势拉住王栩东的衣领往前推",这一点已经被所有的证言形成的证据链所推翻,因为所有乘客包括其机组成员都没有任何原告揪过安全员衣领的说法,包括王栩东本人。严格地说,谭的话只是一方当事人陈述,根本不具备证言的效力,明显是故意捏造。王栩东的陈述中说,"我用左手摁住他脖子,右手抓住他右手,用膝盖顶住他屁股,他用左肘乱撞舱壁进行挣扎,谭正阳拿来手铐……"在被告答辩词中,挣扎变成了故意撞飞机舷窗闹事。在×航取证的证人证言中,还出现了一个证人,即大连××汽车销售公司副经理马××,作证说用安全手册卷成筒状打原告的是他。如果今天他当庭作证,我们将当庭追加他为被告。这个证言看似减轻了×航的责任,其实更体现了其管理的混乱。在×航的飞机上居然可以发生乘客殴打乘客的事件。在×航的取证证言中,机长刘云学、乘务长刘丽的证言是比较符合事实的,机长在操纵飞机,根本不在现场,只听到了乘务长的汇报;而刘丽身处客舱,极力安排其他乘务员一起平息事态、安抚旅客,并向机长汇报,一直处于头等舱和经济舱前几排位置,她的证言证明应继承根本没有接近过驾驶舱门,只是在前后舱的交界处发生争执,同被告提交给法庭的示意图上标注的应继承已经在驾驶舱边位置完全不符。这也是被告工作人员故意伪造当时事态为自己开脱。

关于争执发生的时间,所有证言有三种说法:一种是起飞后约40分钟,这都是同本案没有任何利害关系的证人的证明,如唐××、曲××、徐××等当时向杭州机场公安处的陈述和向记者的陈述,以及原告从未变更过的说法,他们一致证明当时飞机根本没有下降;另一种说法是×航工作人员的说法,而且其所有取证的证人时间也惊人的一致,都说是起飞后60分钟;再一个说法更玄,说是铐起来一会儿飞机就着陆了。我们认为,起飞后40分钟左右发生争执,飞机正处在巡航速度没有下降是完全可信的。

需要说明的是,在本案中应当实行民事诉讼举证责任倒置的原则。因为×航掌握着所有乘客名单资料、航空资料,所有机组成员也都是×航的人,并且事件又发生在其封闭的飞机上,有关证据基本上也都是×航掌握的。而原告作为一个普通乘客,当时又被非法限制自由,是无法向散于全国各地的乘客全面取证的。本案由于被告的行为太出格而引起了公愤,从而引起了富有正义感的徐××、志××、曲××等乘客的义愤,不顾机组人员的阻挠当场拍下了照片等直接证据,同时牺牲时间主动愿意为应继承作证。因此,要我们取齐更多的证据是不合理的,只要基本事实清楚、基本证据具备,被告的侵权行为就完全可以认定。

三、被告认为自己的行为是行政执法行为,这是完全错误的。航空公司作为国有企业没有行政执法权,也没有任何法律法规允许民航工作人员可对无犯罪嫌疑的乘客采取强制措施。因此,其行为完全是违法行为。

被告为了证明其行为的合法性,列举了许多法律、法规、规章和行业文件、企业文件来证明其铐人是有法律依据的。为了牵强地证明其安全员属于民航公安序列,甚至在答辩中要求追加民航总局公安局为被告。法庭调查已经证实,没有任何法律规定证明×航还有什么部门和什么人员享有行政执法权,也没有任何法律规定民航安全员可以对普通乘客使用警械手铐。如果一个赚取运费的企业可以因为服务对象不满他的意就铐人,那么谁还敢接受其服务?公民的人身权利还有什么保障?

四、被告必须向原告公开赔礼道歉,并进行人身侵权和名誉侵权赔偿。

被告实施了侵犯原告人身权的行为,在飞机上对原告进行踢打并铐上手铐。被告同时侵犯了原告的名誉权,在杭州机场当着中外旅客的面将其押往公安处,使人误将其当作劫机犯。被告还在向《民主与法制》社发出的公函中,歪曲事实对原告进行中伤,通过民航总局宣传部在《钱江晚报》等报刊上发表谈话为×航的违法行为进行辩解。被告对原告的身心造成了极大伤害,同时严重影响了原告所管理公司的正常经营活动。被告的行为同侵害结果有直接的因果关系。被告同时要为原告因保护自己合法权益而耗费的时间、经费和精力负责。关于赔偿标准,《民法通则》第一百二十条并没有明确的规定,而依据最高人民法院《审理名誉权案件解答》的规定,侵权人应赔偿原告的经济损失，精神赔偿则根据侵权人侵权的过错程度、具体情节、后果等综合考虑。最近广东省法院按照这些法律原则，确定最低精神损害赔偿标准为5万元。结合本案被告行为的严重程度和赔偿能力，以及本案的影响，原告提出了精神损害赔偿和其他赔偿一共50万元的赔偿额，请法庭结合本案实际裁定。